设计共和

施特劳斯《论卢梭的意图》绎读

刘小枫 著

子曰:"知幾其神乎?君子上交不諂,下交不瀆,其知幾乎?幾者,動之微,吉之先見者也。君子見幾而作,不俟終日。……君子知微知彰,知柔知剛,萬夫之望。"[韓康伯注:"幾者,去无入有,理而无形,不可以名尋,不可以形覩者也。"孔穎達疏:"幾,微也,是已動之微。動,謂心動、事動,初動之時,其理未著,唯纖微而已。"]

——《周易正義·繫辭下》

達者貴量力,至人尚知幾。

——吳筠《覽古》詩之十二

  在我们述及的所有为了政体长治久安的措施中，最重要的莫过于为了政体而施教，可如今所有人都忽视了这一点。如果政体未能树立起道德风尚并形成教化，即便最有用且全体公民都称道的法律也毫无用处……然而，在显得最是民主政体的那些民主政体中，立法却有悖于共同利益（τοὐναντίον τοῦ συμφέροντος καθέστηκεν），这盖因人们低劣地界定自由（κακῶς ὁρίζονται τὸ ἐλεύθερον）。

  ——亚里士多德，《政治学》，1310a13-28

目 录

说明
壬辰年祭卢梭[代序]

引子 / 1
一 卢梭与民主共和设计 / 11
二 刻意为之的自相矛盾 / 52
三 哲人与公民社会 / 99
四 自然德性与政治德性 / 138
五 卢梭的政治哲学难题 / 161
六 睿哲卢梭与古典智慧 / 260

附录
施特劳斯 论卢梭的意图(冯克利译) / 273

说　明

1747年,哲学家狄德罗与数学家达朗贝尔共同策划编写一套大型《百科全书》,这就是历史上非常著名的启蒙计划,后来成为十八世纪启蒙运动的标志。

按法国史标准教科书的说法,

> 《百科全书》是为新的科学技术,为自由的思想,为批判的思想树立的丰碑……可以说是现代思想的圣经。它处处鼓励'哲学'精神,要求打破因循守旧和成见,把人们从旧制度下解放出来。①

策划《百科全书》之初,狄德罗就邀请卢梭参与,次年(1748年),卢梭为《百科全书》写了有关音乐的词条("伴奏""和弦""卡农""大合唱"等)。

时隔仅仅一年,卢梭应法国第戎科学院的有奖征文写下了言辞激烈的檄文《论科学和文艺》,对《百科全书》的启蒙行动大加挞伐,而且一开首就宣称,自己"预见到"人们很难"宽宥"他"敢于持有的"(que j'ai osé prendre)反启蒙立场。《论科学和文

---

① 米盖尔,《法国史》,蔡鸿滨等译,北京:商务印书馆,1985,页244-245。

艺》痛斥《百科全书》派刚刚迈出的启蒙步伐，堪称时代的"知几"甚至"迎几"……

《论科学和文艺》与《百科全书》第一卷在同一年正式出版（1751），卢梭因征文获奖在整个欧洲暴得大名（第二年就有了英文译本），但也在公共知识界引发持续争议。人们觉得匪夷所思的是：博学如卢梭者为何如此激烈反对尚学。更令人费解的是，卢梭随后又写下《论人类不平等的起源和基础》《社会契约论》等宏文，主张平等主义和人民主权论，张扬自由民主的启蒙精神，与《论科学和文艺》显得判若两人。

不仅如此，卢梭并没有因为自己曾写过抨击启蒙运动的战斗檄文就从此洗手不再为《百科全书》撰稿……① 卢梭当初写作《论科学和文艺》究竟出于何种意图，成了令人难以索解的一桩思想谜案。毕竟，卢梭的临终之作《孤独漫步者的梦》表明，他从未放弃自己在《论科学和文艺》中所表达的哲学原则。

二十世纪中期，《论科学和文艺》校勘笺注本出版之际，施特劳斯撰写了《论卢梭的意图》（On the Intention of Rousseau）一文（刊于 Social Research，1947，14：1/4，pp. 455 – 487），力图解开《论科学和文艺》的写作意图之谜。两年之后（亦即我们的新共和国成立之年），施特劳斯受聘任教芝加哥大学政治系，开门第一课就讲读卢梭……

不过，这并非因为卢梭在整个西方政治思想史上占有头等重要的位置，而是因为施特劳斯自己的研究计划刚好进行到卢

---

① 关于卢梭政治思想的概述和评论，参见马斯特，《卢梭的政治哲学》，黄涛等译，华东师范大学出版社，2013；亦参 John T. Scott 编，*Jean – jacques Rousseau：Critical Assessments of Leading political Philosophers*，三卷，Routledge 2006。

梭一站。早在青年时代,施特劳斯就致力于理解现代启蒙的来龙去脉,其时,启蒙思想正从西方迅猛地传播到其他古老文明国度……思想大家的研究总是按自己思考的问题走,从不理会学界的时髦议题,也不会在意坊间的种种轻慢訾议。施特劳斯的卢梭研究提出了这样的问题:《论科学和文艺》的启蒙批判何以算得上"君子知几"……

施特劳斯文章深中隐厚,即便短制也高屋建瓴,辞微旨博。与历代大思想者一起思考,而非自在自为地经营论说,是施特劳斯学术的基本品格。在公共教育极为发达的今天,跟随施特劳斯读历代故书,意味着学习如何本于古传经典淑心修己,养成慎思明辨的习性,以免溺于公共曲学染成僭妄劣性。

本稿基于2012年春季学期笔者为中国人民大学文学院文艺学专业研究生开设的"古典诗学主文献"课程。冯克利教授翻译的《论卢梭的意图》原刊拙编施特劳斯讲演与论文集卷二《苏格拉底问题与现代性》(彭磊、丁耘等译,北京:华夏出版社,2008,页69-100),经笔者校订收作附录,为便于研读加了自然段编号(用方括号标明),绎读与之对应。

卢梭的政治哲学要著大多已有中译(有的不止一个译本),由于种种原因,现有译本多不足以支撑研究性阅读。为便于读者,本稿仍然采用现有中译(若有多个译本,选取更为信实者),并随文注中译本页码,尽管译文有时不得不有所改动(不一一注出)。

1.《论科学和文艺》(引用时简称"一论")采用笔者自己的试译,拙译依据蓬卡迪(Francois Bonchardy)考订注释本(Gallimard,1998/2002/2010),参考古热维奇(Victor Gourevitch)英译笺注本（Rousseau, *The Discourses and Other Early Political Writings*, Uni. of Cambridge, 1986/1997/中国政法大学出版社, 2003）、里特（Henning Ritter）德译本（*Jean - Jacques Rousseau Schriften*, Band I, Frankfurt am Main, 1988/1995）、何兆武先生中译本（《论科学与艺术》[修订版]，商务印书馆, 1997），自然段落序号与古热维奇英译本同。

2.《论人类不平等的起源和基础》（引用时简称"二论"）采用高煜教授译本（广西师范大学出版社, 2002），凡有改动均依据 Heinrich Meier 考订笺释本（Rousseau, *Diskurs über die Ungleichheit / Discours sur l'inègalitè*，法德对照，第四版，Paderborn, 1993）。

3.《社会契约论》（引用时简称"三论"）采用何兆武先生译本（商务印书馆, 1980），凡有改动均依据 Ronald Grimsley 考订笺注本（Rousseau, *Du Contral Social*, Oxford, 1972）和古热维奇英译笺注本。

4.《孤独漫步者的梦》（引用时简称"梦"）采用徐继增先生译本（《漫步遐思录》，人民文学出版社, 1985），凡有改动均依据 Érik Leborgne 笺注本（Rousseau, *Les rêveries du promeneur solitaire*, Flammarion, 1997）。

5.《爱弥儿或论教育》采用李平沤先生译本（《爱弥儿》，商务印书馆, 1981），凡有改动均依据 Charles Wirz 考订、Pierre Burgelin 笺注本（Rousseau, *Émile ou De l'éduction*, Gallimard, 1969）。

讲学撰述皆为修己，本稿基于课堂讲章，实则为了自己走出百年曲学流殃；虽已勉力而为，但仍未免繁琐、拖沓甚至重复，莫能称述古学经纶之万一。施特劳斯躬行心得,过化存神之妙,非小子末学所能仰企藩篱而得其仿佛者,惟有管窥蠡测而已。

刘小枫

2012 年 5 月

壬辰年祭卢梭

(代序)

2012年元旦刚过,我就收到好几封国外学术机构发来的会议邀请,题目竟然相同:纪念卢梭三百岁生日!春节前又接连收到国内几所大学发来的会议邀请,题目同样相同:纪念卢梭诞生三百周年!

真让我为难甚至难堪……难道我们今天还应该纪念卢梭生日?卢梭生前逝后都极具争议,但他引发争议的问题(比如"启蒙""自由""民主")在今天早已是不争的普世价值。且不说这些,卢梭当初令公共知识界哗然的短论《论科学和文艺》就足以让我们今天纪念他的生日十分尴尬,因为他在文中说:

> 我们的科学和我们的文艺越臻于完美,我们的灵魂就变得越坏。能说这是我们时代特有的不幸?

1749年夏天,卢梭去探望自由派文人狄德罗,没钱坐马车得走着去,便带上刚出版的《法兰西信使》边走边看。当看到征文启事"科学和文艺是否有助于纯化道德风尚",卢梭的"心情激动得近似疯狂",不得不在一棵橡树前坐下来,激奋地草草写下一段模仿古罗马政治家法布里基乌斯(Fabricius)的演说辞:

> 法布里基乌斯！要是你不幸被召回人世,看到罗马的豪华面目,你那伟大的心灵会作何感想？你曾亲手挽救过罗马,你那可敬的名字要比罗马所征服的一切都更为闻名遐迩。你一定会说:"诸神啊,那些茅屋和乡村的炉火都变成什么啦,那里不是一直居住着节制和德性吗？富丽堂皇取代简朴对罗马是怎样的不祥啊？这外国话是什么东西？这些阴阳怪气的社会风气是些什么东西？这些雕像、大贴画和高楼大厦究竟意指什么呢？荒谬啊,你们都干了些什么哦？你们是万邦之主,怎么让自己蜕变成了你们所打败的那些浅薄之人的奴隶？统治你们的怎么是些耍嘴皮子的家伙啊？……"("一论",第32自然段)

这段仿古讲辞是《论科学和文艺》得以铺展成文的最初动机。如果把这段讲辞中的"罗马"换成"中国",如今不少中国人一定会觉得实在贴切,前提是,我们得先把法布里基乌斯换成一个中国古人……

可是,我们能换成哪个中国古人？难道我们今天还找得出一个让大多数公共智识人服气的中国古人？如今谁有资格和权威这样对我们说话啊？

让我们仅仅更换几个语词,来看卢梭召回的法布里基乌斯的在天之灵继续说的话:

> 如今用来养肥建筑师、画家、雕刻家和[春晚小品]优伶的,不就是你们自己曾用来浇灌自己祖国的鲜血吗？

……中国人啊,赶紧推倒这些圆形剧场!捣毁这些大理石像,焚烧这些大贴画,赶走这些征服你们的奴隶吧,他们正在用致命的文艺败坏你们。让别人靠虚妄的天资去让自己出名吧;唯有征服世界并让德性施行统治的天资才配得上中国……

的确,如今我们正忙于让中国在世界上"出名"。然而,我们让中国"出名"靠的不是自己祖传的德性,而是靠模仿白宫式大厦、阴阳怪气的自由风尚和大贴画,再加上幼儿园就教英语而非中国话……

法布里基乌斯的在天之灵最后说道,当年希腊使节鞠涅阿斯到罗马时所看到的庄严景象,如今"你们的财富和所有文艺永远都做不出来;那可是苍天之下曾经出现过的最美丽的景象":两百个德性高妙的人在统领这个国家和治理这片大地!

我们的巨额外汇储备和"所有文艺"能让一个当今的西方使节在中国看到这幅景象吗?绝无可能!因为,我们读书人中的多数人早就不认为古中国有过"苍天之下曾经出现过的最美丽的景象",也早就不相信应该由德性高妙的少数人来统领国家和治理这片大地。

让法布里基乌斯的在天之灵说完之后,卢梭接下来用自己的话说:

不妨跨越地点和时间的距离,看看发生在我们的国土和我们眼前的事情吧……我呼唤法布里基乌斯的在天之灵,并非毫无意义;我让那位伟人说的话,难道我就不能放

进路易十二或亨利四世嘴里吗?("一论",第 33 自然段)

卢梭没有说放进自己同时代的君王嘴里,因为,路易十二和亨利四世都是史称"伟人"的十六世纪法国专制君王。如果当今的欧洲学人已经没法把历史伟人的话放进任何一位民选总统嘴里,他们举办学术会议纪念卢梭生日就不仅可笑而且荒谬。

尤其让他们尴尬的是,《论科学和文艺》的攻击矛头不仅指向当时的专制君王,也指向新兴的自由民主派智识人。我们以为,自由智识人与专制君主不共戴天,卢梭却看到,两者其实都在为一个共同的目标奋斗:追求发财致富的自由"奢侈风气"。

奢侈很少不伴随科学和文艺而行,而科学与文艺的发展则绝离不了奢侈。我当然知道,我们的哲学总是富有单一的准则,不顾世世代代的经验,硬说奢侈造就国家的辉煌;可是,纵令把禁止奢侈的法律的必要性置诸脑后,难道我们的哲学能否认,对于"种种统治的长治久安"来说,好的道德风尚才是根本,而奢侈全然与好的道德风尚背道而驰? 的确,奢侈是财富的确实标志,甚至于能使财富倍增,如果你愿意的话。可是,从这种只有我们的才华才配得上的诡辩中,我们会得出什么结论呢? 一旦人们不惜任何代价只求发财致富,德性会变成什么样子呢?("一论",第 41 自然段)

这话在今天当然算政治不正确,因为,"不惜任何代价只求发财致富"已经是全球化国策。不过,既然学界已经散发了纪念卢梭生日的会议邀请,我们就得搞清楚卢梭反对"奢侈风气"的理由。

首先让我们惊讶的是,卢梭说,恰恰是"我们的哲学"——自由派启蒙哲学——把"奢侈造就国家的辉煌"视为"单一的准则"。启蒙运动之前,欧洲封建王国无不通行禁止奢侈法,对购买奢侈品课以重税,限制奢侈品流通。启蒙运动初起时,英国的自由派智识人提出了这样的主张:鼓励追求个人致富和奢侈生活有助于实现公众的共同福祉。荷兰医生曼德维尔(Bernard Mandeville)定居英格兰后写的《蜜蜂的寓言》(1714)一书用这样的副标题申述了上述主张:Private Vices, Public Benefits[私人的恶德,公众的利益]。① 卢梭指责启蒙智识人罔顾"世世代代的经验",我们必须问:什么经验? 卢梭说,对于"统治的长治久安"来说,好的道德风尚才是根本。显然,如今我们很难接受卢梭所说的政治经验。按照我们的新常识,能让一种政制"长治久安"的是人人致富——美国政制好就好在这里,而非好的道德风尚……

因此,我们当然没必要再问这样的问题:"一旦人们不惜任何代价只求发财致富,德性会变成什么样子呢?"……虽然我们如今并非任谁都有资格或财力追求奢侈,但我们的确已经不会认为一个国家崇尚"奢侈"有什么不对……既然如此,我们为卢梭贺寿实在荒谬。

看过电视剧《家常菜》的我们又会猛然记起,深受奢侈国家

---

① 肖聿译,中国社会科学出版社,2002。卢梭称曼德维尔是"对人的德性最为过分的诋毁者(le Detractuer le plus outré des vertus humaines)"。参见"二论",页95。

青睐的中国黄金采购团的出现仅仅是晚近二十年来的事情。在我们看来,毛泽东的"经验"似乎符合卢梭所说的"世世代代的经验",而这种政治经验让我们没法摆脱民生凋敝的凄惨记忆。因此,毛泽东的"经验"只会成为自由派智识人用来呵斥卢梭的论据。然而,卢梭的在天之灵说,难道我所说的"道德风尚"与毛泽东同志提倡的"道德风尚"是一回事?他老人家所提倡的不恰恰以否弃"世世代代的经验"为前提吗……

卢梭——而非我们——的确面临一个巨大困难:他所说的"世世代代的经验"基于农业文明的政制,欧洲封建制催生出来的现代商业文明彻底颠覆了农业文明的政治经验。卢梭激愤地说,"古代政治家不厌其烦地讲风尚和德性,我们的政治家只讲生意和赚钱"……在今天的治国者眼里,"一个人对于国家的价值,不过等于他在那里的消费"——可是,如今的治国者如果不关心国民的"消费",等待他的不是"天鹅绒革命"就是"占领华尔街",国家政制何以可能"长治久安"?卢梭在《论科学和文艺》中对治国者说,"用金钱可以获得一切,唯有道德风尚和公民除外",明显过时啦……在商业文明已经发展到辉煌地步的今天,纪念卢梭生日荒谬之极。

卢梭的在天之灵会争辩说,我反对的并非是满足人的基本生活需要,而是反对追求奢侈,甚至放任追求奢侈成为国风。不然的话,国民的道德性情一旦被奢侈风败坏,连法律也没有能力约束人的不道德行为。

确切来讲,奢侈这个问题涉及的究竟是什么呢?涉及的是懂得对统治来说更重要的东西是什么:显赫而短促,还是富有德性而持久？我说是显赫，但那有什么光彩呢？在同一个心灵中，炫耀的趣味与正直的趣味很难结合。不，一旦被大量无益的心机败坏，精神就绝不可能上升到丝毫伟大的程度；即便有此力量，也会缺乏勇气。（"一论"，第43自然段）

这话首先是针对治国者阶层说的，卢梭懂得，很难指望把全民百姓的精神提高到伟大的程度。按照"世世代代的经验"，卢梭有理由指望治国者阶层的精神保持某种程度的伟大，如果这个阶层的品质集体败坏，统治是否能"长治久安"，只有上天知道……但这话也是针对另一类少数人说的，因为卢梭紧接着就说：

> 每个艺术家都想要得到赞赏。自己的同时代人的赞誉乃是艺术家的酬报中最珍贵的部分。要是一个艺术家不幸生在这样一个民族和这样一个时代之中，为了博得赞誉他该做什么呢？成为时尚的读书人，让浅薄轻浮的年轻人自称表率，为了压制自由的专制君主，人们牺牲掉自己的趣味……（"一论"，第44自然段）

虽然"艺术家"队伍如今已大为扩展，传媒文人和影视艺人都在此列，但卢梭说的文人艺人的天性仍然没有改变：这类人天生喜欢出名。毕竟，文人艺人都是天生有才华的少数人，正如不可能指望人人都成为治国者，也不可能指望人人都成为文人或艺人。文人艺人也属于治国者阶层，因为他们有制造社会风气的才华。按照"世世代代的经验",卢梭其实知道,"靠限制奢侈法并不能完全禁除奢侈,必须从内心深处拔除奢侈,灌输较为健康、高尚的趣味"(参见卢梭《关于波兰政体的思考》,崇明等译,北京:华夏出版社 2012)。因此,卢梭有理由指望这类人葆有"健康、高尚的趣味"。可是,如今我们谁还好意思说"健康、高尚的趣味"这个语词?"炫耀的趣味"取代"正直的趣味","让浅薄轻浮的年轻人自称表率"正是我们时代的自由民主精神的正当诉求。卢梭的在天之灵对我们说,不要一看到"专制君主"这个语词就以为指的是统治者,所谓"为了压制自由的专制君主,人们牺牲掉自己的趣味",指的是有才华的少数人受"炫耀的趣味"这个"专制君主"支配……所谓受到"压制"的"自由",指的是葆有"健康、高尚的趣味"的自由受到"炫耀的趣味"压制。

卢梭清楚知道,良好的道德风尚"不是法律制约的结果,而是德性教育的结果"。既然治国者和有才华的少数人都是道德风尚的引导者,那么,按照"世世代代的经验",首先就得教育好这些左右着国家风气的少数人,他们应该懂得什么是心灵的高尚和德性。换言之,作为治国者阶层,他们首先应该是受教育者。可是,如今他们会受、能受、愿意受谁的教育?他们都成了"自由施动者",谁还有资格和权威教育他们?

卢梭说,自由智识人崇尚启蒙,"把自己的天资降低到自己时代的水平,宁愿写些生前为人称道的平庸作品,也不愿写出唯有死后很久才会为人赞美的优秀作品"……换言之,自由智识人先向"浅薄轻浮的年轻人"的趣味看齐,再把"浅薄轻浮"的才华上升到自然权利高度,然后用这种权利来压制"世世代代"的高古灵魂,宣称对他们"采取战斗姿态"……为"奢侈风"辩护的主张传到法兰西王国时,自由派领军文人伏尔泰马上写了两首诗为奢侈风辩护,一首题为"尘世",另一首干脆题为"捍卫尘世或为奢侈辩护"(Défense du Mondain, ou l'apologie du luxe)——伏尔泰宣称,限制发展自由工业和自由文艺只会强化专制,追求舒适和安逸在任何情况下都正当得很,何况,奢侈风气会增加就业①……这正是我们今天的见解。然而,卢梭在《论科学和文艺》中竟然指着伏尔泰的鼻子说:

> 告诉我们吧,大名鼎鼎的阿鲁厄特,为了迎合我们矫揉造作的精巧,你牺牲了多少强健的男性美!你的谄媚造出多少精巧的小玩意儿,却使你失去了多少伟大的东西!(同上)

阿鲁厄特是伏尔泰的本名,伏尔泰是阿鲁厄特的笔名,直呼本名无异于直戳这位自由派文人低俗的天性……如今,后现代的各色伏尔泰在传媒闪光灯下频频登台亮相,卢梭恐怕也不会再像当年那样直指这类人的鼻子,如果他不想吃"程序正义"的官司的话。至于任何时代都会有的不妥协的坚守高尚的灵魂,卢梭也已经预见到他们在当今时代的下场:

> 奢侈必然导致道德风尚的解体,道德解体反过来又引

---

① 伏尔泰在其脍炙人口的随笔中写道:"商业已使英国的公民富裕起来,而且还帮助他们获得了自由,这种自由又转过来扩张了商业;国家的威望就从这些方面形成壮大。"伏尔泰,《哲学通信》(1734),高达观等译,上海人民出版社,1961/1986,页38。

致趣味的败坏。如果天资卓越的人中碰巧有人灵魂坚毅，拒绝把自己借给时代的天资，用幼稚的作品来贬低自己，那他可就惨啦！（"一论"，第45自然段）

卢梭不仅过时，而且政治不正确，因为，有才华的少数人如今理直气壮地"趣味败坏"。卢梭在《论科学和文艺》中对自己同时代的艺术家说：

> 卡尔和比尔啊，这样的时刻已经来啦：你们的画笔本来命定要以崇高而神圣的画像去恢宏我们神殿的庄严，如今，你们得扔掉画笔，不然的话就会被用来给小马车的车厢画伤风败俗的装饰画啦。（同上）

如今我们有谁还会觉得卢梭的话有分量？既然我们已经认可"趣味败坏"的合法性并用法律秩序来捍卫它，为卢梭贺寿究竟是对卢梭的讽刺，还是对我们自己的讽刺？

引　子

在卢梭生前和逝后,他的政治作品都极具争议。论争牵涉的问题相当广泛,什么样的论题才是论争的要害? 施特劳斯的文章标题已经表明,重要的是理解卢梭的政治写作"意图"(intention),并在一开始就挑明了围绕卢梭"意图"的论争性质,没有铺陈近两百年来的具体论争,可谓单刀直入:

> [1]有关卢梭意图的古旧论争,隐藏着有关民主性质的政治论争。"民主的方法"等于"理智的方法"的主张,似乎既能支持也能击倒现代民主。为了理解这种主张的含义,自然就要回到卢梭,因为,卢梭把自己视为民主的第一理论家……

施特劳斯没有说,有关卢梭意图的论争就是有关民主性质(the nature of Democracy)的论争,而是说"隐藏着"(conceals)这一论争。这无异于说,大多有关卢梭意图的论争至少表面上与民主的性质无关。反过来说,如果没有触及民主的性质,有关卢梭意图的论争无论多么热闹,都不得要领。从而,理解民主的性质,是理解卢梭的政治写作意图的关键。然而,施特劳斯为何说,有关卢梭意图的论争是一场"古旧的"(antiquarian)论争?毕竟,卢梭是现代思想家!

按日常理解,所谓"政治论争"(a political controversy)指火药味很浓的敌对性论战,或者说知识界的战争。在我们今天,"民主"几乎是不争的普世价值理念,这意味着"有关民主性质"的敌对性思想战争已经结束,民主理念成了进行一场又一场敌对性战争的正当理由。这必然意味着,今天的我们已经清楚"民主的性质"。然而,尽管在多数公共智识人看来,"民主"已经是不容思考且不容争辩的普世价值理念,对严肃的哲学思考而言,"民主的性质"究竟是什么,真正的普世价值究竟是什么,仍然是个问题……我们追求民主已有上百年历史,不等于我们已然清楚"民主的性质"。就此而言,重新认识围绕卢梭意图的论争,对于严肃的思考来说仍然必不可少——追究学理难免与时代意见保持距离,而非让自己成为时代意见本身。

现代学界把"民主的方法"等同于"理智(intelligence)的方法"——这是什么意思呢?我们可以理解,民主是一种政治制度乃至生活方式,正如施特劳斯用选择连词引出的同义词是"一般意义上的自由政体"(free government in general)。然而,"理智的方法"与"民主"或"自由政体"是什么关系,并不容易理解。

首先,如果我们可以把"理智的方法"等同于"哲学的方法",那么,把"民主的方法"等同于"理智的方法"便意味着,现代哲学与"民主"或"自由政体"已经结成一体,以至于可以说,现代哲学就性质而言是"民主"的哲学或关于"自由政体"的哲学。倘若如此,哲学与作为政治意见的自由民主论的关系就不再是审视与被审视的关系,而是成了政治意见的理智基础。我们已经习惯于把传统政体与宗教迷信绑在一起,这意味着,我们把宗教视为传统政体的统治基础,把理智或者说科学或哲学视为"民主"或"自由政体"的基础。"民主的方法"等于"理智的方法"的含义是,民主政体的正当性来自某种哲学——或者说,"自由政体"之所以可能成为一种普世的价值目的,首先需要用哲学取代宗教。

然而,我们可以说"民主的方法"等于"理智的方法",却断乎不能说"理智的方法"等于"民主的方法"。因为,把"民主"等同于一种"理智"的构想说得过去,把"理智"本身等同于"民主"却无论如何说不过去。相反,以"理智的方法"审视"自由政体"的正当性不仅可能,而且必要。因此,施特劳斯说,把"民主的方法"等同于"理智的方法","似乎既能支持也能击倒现代民主"(重点为笔者所加)——毕竟,任何关乎政体或共同体生活方式的政治意见都以某种智识为基础,自由民主论的智识仅仅是人类历史中的一种智识,并非智识本身。如果有谁出于热爱智识本身的意愿审视"自由政体"的理智基础,这一审视本身就难免招惹鸣鼓之伐或引发智识人之间的战争。

让我们进一步理解这一点:什么叫做"民主"或"自由政

体"。按照常见的说法,政府的作用仅限于提供公共服务,不得以"劝服和强制"要求公民服从某种更高的道德目的,相反,公民倒有自然的权利限制和管束政府——即便国防和外交,都需要人民主权批准,这就是"民主"。倘若如此,我们就得预设一个前提:所有公民都是"理智"人,而且懂得政治技艺。显然,这样的设想不可能,因为,实际上并非所有公民都是"理智"的人,而且懂得政治技艺。不过,如下设想至少可能:通过推行普遍启蒙的理智教育,所有公民都有可能成为"理智"的人,而且懂得政治技艺。这样一来,"民主政制"或"自由政体"就得以普遍启蒙的理智教育为前提——这就是所谓"科学与民主相容"的一般含义。

施特劳斯说,卢梭把自己看作"民主的第一理论家"(the first theoretician of democracy),意思显然并非是,卢梭自诩为民主政制的首倡者。通过在注释中引用的一段卢梭自己的话,施特劳斯向我们表明,卢梭的意思是:问题不在于民主政制与专制政体相比是好的政制,而在于这种好的政制何以可能成为好的政制——如果"自由政体"以理智的启蒙教育为前提,则毋宁说,启蒙教育或懂得科学与民主相容是"自由政体"成为好政制的关键。卢梭的原话是:"民主政体肯定是政治技艺的杰作,但是,这项人为技艺越令人赞赏,越难以纳入所有洞穿它的眼睛。"可见,卢梭并不认为"自由政体"有什么不好,而是认为"自由政体"需要很高的"人为技艺"(l'artifice)。这意味着,作为"政治技艺(l'art politique)的杰作","自由政体"构想是少数懂得政治的极富聪明才智之人的设计。由于我们大多数人并非这类聪明才智之人,实现民主政制的基本难题便是:如何让"全体人民"懂得这一科学的"人为技艺"。既然科学与民主的相容性质"并非人尽皆知",阐明两者相容的道理便是普遍启蒙的关键——这就是"民主理论"的使命。从而,普遍启蒙与"民主理论"是二而一的东西。

其实,在柏拉图的《普罗塔戈拉》中,苏格拉底已经讨论过让所有公民懂得"政治技艺"是否可能这一重大问题,而且断然否定了这种可能性。因为,如此可能性必须基于一种理智的德性:"即便我们最智慧、最优秀的城邦民,也没法把自己具有的德性传授给其他人"(《普罗塔戈拉》318d5 - 320b5,引文见319e4)。不仅如此,柏拉图笔下的苏格拉底甚至根本怀疑可能有一种民主政制的政治技艺。如果卢梭清楚了解苏格拉底的观点,而非像我们那样不甚了了或者甚至根本就没听说过,他自认为"民主的第一理论家"就意味着,他"自己觉得有能力"赶过苏格拉底的理智——在《社会契约论》中,卢梭的确说过:"任何敢于着手创建人民的人,必须自己觉得有能力(doit se sentir en état de)做到所谓的改变人性"("三论",页54)。如果卢梭成功证明了科学与民主相容的道理,他就不仅能以"理智的方法"支持现代民主,也能以自己的理智德性胜过苏格拉底的理智德性。毕竟,苏格拉底否认"民主理论"的可能性同样基于某种"理智"。从而,把民主的方法等于"理智的方法"的主张"似乎既能支持也能击倒现代民主"这个表达式并非指现代哲人之间有关民主性质的论争,毋宁说,它暗含的是现代哲人与古代哲人之间的论争——因此,有关卢梭意图的论争或有关民主性质的政治论争实质上是一场"古旧的"论争。

[2]为充分理解卢梭的论点,要预先细致地解读卢梭

的《社会契约论》和《爱弥儿》。姑不论其他原因,限于篇幅,本文只讲卢梭的"第一篇论文"……卢梭本人说过,他的全部著述都表达的是同样的诸原理,而且,卢梭式的诸原理恰恰就在这篇讨论科学和文艺的短文底下……

卢梭的民主理论首先见于《社会契约论》和《爱弥儿》——我们知道,《社会契约论》明显与民主理论相关,其中提出了著名的人民主权论。但要说《爱弥儿》也与民主理论相关,我们可能不容易理解。因为,在我们眼里,卢梭的这部大书(1762年5月出版)是一部关于教育小孩子的小说或者"教育学论著",与民主理论不相干。其实,《爱弥儿》与《社会契约论》互为表里——卢梭自己说过,《社会契约论》不过是《爱弥儿》的附录。何况,《爱弥儿》刻意模仿甚至针对柏拉图的《王制》(又译《理想国》或《国家篇》或《政制》),从而堪称探讨最佳政制的大书①……是否思考政制问题,自古就是衡量一个作者所处思想段位的标志。显然,并非每个作家或学者都有兴趣或有抱负、有能力思考这样的问题,而卢梭早在31岁时就已经立志要为"自己的祖国"写一部《政治制度论》(*Institutions politiques*)。他在《忏悔录》中曾回忆说:

---

① 卢梭在《爱弥儿》开篇就告诉读者:"你想要懂得公共教育的理念(une ideé de l'éducation publique)吗? 读读柏拉图的《王制》吧。这可不是一部政治的作品,像仅凭书名来判断的人所想的那样。它是从不曾有人写过的最佳教育论(le plus beau traité d'éducation)。"《爱弥儿》,上册,页11。亦参埃利斯,"卢梭的苏格拉底式爱弥儿神话:《爱弥儿》与《社会契约论》的文学性对勘"(罗朗、黄群译),见《经典与解释6:卢梭的苏格拉底主义》,北京:华夏出版社,2005,页45。

我那时就看到,所有的一切在根本上都取决于政治(politique),而且取决于人们采取何种方式,毕竟,任何一国的人民都只能是其政体的性质(la nature de son gouvernement)打造成而的(le ferait être);因此,最好的政体何以可能这一重大问题,在我看来,当归结为这一点:什么性质的政体才能培育出最富德性(le plus vertueux)、最为开明(le plus éclairé)、最有智慧(le plus sage)、最好(le meilleur)——就这个词最广的含义而言——的人民?我那时就相信已经看到,这个问题完全取决于另外一点,尽管并不相同:哪种政体就其性质而言总是最为凭靠法律?因此,什么是法律呢?还有一系列同样重要的问题。我看到的所有这些把我引向了伟大的真理,对人类幸福有用的(utiles au bonheur du genre humain)真理,但尤其对我的祖国(ma patrie)的幸福有用的真理,而在刚刚结束的旅行里,我在自己的祖国并没有发现在我看来足够正确、足够清晰的关于法律和自由的概念(les notions des lois et de la liberté assez justes ni assez nettes)。我那时相信,用这种间接方式把这些观念告诉祖国的成员们(ses membres),最能够顾及他们的属己之爱(ménager l'amour‑propre[引按]指社会性的对属己之物的爱),并让他们原谅我在这方面看得比他们稍远一点儿。①

---

① 卢梭,《忏悔录》,范希衡译,人民文学出版社,1982,第九章,页500(译文据GF版 *Confessions* 略有改动)。

青年卢梭已经从柏拉图、色诺芬和亚里士多德的著作中得知，一国人民富有德性只能是政府凭靠法律强制的结果。因此，关于什么样的法律制度对于打造富有德性的人民最好的道理，对卢梭来说才是"尤其对我的祖国的幸福有用的真理"。然而，古代政体及其宗法制度已经成功打造富有德性的人民（比如，我们显然不能说，古代的中国人民不是富有德性的人民），卢梭为何不恪守传统的政制，反而在年轻时要立志探究什么性质的政体（或法律制度）才能培育出富有德性的人民呢？原因很简单：在卢梭时代，自由民主的新政观开始冲击传统政制——按照这种新政观，一国政府根本没有塑造人民的统治法权，人民反倒有自然法权限制政府的统治，以便葆有和维护自己的个人自由。这样一来，公民社会的人民何以可能富有德性就成了问题。青年卢梭说，他在"自己的祖国并没有发现足够正确、足够清晰的关于法律和自由的概念"——显然，自由（卢梭用的是单数）与法律（卢梭用的是复数）恰好有如矛与盾。我们知道，卢梭的"祖国"是新生的日内瓦共和国。这意味着，青年卢梭已经看到，自由民主的共和新政观面临的根本难题是：基于自由民主的诉求，富有德性的政体何以可能——或者说，基于自由民主诉求的立法，共和国的法律制度何以可能对自己的人民提出德性要求。既然自由民主的共和政制被说成是普遍有效的政体，卢梭的政法思考就不是仅仅对自己的祖国"有用"，而是对整个"人类的幸福有用"。

施特劳斯说，"限于篇幅"，他只能谈卢梭的第一篇论文即《论科学和文艺》……我们知道，这篇论文篇幅很短，而且看起来与民主理论没什么关系——至少迄今我们很少见到卢梭研究者会这样来看《论科学和文艺》。① 何况,施特劳斯文章的标题是"论卢梭的意图",这意味着,他要探究并揭示的是卢梭一生的写作意图,而非某一篇作品的写作意图。不用说,这个题目太大,卢梭的政治要著很多,施特劳斯是否会以偏概全呢?施特劳斯这样做的理由来自卢梭本人,因为卢梭自己说过,他的全部著述所要表达的属于自己的"卢梭式诸原理"(Rousseauan principles),已经包含在这篇讨论科学和文艺的短文之中了。尽管如此,施特劳斯事实上并没有仅限于释读《论科学和文艺》,而是涉及卢梭的几乎所有政治哲学要著。除《爱弥儿》和《社会契约论》外,还有《论人类不平等的起源和基础》《致达朗贝尔的信》《关于波兰政体的思考》《孤独漫步者的梦》以及具有自辩性质的《山中书简》《致博蒙书》和致巴黎图书总监马勒塞尔伯的四封信——从而可以说,施特劳斯让自己仅限于第一篇论文的"种种理由"(reasons)看来并非仅仅由于篇幅所限,实际上还有"其他理由"。至于什么理由,施特劳斯没有明言。我们可以设想,主要限于释读《论科学和文艺》至少还有一个写作方式上的"理由":通过深入细致识读一篇作品来揭示卢梭一生的基本思

---

① 布鲁姆(Allan Bloom)的"卢梭对自由宪政论的批判"(Rousseau's Critique of Liberal Constitutionalism)一文是少见的例外,见 Clifford Orwin/Nathan Tarcov 编,*The Legacy of Rousseau*,The University of Chicago Press 1997,页 143 以下。

想。① 不用说，这种以小窥大的写作方式不仅要求熟悉卢梭的所有基本要著，而且要求释读者的眼力具有超强的穿透力。

　　施特劳斯没有忘了指出，在《论科学和文艺》这篇"最早的"著作中，卢梭对自己的诸原理的表达其实还"不够完善"（imperfectly）——既然如此，施特劳斯让自己限于第一篇论文的"其他理由"，就不会仅仅是论文写作方式上的"理由"……根本性的"理由"兴许是：应该像卢梭理解自己那样理解卢梭。的确，要理解卢梭非常困难，因为，卢梭的写作技巧极为高超，他非常善于掩饰自己，要把握他的笔法殊为不易。何况，卢梭学富五车，非常熟悉西方传统的基本经典。如果不熟悉卢梭的所有基本要著、不熟悉卢梭的笔法，不熟悉他读过的古希腊罗马原典，恐怕很难做到像卢梭理解自己那样理解卢梭。施特劳斯能做到这一点吗？对此我们难免而且理应抱持疑虑……不过，可以肯定的是，施特劳斯至少致力于像卢梭理解自己那样理解卢梭，而非像我们阅读卢梭时那样，并不会对自己提出如此要求。② 从这一意义上讲，虽然卢梭的政治哲学要著大多已经有了中译本，我们跟随施特劳斯一起读卢梭可能会收获更大。

---

　　① 施特劳斯后来还发表了关于卢梭的看法，这就是著名的《自然权利与历史》（彭刚译，北京：三联书店，2006，以下随文注页码，凡有改动均依据 Leo Strauss, Natural Right and History, The University of Chicago Press 1953/1965/1998）中的一节（页 257-301，约 40 多页），篇幅仅比《论卢梭的意图》多大约 12 页（按中译本计算）。该节解读了卢梭的两篇短制（《论科学和文艺》和《论人类不平等的起源和基础》，涉及的卢梭文献仅多了《新爱洛伊丝》和《忏悔录》两种），对《论科学和文艺》的释读大约 13 页篇幅，与我们将要研读的这篇文章相比要简略得多。

　　② 文章全文共 77 个注释，主要涉及卢梭要著，仅涉及霍布斯的一条注释提到两个研究文献，其余均为历代原典。

一 卢梭与民主共和设计

当施特劳斯说,卢梭在自己"最早的"著作中对诸原理的表达"还不够完善"时,其实已经指出了为何"还不够完善"的原因:在《论科学和文艺》中,卢梭仅仅把自己的原理藏在这篇短论下面(underlying his short discourse)。因此,施特劳斯以如下论断开始自己的探究:

> [3]为之而写下《论科学和文艺》的直接写作目的,多少有些使论文的特别题旨变得晦暗不明。……

我们大都读过《论科学和文艺》,但我们看出这篇不到三万字的短论有"直接写作目的"(immediate purpose)与"特别题旨"

(the specific thesis)之分吗?如果没有,我们就值得问:施特劳斯如何看出来的呢?他怎么甚至还知道前者使得后者"变得晦暗不明"?

施特劳斯说,《论科学和文艺》给人的鲜明印象是,卢梭敢于在启蒙运动风头正劲的时刻捍卫"道德的利益"——二十世纪八十年代的十年间,我曾多次阅读《论科学和文艺》(何兆武先生译本《论科学与艺术》1963年修订版),坦率地说,我并没有得出这样的印象。我们的教科书告诉我,卢梭是伟大的启蒙思想家……由于我脑子里已经装满启蒙观念,无论《论科学和文艺》痛斥启蒙的言辞多么鲜明,对现代文明进步论的谴责多么尖锐,我也不会想到,他的攻击矛头直接指向的是启蒙本身。一旦与启蒙意识形态保持一定距离,《论科学和文艺》鲜明的反启蒙立场才呈现在自己眼前——卢梭在这篇应征文中的确大声疾呼:启蒙运动的结果必然是社会道德的普遍败坏。

施特劳斯指出,《论科学和文艺》的"直接写作目的"是:针对启蒙运动提出了"文明与道德"不"和"(the harmony)的论题——施特劳斯在文章开始不是说,卢梭主张科学与民主或"自由政体"相容吗?按照启蒙思想的观点,"文明"(civilization)在相当程度上与"科学"是同义词。如果"文明与道德"不"和"这一论题成立,科学与民主相容的主张岂不是说,"自由政体"难免是没有"道德"的政制?难道卢梭会赞同没有"道德"的政制?眼下我们已经面临一个问题:"文明与道德"不"和"的论题与科学与民主相容的主张明显相互矛盾。

施特劳斯随即指出,"文明与道德"不"和"虽然是《论科学和文艺》的基本论题,但并非卢梭的"特别题旨"。因为,文明

(或科学)的发展不等于道德的发展,并非卢梭特有的观点。施特劳斯提供了两个理由。首先,第戎科学院的征文题目已经暗含"文明与道德"不"和"的观点;更重要的是,第二,这一观点是"一种传统"。既然是"传统",就不会仅是某个个人的观点。多少有些奇怪的是,施特劳斯首先提到,这个"传统"的著名代表是近代的蒙田(1533—1592)和古罗马帝国的塞涅卡(公元前4—公元65),而且用的是含糊修辞:"似乎是(would seem to be)蒙田和塞涅卡"……然后才说,"出于一定程度的公平",这个"传统"应该溯源到苏格拉底。蒙田和塞涅卡都是那个时代的著名作家,苏格拉底不是作家,没留下文字,我们在哪里可以看到他有关"文明与道德"不"和"的观点?施特劳斯提醒我们,《论科学和文艺》显眼地抄录了一大段柏拉图《苏格拉底的申辩》中的相关段落(参见"一论"第27-29自然段)。但是,在说到卢梭的观点"尚可追溯至苏格拉底"时,施特劳斯下注说,卢梭的观点其实更多来自色诺芬的苏格拉底作品——《论科学和文艺》的一般观点甚至与色诺芬的《斯巴达政制》和《居鲁士的教育》相关。换言之,卢梭张扬"文明与道德"不"和"的观点时,表面上大段引用柏拉图,暗中更多依傍色诺芬——用今天的话说,卢梭有抄袭色诺芬之嫌。① 施特劳斯的这个注释让我们体会到,如果不首先熟悉色诺芬的作品,我们就不可能理解卢梭的笔法。现在我们可以回答这个问题:为什么我们看不出"文明与道德"不"和"这个论题不是卢梭的特别题旨——因为我们不

---

① 卢梭的《爱弥儿或论教育》出版后,有个名叫 Dom Cajot 的人就写过《日内瓦的卢梭先生〈论教育〉的抄袭》(*Les plagiats de Monsieur J. - J. Rousseau de Geneve sur l'education*,Paris, La Haye,1766)一书,长达三百多页。

熟悉古典作品。研读现代大哲的作品,必须具备古典学养。

由于施特劳斯具备精深扎实的古典学识,他还看出,卢梭的启蒙批判虽然明显凭靠某种古典传统,却并没有严格恪守这个传统。因为,卢梭在引用柏拉图笔下的苏格拉底对诗人和"艺人"的谴责时没有提到,苏格拉底首先谴责的是民主政治家。我们在阅读《论科学和文艺》时,多半不会去查看卢梭看起来原文照引的那段《苏格拉底的申辩》中的言辞,所以看不出卢梭引用时的笔法。从这个极不起眼的细微差别中,施特劳斯得出一个重要观察:苏格拉底"赞扬无知"时,首先暗示自己在政治方面无知有识,言下之意,热衷推行民主的智识人在政治方面无知有识,却自以为有知有识。卢梭在颂扬苏格拉底的"无知"时略去这一批评如果不是疏忽,就可能表明他在民主问题上并不认同苏格拉底的看法。由此施特劳斯断言,卢梭虽然痛斥启蒙,他批判启蒙的激情其实来自民主智识人的激发:民主与专制势不两立,卢梭反启蒙,仅仅因为他把启蒙运动"视为专制主义(despotism)或绝对君主制的基石"。

这一论断马上让我们感到困惑,因为,按照我们的常识,启蒙运动恰恰直接威胁到欧洲近代的专制政体,并为伟大的法国大革命作了准备……①然而,这种常识似乎使得我们长期忽略了一个基本史事:启蒙运动恰恰是在欧洲专制政体或封建政制

---

① 法国马克思主义者勒赛克尔为《论人类不平等的起源和基础》撰写的"导言"认为:在法国大革命时期,卢梭的《论人类不平等的起源和基础》"发挥了巨大作用。它不是大革命爆发的起因,而是大革命的思想源泉。卢梭思想并不是像人们长期所认为的那样,在那些政治斗争中,仅仅为罗伯斯庇尔一派提供了理论依据、论断和语言。事实上,它也为包括贵族在内的所有党派提供了这些东西。"见"二论"[导言],页24。

的土壤上兴起的——英国、法国、德国、俄国的科学院，无不是在封建君王或专制君主治下建立起来的，以至于可以说，启蒙运动是新派哲人与专制君主或封建君王联手上演的一出历史剧。正因为如此，卢梭把启蒙运动"视为专制主义或绝对君主制的基石"才说得通——在《论科学和文艺》中，卢梭的确说到，启蒙运动与专制君主有直接关系（参见"一论"第55－56自然段）。施特劳斯在这里所下的注释中还提到，卢梭在《论科学和文艺》中对专制君主路易十四的赞美并不真诚。①

施特劳斯的论断把我们引向的不是历史的具体状态，而是追索卢梭的反启蒙具有的民主共和论来源：卢梭反启蒙"甚至是受到一种共和冲动或民主冲动的激发"（is even inspired by a republican or democratic impulse）——这一表达式提醒我们，卢梭反启蒙与其说是受到古典政治哲人的启发，不如说是受到近代民主共和智识人的激发。换言之，卢梭的启蒙批判凭靠的与其说是古典的立场，不如说是现代的立场。在前一个注释中，施特劳斯并不引人注目地说，《论科学和文艺》引用柏拉图时删节和篡改柏拉图，得归咎于"卢梭的民主意图"（Rousseau's democratic intention），从而已然揭示了文章标题的含义——卢梭的意图即"民主的意图"。这样一来，施特劳斯的说法让我们陷入更

---

① 迄今为止替《论科学和文艺》作注的卢梭专家都没有指出这一点，可见施特劳斯的锐利眼力。就在卢梭发表《论科学和文艺》的同一年，著名启蒙作家伏尔泰匿名发表了一部大著《路易十四时代》，颂扬这个专制君王的时代成就（第31－34章专论科学和文艺）。在构思这部史书时，伏尔泰曾写信给朋友说：这个时代的成就不在军事和政治方面，而在科学和文艺方面，如果"删掉文艺和人类精神的成果，就找不出足以引起后人注目的杰出东西来"。参见伏尔泰，《路易十四时代》，吴模信等译，商务印书馆1982/1997，"中译本序言"页2－3。

深的困惑。因为,按照我们的"常识",普遍启蒙与自由民主诉求是一回事——比如,流行的"救亡压倒启蒙"说的意思就是:救亡耽误了实现自由民主。我们难以理解,既然是受到自由民主共和派激发,卢梭何以会反启蒙?

> [4]卢梭的观点并非理智上不可理解。马基雅维利和霍布斯这两个人一向被流行地视为近代专制主义最伟大的卫士,他们都同意,启蒙是绝对君主制的柱石。只要想一想卢梭对其在《论科学和文艺》中予以痛击的启蒙运动的看法,即可明白这一点。他认为这场运动本质上敌视宗教……

施特劳斯的言辞非常精审:"卢梭的观点并非理智上不可理解(not unintelligible)"——这无异于说,卢梭受到近代民主共和派的激发并非头脑发热的结果,而是理智思考的结果。接下来施特劳斯首先向我们说明,《论科学和文艺》的反启蒙姿态何以堪称受到近代民主共和派激发,这也等于是在说明,"民主的方法"何以堪称"理智的方法",或者说民主共和何以堪称一种智识人的理智设计。

施特劳斯首先提到马基雅维利(1469—1527)和霍布斯(1588—1679)的相关论点,因为这两人堪称近代自由民主"共和"论的思想鼻祖,尽管他们"一向被流行地视为(still popularly considered)近代专制主义最伟大的卫士"——所谓"流行"看法并非指市井看法,因为,平民百姓不会关切何种政制更好这类问题,遑论有什么"看法"。毕竟,关心这类天大的问题既需要深厚学养,更需要难得的明澈心智。即便有某些个马基雅维利所谓的"杂众"或卢梭所谓的"卡赖尔"也关心甚至议论起这类问题,仍然只会胡思乱想,自以为是地胡诌,还会不断抱怨强大知识对自己的压迫。"流行"看法指的是智识界甚至传媒中广为流传的学术"看法","这类"看法"虽然常见于思想通史或政治学概论一类教科书,往往似是而非。施特劳斯在这里的意思是,与其说马基雅维利和霍布斯是近代专制主义的卫士,倒不如说他们是近代自由民主共和论的先驱(著名政治思想史家伯林和斯金纳后来把马基雅维利奉为现代自由民主思想的伟大先行者,算不上"原创性"见解)。如今的我们已经不难理解这一点,难以理解的是,施特劳斯何以说,依据马基雅维利和霍布斯的观点,"启蒙是绝对君主制的柱石"?《论科学和文艺》痛斥启蒙运动首先显得是因为启蒙"敌视宗教"(hostile to religion),难道近代民主共和论的创始者们既主张自由民主又维护宗教的治权?

其实,凭常识逻辑也不难设想,为了实现自己的绝对统治,专制王权恰恰需要破除习传宗教的治权,只有这样,专制君主才可能拥有绝对自主的治权。既然普遍启蒙首先要破除的是习传宗教的治权,自然就成了专制主义的基石。明乎此也就不难理解,为何专制君主会奖掖启蒙智识人——的确,启蒙智识人在当时经常受到迫害,但他们更多受到的是既存宗教教权的迫害。毕竟,专制王权并未完全清除既存宗教的治权。由于我们的"流行"学术之见把专制政体与习传宗教绑在一起,以为"专制"就是宗法政体,施特劳斯的说法才让我们感到费解。

无论马基雅维利还是霍布斯,他们虽然显得是在为专制君主出谋划策而写作,心里向往的其实是自由民主的共和国。让今天的我们难以理解的是，在他们看来，自由民主的共和国需要宗教！按我们迄今对启蒙的理解，自由民主与宗教势不两立——正因为如此，自由民主的共和国为何需要宗教，以及共和国的宗教如何可能，是我们首先需要搞清楚的问题，也是理解卢梭问题的起点。

施特劳斯仅用了短短两句话来陈述马基雅维利的观点，首先挑明的就是这一问题："马基雅维利不就说过吗，自由的国家（free commonwealth）反而绝对需要宗教"……马基雅维利的《李维史论》堪称旨在培育共和国"国父"的教科书，以读史劄记的方式教育潜在的共和国之"父"。依据《李维史论》卷一中的三个章节（第10-11章和第55章），①施特劳斯提供了马基雅维利关于自由民主共和论的基本观点。从卷一第10章的标题就可以看到，马基雅维利无异于在呼唤自由民主共和国的创建者："一个共和国或王国的创建者有多么值得赞美，一个专制国的创建者就有多么该咒骂。"在这一章里，马基雅维利告诉我们，共和国的基本原则首先是保障言论自由或者说政治自由，亦即"人人都可以持有并捍卫自己想要的任何观点"（《李维史论》，页179）。马基雅维利称赞说，在贤明的罗马皇帝时代而非共和时期，人人都有表达政治意见的自由。按照历史常识，罗马帝国时代是专制政体，马基雅维利把这个时代说成"黄金时代"，而且赞美皇权治下人人有政治自由，显然是在说反话。马基雅维利故意出这种常识性错误，是因为他生活在专制君主治下却又

---

① 参见马基雅维利，《李维史论》，薛军译，吉林出版社集团2011，页177-184及页293-297；以下随文注页码。《李维史论》的解读，参见曼斯菲尔德，《新的方式与制度》，贺志刚译，北京：华夏出版社，2009。

要表达对自由民主的祈愿。由于人们没有看明白马基雅维利在专制时代不得不颠三倒四、张冠李戴的修辞,才会以为马基雅维利是"近代专制主义最伟大的卫士"。

如果政治自由是民主共和论的首要原则,那么,政治平等就是同样重要的第二项原则——《李维史论》卷一第55章的标题是:"在民众尚未腐败的城邦管理公共事务是多么容易;在有平等的地方,不可能建立君主国,而在没有平等的地方,不可能建立共和国。"在这一章里,马基雅维利教诲说,"如果有人想要在有许多绅士的地方建立一个共和国,他不可能做到这一点,除非他先将绅士们全部消灭。"(《李维史论》,页296)既然马基雅维利所祈望的"自由的国家"基于民众的统治,就首先需要开启民智,因此,他不可能反对启蒙。事实上,在马基雅维利笔下,专制被明确定义为"与给人类带来利益和荣耀的道德、文学以及其他艺术为敌"的政体(《李维史论》,页177)。既然如此,我们难免会想,自由民主的共和国同样不需要宗教,因为宗教难免限制人的政治自由。换言之,就清除宗教信仰而言,启蒙既符合专制的需要,也符合自由民主政体的需要,何以马基雅维利又会主张,"自由的国家"与专制政体不同反倒需要宗教呢?

我们应该可以想到这样的问题:专制君主的确希望,臣民们仅仅畏惧君主,无需再畏惧上帝……然而,在自由政体中,人民不再畏惧君王,甚至什么都不畏惧,那么,靠什么把人民结成一个政治共同体呢?马基雅维利看到这样的问题,因此他说,专制政体不需要但自由政体恰恰需要宗教,以此作为"最强大的纽带"把国民维系在一起:"对于认真地思考罗马历史的人来说,很清楚,宗教对于派遣军队、集合平民、使人善良、使恶人感到羞愧起到了多大的作用。"(《李维史论》,页182)可是,既然启蒙智识人帮助专制王权消除了传统宗教的治权,推翻专制政体后,自由政体又该从哪里获得所需要的宗教呢?这位自由民主共和的设计师想到的替代办法是:建立一种人为的宗教——也就是所谓的"公民宗教"(civil religion)或"公共宗教"(public religion)。

我们应当清楚,在这位自由民主的设计师那里,所谓"宗教"其实有两种不同的所指:要么指习传宗教,要么指为了自由的民主共和国而建立的公民宗教。习传宗教与法律制度往往是一体的,古老宗教的创立者同时也是立法者,就此而言,"公民宗教"与习传宗教具有相同性质。因此,马基雅维利说,"在所有被赞美的人当中,最受人赞美的是那些成为宗教领袖和宗教创建者的人。排在他们之后的是那些建立了共和国或王国的人"(《李维史论》,页177)——其实,这话的意思是,共和国之"父"与"宗教创建者"是同一个人。

在陈述马基雅维利的观点时,施特劳斯还下注补充了斯宾诺莎(1632—1677)在其《政治论》中谈到的类似观点,这部小书可以看做是著名的《神学—政治论》的简写本。[①] 与马基雅维利相比,斯宾诺莎更为直白地主张自由民主制,尽管他有时让自己显得是在主张贵族政体——沿着施特劳斯的指引,我们看到,斯宾诺莎在《政治论》第八章中讨论的是贵族政体何以能够长治久安,但斯宾诺莎说,他所谓的贵族政体指的是,"不只由一个

---

① 斯宾诺莎,《政治论》,冯炳昆译,北京:商务印书馆,1999(以下随文注页码)。

人,而是由从民众中选出的一批人掌握统治权的国家"。贵族政体与民主政体的区别不过在于,"在贵族政体中参加统治的权利只是靠现有贵族的推荐选拔,而在民主政体中,这是一种与生俱来的权利,或依靠机遇幸运而获得的权利"(《政治论》,页89-90)。与马基雅维利一样,斯宾诺莎为自由民主共和国设计的政治原则一方面是,"国民享有较大的自由"(《政治论》,页91),尤其是"每个人有畅所欲言的自由";另一方面,自由民主的共和国也需要建立一种"国家宗教"。在斯宾诺莎笔下,我们可以更清楚地看到自由民主的设计师对待两种宗教的不同态度。一方面,斯宾诺莎说,"在宗教问题方面,不得用城市的经费兴建任何教堂;另外,也不得制订针对思想信仰的法律,除非它煽动叛乱和破坏国家基础"(《政治论》,页62)——这显然针对的是当时仍然有政制法权的习传宗教;另一方面,他又要求自由民主共和国的所有公民必须信奉"同样的宗教",以防止国民分裂,也防止有些人因陷入迷信而剥夺其他人"畅所欲言的自由"(《政治论》,页121)。

这里似乎出现了一个矛盾:为了保障"畅所欲言的[政治]自由",必须限制习传宗教信仰的自由。用斯宾诺莎的话来说,"虽然应该让每个人有畅所欲言的自由,但是,必须禁止持其他信仰的教徒举行大的宗教集会"(《政治论》,页121)——这无异于说,自由民主的共和国只能给予"国家宗教"以举行大的宗教集会的"自由"。习传宗教则必须加以限制,它可以成为私人的信仰,却不可成为公共的信仰。换言之,"应该让每个人有畅所欲言的自由"成了一种新的信仰,这种信仰"必须禁止[人们]持其他信仰",因为自由民主政体需要这种"自由信仰"。从而,

"应该让每个人有畅所欲言的自由"的信仰,意味着没有不信自由民主的"自由"。

这个矛盾仅仅看似如此而已。习传宗教与某种法制一体,从而会强制性地排斥其他宗教信仰,自由民主信仰一旦成为"国家宗教",当然也得与自己的法律制度一体,强制性地排斥其他宗教信仰——所谓政教分离意味着,自由民主的国家信仰必须是"信仰"自由民主,不可是别的信仰。但凡宗教难免要求独一的、排他的绝对权威,自由民主信仰作为"国家宗教"也不例外。因此,普遍启蒙与建立自由民主的"国家宗教"的要求并不相悖,"在自由国家里,发展学问和技艺的最好办法就是,允许任何人公开授课,经费自筹,名声好坏也由他自己负责"(《政治论》,页123)——可见,尽管主张"国家宗教",仍然不妨碍斯宾诺莎是一个启蒙智识人。

卢梭的《社会契约论》以阐明"公民宗教"的必要性结尾,尤其值得注意的是,在第二卷第7章"论立法者"结尾,卢梭就已经宣称:绝不可以说,"政治与宗教在我们中间有着共同的目的,毋宁说,在国家起源之时,宗教是政治工具"(d'instrument à l'autre[la politique];参见"三论",页58-59)——这意味着,民主政体的立法者必须重视宗教建设。可见,卢梭接受了马基雅维利和斯宾诺莎的命题。既然如此,令我们费解的是,《论科学和文艺》为何又要痛击启蒙运动?既然卢梭接受了马基雅维利和斯宾诺莎的命题,他要维护的"宗教"就不会是习传的基督教,而是公民宗教,为何他要抨击开启自由民主信仰的启蒙?——唯一合理的答案在于,卢梭也同时信服古典政治哲人的看法:文明与道德不相容。这个命题的具体含义是,科学[或哲学]与社会道德[或宗教]不相容,从而,普及科学[或哲学]必然危害公民宗教。任何宗教信仰其实都不容怀疑和讨论,如果自由民主的公民宗教是一种信仰,同样不容怀疑和讨论。可是,就"人人都能坚持和捍卫自己喜欢的任何意见"的政治自由而言,则没有不可置疑、不容讨论的东西。因此,自由政体基于政治自由,却又"绝对需要宗教,甚至把宗教视为最强大的纽带",无论如何是一个内在矛盾或者说内在难题。由此来看,当施特劳斯说,卢梭抨击启蒙"甚至是受到一种共和冲动或民主冲动的激发",意思兴许当理解为,卢梭受到自由民主设计的一个内在难题激发。对于热爱智识的卢梭来说,解决这一难题无疑会获得一种惬意的理智快乐。

[4]……至于霍布斯,他的政治诉求只有在绝对的世袭君主制中才能得到完全落实,他教导说,公民秩序基于对暴死而非对"看不见的力量"即宗教的恐惧。……

施特劳斯对霍布斯的相关观点的表述同样十分简厄,但在注释中所给出的霍布斯文献却比马基雅维利多一倍,除了《论公民》(1642)中的一章,还提到《利维坦》(1651)中的六章。①

---

① 霍布斯,《论公民》,应星、冯克利译,贵州人民出版社,2003(以下随文注页码),凡有改动均依据 Thomas Hobbes, *On the Citizen*, Richard Tuck / Michael Silverthorne 编辑/英译,剑桥大学出版社,1998/中国政法大学出版社,2003;霍布斯,《利维坦》,黎思复、黎廷弼译,北京:商务印书馆,1985(以下随文注页码),凡有改动均依据 Thomas Hobbes, *Leviathan*, R. E. Flathman / D. Johnston 编辑、校勘,New York 1997。关于霍布斯的《利维坦》与宗教问题的关系,参见施特劳斯,《霍布斯的宗教批判:论理解启蒙》,杨丽等译,黄瑞成校,北京:华夏出版社,2012。

可以设想,虽然马基雅维利是现代自由民主共和的第一设计师,就具体设计而言,霍布斯的理智工作做得细致、具体且扎实得多。所谓"霍布斯的政治诉求",指的就是自由民主的共和诉求——我们翻开《论公民》就会看到,第一部分的标题是"自由",第一章一开始论述的就是"公民社会始于相互恐惧"……"人天生彼此平等":

> 大规模的、持久的社会的起源不在于人的相互仁慈,而在于人的相互恐惧(men's mutual fear)。人们相互恐惧的原因,部分在于他们自然的平等(natural equality),部分在于他们想彼此加害。(页6)

不过,按施特劳斯的文献指引,我们在第十章一开始看到的是,霍布斯提出了堪称自由的悖论问题:

> 在国家这个框架之外,每个人的确有着最完全的自由,但这自由对他并没有什么好处。其原因是,每个人因为有自由而可以按照自己的自由意志去做一切事情,但他也因为有自由而在一切事上都与别人的意志发生遭遇。一旦形成了一个国家,每个公民既保持了他在和平中过得安宁所需要的自由,又取消了别人的某些自由,使他足以摆脱对别人的恐惧。……总之,在国家之外,是激情、战争、恐惧、贫穷、龌龊、孤独、野蛮、无知和残暴的王国;而在国家中,是理性、和平、安全、财富、光彩、交往、高雅、科学和仁厚的王国。(《论公民》,页102-103)

这岂不是说,唯有凭靠一个强有力的国家,个人自由才有保障吗?倘若如此,霍布斯岂不既是个自由主义者又是个国家主义者?的确如此,这已经是学术常识,缺乏这一常识或根本没有读过霍布斯的原著,才会以为国家主义与自由主义不相容,甚至以为国家主义是二十世纪才有的新鲜玩意儿。可以说,霍布斯看到的问题是前述自由民主设计中的内在难题的放大。他的解决方案是:为了实现自由民主,必须强化作为国家机器的法律强制。当然,这部国家机器必须是民主地制造出来的:"如果自由指的是解除基于法律即人民的指令的服从,那在哪里都无自由可言——无论是在民主制中,还是在任何别的国家类型中。"(《论公民》,页108)因此,在这一章结尾时(第18–19节),霍布斯说,"臣服于某个人或会议对我们的保存是必要的,所以,我们最好的情况是臣服于某个在利益上有赖于我们的安全和健康的人。"(《论公民》,页113)

必须注意到,霍布斯随后就说,这个关于国家起源的论说是他"设计"出来的(参见《论公民》,页115):At VI. 2 we derived the origin of a commonwealth by *design*[在第6章第2节,我们通过设计得出了国家的起源]——在霍布斯所指引的章节,我们看到,所谓"设计"就是"型塑国家"(formation of a commonwealth,参见《论公民》,页61)。可见,霍布斯的"政治诉求"(political demands)全然出自理智的"设计"。施特劳斯说,霍布斯的如此政治诉求"只有在绝对的世袭君主制中才能得到完全落实",听起来多少有些反讽意味,毕竟,霍布斯的"政治诉求"是实现自由平等的民主制。其实,施特劳斯的表述十分严肃,意在揭示霍布斯的政改方案的内在困难——理解这个困难,才能理解卢梭思考民主政制问题时在何处找到自己的思辨快乐。按霍布斯的民主共和设计,"公民秩序"(the civil order)的基础是一种堪称普遍人性的"恐惧"(fear)。这指的不是传统宗教对上帝的恐惧,而是指对自然状态中因人人相残而引致的"暴死"的恐惧。按施特劳斯的文献指引,我们在《利维坦》十二章"论宗教"读到,霍布斯说:人心成天受到对死亡、贫困或其他灾难的恐惧折磨,由于"对原因无知"(the ignorance of causes),"便只有归之于某种不可见的力量或原因"(some Power, or Agent Invisible,《利维坦》,页80)。其实,对上帝的恐惧与对暴死的恐惧是两种截然不同的"恐惧",甚至可以说,畏惧上帝的人不会畏惧暴死,因为,畏惧上帝的人会认为,自己的生命在上帝手中。然而,霍布斯却告诉人们,畏惧上帝的真正原因是畏惧暴死,这种告知本身就是一种启蒙。正是基于这一对普遍人性的启蒙,霍布斯建立起他的自然状态说和自然权利说,以及权利转让的契约论——在此契约的基础上,才能设想公民社会(Civil Society,《利维坦》,页107;亦参《论公民》,页6-7)。反过来说,霍布斯要让他的自然状态及其自然权利说得以成立,必须以清除习传宗教信仰为前提,或者说必须以普遍启蒙为前提。毕竟,"当公民个人即臣民要求自由时,他们以自由之名所要求的并不是自由而是支配;但由于他们的无知,他们从来看不到这点"(《论公民》,页108)。

不仅如此,在建立国家即公民社会时,霍布斯还得不断清除既存的启示宗教信仰——在论及"国家致弱或解体的因素"时,霍布斯把基于"超自然灵悟"(supernatural Inspiration)的信仰即启示信仰视为导致"所有公民政体(all Civil Government)趋于解体"的原因(《利维坦》,页252)。为了让人懂得,"分割国家权利就是使国家解体,因为被分割的主权会相互摧毁",首先需要让人们懂得,启示信仰其实可以"通过教育、训练、纠正和其他自然方式"(naturall wayes)来获得,无需等待上帝的奇迹(《利维坦》,页253-254)。即便在公民秩序的国家建立起来之后,为了让公民臣服于绝对君主式的国家主权者,"教示人民"的启蒙仍然是人民主权代表者的基本职责之一。何况,在霍布斯看来,"教示人民(instruction of the people)认识到主权的这些根本权利,其实并没有什么困难"……在谈到国家主权者"应该教育人民"的若干具体要点之前,霍布斯特别告诉我们:公民是可以教育出来的。因为,只要常人的脑子没有受到"有权势的人"的影响,也没有被"博学之士"的看法败坏,而是"像白纸一张"(like clean paper),公共当局就可以在上面印上自己想印的任何东西(《利维坦》,页263)——反过来理解,由于人民的脑子本来并非"白纸一张",而是写满了习传宗教的信仰和法规,要造就自由民主共和国的公民,就必须先将人民的脑子洗白:启蒙教人抵制洗脑,但如果不首先洗脑,启蒙就没法教会人抵制洗脑。

通过霍布斯的启蒙教育,"恐惧"作为普遍人性将会发生这样的转变:起初"恐惧"是一种宗教虔敬的品质,或者说是受到启示宗教规定的品质;经过第一次启蒙之后,"恐惧"变成了自然状态中对暴死的恐惧,也就是"单纯自然状态"(the condition of meer Nature)或"绝对自由"(absolute Liberty)的无政府状态中的恐惧(《利维坦》,页276)——这无异于把受到习传礼法规定的民人变成了"白纸一张"。接下来需要进一步启蒙,以便把

"单纯自然状态"中的恐惧变成每个人对国家主权者的恐惧,这种恐惧就可以称之为公民素质。因为,公民对国家主权者的恐惧基于自己清楚地知道,主权者的权力来自每个公民的授权,其义务和职责是保障每个公民的人身安全。因此,施特劳斯告诉我们,霍布斯的民主共和方案必然要求"一种人生观的彻底转变"(a radical change of outlook),这只能通过用理智性的哲学知识取代习传宗教信仰的启蒙来实现——《利维坦》第三十一章让人清楚地看到,这种取代如何可能……现在我们可以理解,"民主的方法"等于"理智的方法"是什么意思。

霍布斯对自己的理智所为具有清楚的自我意识,他的普遍启蒙不仅要清除民人所信奉的基督教信仰,也要清除少数读书人头脑中的古典哲学传统。在《利维坦》第二部分"论国家"结尾时,霍布斯告诉读者,他所谈的主权者应该怎样建立,有怎样的权利和性质,"以及根据自然理性的诸原则(the Principles of Naturall Reason)推论出来的臣民的义务"等等,与读书人一直以来所接受的"罗马人和雅典人的道德学问(Morall learning)相去甚远",尤其与柏拉图的"道德哲学"(Morall philosophy)相去甚远。霍布斯把自己的民主共和设计与柏拉图在《王制》中的基本主张作了类比:"除非主权者是哲人"(till Sovereigns be Philosophers),国家的无序和政体的嬗变会无休无止——但霍布斯充分自信地认为,自己的政制设计远远胜过柏拉图和"其他迄今为止的任何哲人"(any other Philosopher hitherto)。因为,他们"都没有整理并充分或大概地证明道德学说中的全部公理,以使人们可以由此学习如何统治和如何服从"(《利维坦》,页288,重点为原文所有)。为什么霍布斯特别提到柏拉图,为什么不是比如说亚里士多德？因为柏拉图的"道德学问"并非是一种正确的"理智方法"？完全有可能，但更有可能的是，接受了柏拉图的"道德学问"，霍布斯的普遍启蒙就没有可能——"在柏拉图那里，除了对于统治者—哲人本身而言，不存在启蒙；这种可能性被民主派和反—理论家霍布斯排除了，从而有了普遍的启蒙"（施特劳斯，《霍布斯的宗教批判》，前揭，页5）。

然而，《论科学和文艺》为了"公民宗教"而反对启蒙，岂不与霍布斯的设计相抵触，何以可能说是受到霍布斯的"激发"？如果所谓"激发"的含义是受到一个理智的内在难题的"激发"，《论科学和文艺》的姿态就不难理解了。施特劳斯表述的要点在于，霍布斯的公民秩序的新政治学本身包含着一个内在难题：把民人变成"白纸一张"后，国家或政治共同体何以可能？为了解决如何从"单纯自然状态"出发建立国家这一难题，霍布斯不得不强化每个自然权利的主权者转交给一个主权者的绝对治权，以至于霍布斯不得不在形式上肯定"绝对的世袭君主制"——然而，要实现这种君主制，又得对人民启蒙，让他们首先明白"单纯自然状态"的道理，然后明白公民状态的道理。于是，霍布斯看起来是绝对君主制的卫士，其实是民主共和制的先驱，他的君主制是"经过启蒙且仍在启蒙的君主政体"（enlightened, and enlightening monarchy）。问题在于：经过启蒙的人民何以还可能服从"绝对的独一主权者"？可以设想，如果要让人民不是那么专制地受到统治，而是心悦诚服地接受统治，有一种"公民宗教"会容易得多。然而，经过霍布斯的第一次启蒙之后，能够用来作为公民宗教的情感基础就只剩下对"暴死"的恐惧，以此来建立公民宗教显然算不上充分理智的设计，因为，恐惧"暴死"无论如何算不上高尚的情感。对于一个道德高尚的政制而言,恐惧"暴死"只能被看作人性的弱点,基于如此情感的"宗教"只会是低俗的"宗教"。何况,哲人当然会认为,恐惧上帝固然堪称不理智,但恐惧"暴死"同样算不上理智。霍布斯的民主共和设计的理智弱点在于:他的方案所设想的民主政制的德性太低,也实在不理智。也许,正因为如此,卢梭才会说:"民主政体肯定是政治技艺的杰作,但是,这项人为技艺越令人赞赏,越难以纳入所有洞穿它的眼睛"——这话听起来似乎像是在对自由民主理论的前辈们说,解决民主共和设计的理智难题舍我其谁……

在卢梭之前,还有一位对民主共和设计作出重大理智贡献的"天才",这就是孟德斯鸠(1689—1755)——施特劳斯接下来就说到卢梭与他的关系:

> [5]孟德斯鸠《论法的精神》已经为卢梭抨击专制政体设置了依据,该书约在卢梭构思《论科学和文艺》的前一年问世。孟德斯鸠拿作为民主原则的德性来对照作为专制主义原则的恐惧。

施特劳斯没有说,卢梭抨击专制政体的依据来自马基雅维利或霍布斯。这并非因为马基雅维利或霍布斯表面上热衷的是专制君主制,与此不同,在孟德斯鸠笔下,民主共和与专制的尖锐对立已经浮出水面。毋宁说,通过阐述"诸法的精神",孟德斯鸠进一步逼近了民主共和设计的理智难题。① 所谓"拿作为民主原则的德性来对照作为专制主义原则的恐惧"这一表述可以理解为：孟德斯鸠力图为自由民共和确立真正的德性基础，以取代难以成为政治德性的"恐惧"。按照亚里士多德，"恐惧"（φόβον）属于人的灵魂中总是伴随着快乐或痛苦的种种"情感"（πάθη）之一："德性"（ἀρετή）绝非"情感"，因为"我们对情感并不能说高尚和卑劣"（σπουδαῖοι ἢ φαῦλοι），正如不能对与生俱来的灵魂"潜能"（δυνάμεις）说"优抑或劣"（ἀγαθοὶ δὲ ἢ κακοί）。毋宁说，德性体现的是人的灵魂的优良"品质"（ἕξεις）（《尼各马可伦理学》，1105b20－1106a13）。如我们中国的古人所说，"在心为德，施之为行"。毕竟，德性必然涉及好或坏、高尚或鄙俗的区分，并总是表征好或高尚，绝不会是坏或卑劣。

翻开《论法的精神》，我们就在第一卷第1章"一般意义上的法"（Des Lois en général）中看到，孟德斯鸠以非常简短的几句论述就反驳了霍布斯自然状态论的逻辑："只是在创建社会（l'établissement des sociétés）之后，人才找到了相互攻击和自我保护的理由"，而霍布斯则把"创建社会之后发生的事情加在社会

---

① 孟德斯鸠的《论法的精神》对中国百年共和革命具有直接影响：早在1902年严复动笔据英译本翻译孟德斯鸠时，国人张相文据日译本《万法精理》译出的《论法的精神》（上卷）已经出版。辛亥革命成功后的第二年（1913），严复的文言体译本《法意》出版，堪称非常及时，尽管第一个译自法文的中译本（张雁深译）直到半个世纪之后才问世（商务印书馆1963，1997重版）。晚近我们又有了孙立坚等译本（陕西人民出版社，2001）和许龙明译本（商务印书馆，2011）两个新译本，本稿引文依据许龙明译本（随文注页码），凡有改动均依据Montesquieu, De L'esprit des Lois（Victor Goldschmidt导论，Flammarion 1979）。

创建之前的人身上"(中译本页13)。① 换言之,对于霍布斯来说,共和设计的问题在于,如何通过建立一种威权式的法律秩序来克服单纯自然状态中的相互伤害,以实现自我保护。对于孟德斯鸠,共和设计的问题毋宁说更在于自由民主的共和政体具有何种德性品质。毕竟,古典的共和传统以德性流芳千古——如亚里士多德所说,"制定良法的人(ὅσοι φροντίζουσιν εὐνομίας)无不关切城邦的德性和劣性(περὶ δ' ἀρετῆς καὶ κακίας πολιτικῆς διασκοποῦσιν)。显然,要真正配得上城邦这个名称,就必须关心德性"(《政治学》,1280b5-8)。孟德斯鸠用"论法的精神"这个书名表明,他关切的并非是"每一个别的法律"(chaque loi particulière;中译本页3),而是诸法律的"精神"(l'esprit),这种"精神"可以恰当地称之为"公民精神"或民主共和精神:"如果所有意志(toutes les volontés)没有联合起来,诸多单个力量便不会联合。……这些意志的联合(la réunion de ces volontés)就是人们所谓的公民国家[公民状态](l'état civil)"(重点为原文所有,中译本页15)——这话已经充分表达了卢梭随后提出的著名"公意"(la volonté générale[一般意志])说的基本要义。

由此来看,孟德斯鸠的共和设计不满于霍布斯的设计带有专制色彩,力图把法律强制性的公民国家修改为具有自觉道德意识的公民国家。从而,仅仅强调法律秩序并不能突显民主共和政体的性质和优越,毕竟,"各种法律应该与业已建立或想要

---

① 卢梭跟随孟德斯鸠认为,霍布斯的自然状态论错在"把满足各种情感(une multitude de passions)的需要不适当地加到野蛮人的自我保护行为中,而这些情感其实是社会的作品(l'ouvrage de la Société),也正是这些情感使法律成为必要"。见"二论",页94。

建立的政体的性质和原则"(la nature et au principe du gouvernement)相吻合"(页15)。在孟德斯鸠笔下,民主政体与专制政体的简单二元对立尽管更为彰明较著,但是,对于孟德斯鸠来说,共和设计的重要问题仍然在于:为何民主的共和政体优于君主政体。[①] 共和政体意味着要么全体人民要么部分人民掌握最高权力(前者是民主的共和政体,后者是贵族式的共和政体),君主政体是单独一人凭"固定的已然确立的法律"(par des lois fixes et établies)执政,专制政体则既无法律又无规章,单独一人"凭着自己的意志和种种任性"(par sa volonté et par ses caprices)施行统治(中译本页17-18)。可见,君主政体与专制政

[①] 各种政体的比较,最早见于希罗多德的《原史》。柏拉图的《王制》、色诺芬的《居鲁士的教育》和《斯巴达政制》以及亚里士多德的《政治学》中的政体比较更为复杂、精细,而且所讨论的政制类型不止三种。在柏拉图笔下的苏格拉底看来,值得提及的政制有五种:1. 王政或贵族[优良]政制,2. 荣誉政制,3. 寡头政制,4. 民主政制和5. 僭主制。这五种政制的品级依次下降,有如赫西俄德笔下的五种人族秩序的品级依次下降——从金、银、铜下降到英雄神灵和铁的品级(《王制》546e - 547a)。从而,在苏格拉底眼中,民主政制的品级很低,仅仅高于僭主制。参见 Leo Strauss,*The City and Man*(《城邦与人》),University of Chicago Press 1978,页130。按照施米特的概述,托马斯·阿奎那在《神学大全》中仿照亚里士多德的政体(status)划分,将政体比较化约为贵族政体(status optimatum)、寡头政体(status paucorum)和民主政体(status popularis)三种。贵族政体由少数优秀的人施行统治(in quo pauci virtuosi principantur),寡头政体同样由少数人施行统治,但这些少数人未必具备卓异品质;民主政体由农民、工匠等多数人施行统治(参见 Summa theologica,I,II,19,10c)。博丹(Bodinus)在加尔文去世十多年后的1577年出版的《共和六书》(Les six livres de la République)把寡头政体改成君主政体(état royal),民主政体(état populaire)和贵族政体则不变(见第六卷)。霍布斯在《论公民》(*De cive*,1642)第十章中区分了君主政体(status monarchicus)和民主政体(status democraticus),同时说到混合政体(status mixtus)。参见施米特,《宪法学说》,刘锋译,上海人民出版社,2005,页6-7。孟德斯鸠虽然也在三种政体之间进行比较,民主政体与专制政体明显成了非此即彼的二择一选择——卢梭同样如此,参见"二论",页131-132。

体的区别仅仅在于"凭法律"还是凭个人意志和任性施行统治,而共和政体与君主政体的区别首先在于谁掌握"最高权力"(la souveraine puissance)。孟德斯鸠在这里没有提到共和政体的法律,难道民主共和不凭靠法律施行统治? 当然不是……毋宁说,如果仅仅说共和政体也有自己"固定的已然确立的法律",就不能与君主政体区别开来。孟德斯鸠的共和设计的使命在于,为民主共和政体确立一种具有德性的"精神"秩序,由此才能击倒君主政体。从而,共和政体与君主政体的根本区别并非在于有无法律秩序,而在于有无"政治德性"。因此,孟德斯鸠写下了言简意赅的名言:"共和政体需要德性,君主政体需要荣誉(l'honneur),专制政体则需要畏惧(la crainte)"(中译本页38)——然而,"在君主政体中,种种法律取代了一切德性,人们不需要任何德性,国家免除了具有德性的要求"(中译本页35)。

既然民主的共和政体凭靠自己的德性才能击败君主政体,阐明共和政体的德性就成了《论法的精神》的首要任务(第二至第十章)。① 那么,共和政体的德性是什么呢? 孟德斯鸠说,是一种人人共同的爱:爱共和国(l'amour de la république)和爱平等(l'amour de l'égalité)。不用说,这种"爱"具有政治性质,也就是所谓的"爱[共和]国主义"情感。由于这里的"爱国"明确指的是爱民主的共和国,所谓人人共同的爱也是政治平等的标志,或者说政治平等首先体现为热爱民主政体的"政治德性"(la vertu politique):"爱共和国就是爱民主政制;爱民主政制就是爱

---

① 参见洛文塔尔,"《论法的精神》中的共和政治"(林志猛译),见刘小枫编,《古典诗文绎读·西学卷[现代编]》,上册,北京:华夏出版社,2009,页534–556。

平等"(中译本页56)。这听起来似乎与霍布斯对绝对君主式的主权者提出的第一项启蒙任务并无二致:"应该教导人民"(the People are to be taught),"不应该爱(ought not to be in love with)自己在邻邦中所见到的任何政体形式更甚于自己的政体形式"(《利维坦》,页263)。可是,在霍布斯那里,"对暴死的恐惧"不得不成为一种专制主义原则的基础,在此基础上不可能产生出民主的公民德性。毕竟,"恐惧"具有私人性质,政治德性则必须具有共同体的性质,因此,必须用政治德性替代无法成为一种德性的"恐惧"。然而,"恐惧"作为一种专制主义原则的基础出自霍布斯的理智设计,政治德性作为民主主义原则的基础同样是一种理智设计。从而,就"民主的方法等于理智的方法"而言,孟德斯鸠与霍布斯并没有什么不同。

君主政体难道不需要德性吗?孟德斯鸠的观点一出,随即遭到教会人士攻击。为了有助于人们更好地"理解"共和政体才需要德性的主张,孟德斯鸠随后为《论法的精神》补写了一个简短的"作者致读者",特别提请读者注意:

> 我所说的共和政体中的**德性**(la vertu dans la république),就是爱祖国(la patrie),也就是说,爱平等。这绝非一种道德德性,也不是一种基督教的德性,而是**政治德性**;这就是推动(mouvoir)共和政体的动力(le ressort),正如荣誉是推动君主政体的动力。(中译本页1)

"为了理解(pour l'intelligence)共和政体中的德性"这一表达可以恰当地理解为:"共和政体中的德性"乃是出于理智的设

计。现在我们可以充分理解施特劳斯所谓"《论法的精神》已经为卢梭抨击专制政体设置了依据"的含义：由于孟德斯鸠已经论证了"自由政体"的政治德性，卢梭攻击专制就有了依据。不仅如此，由于科学[或哲学]天然地与道德不相容，普及科学[或哲学]必然危害到"自由政体"的政治德性，因此，卢梭痛斥启蒙"是受到一种共和冲动"激发——更确切地说，是受到《论法的精神》激发。孟德斯鸠在《论法的精神》的"序言"中提出：法律秩序要行之有效，还得靠公民的"道德风尚"："我首先研究了人；我相信，在千差万别的法律和道德风尚（de lois et de mœurs）中，人并非仅仅跟着奇思异想走。"（中译本页3）卢梭在《社会契约论》卷二第12章对"法律的分类"的论述，看起来就像是对《论法的精神》第一卷第1章最后一节的模仿："铭刻在公民们内心中"的"宪制"由道德风尚（mœurs）、习俗（coutumes）和意见混合而成，其中最为重要的是由共和国之"父"塑造的"道德风尚"。卢梭接下来还说，从前，"伟大的立法者秘密地专心致志用力"（le grand Législateur s'occupe en secret）的就是这种法律，而"我们的政治家（nos politiques）"对此却一无所知（参见"三论"，页73）——卢梭指责的"政治家"显然不会是孟德斯鸠，① 因为孟德斯鸠已经专心致志于这种立法，而且不再满足于"秘

---

① 据说可能是格劳秀斯或普芬多夫。参见 Ronald Grimsley 笺注本，页151。

密地"立法,而是公开地立法。①

施特劳斯继续说,孟德斯鸠为了证成热爱民主共和的政治德性,他不得不把政治德性与道德德性区别开来。可是,在具体论证时,他"又被迫暗中把政治德性等同于道德德性"——我们难免感到费解:既然必须区分政治德性与道德德性,又为何"被迫"(was compelled)把两者等同起来?所谓"暗中"(implicitly)等同又是什么意思?无论如何,如此表述告诉我们,孟德斯鸠的共和设计也不期然地遇到了难题。

可以理解的是,为了实现民主的共和政体,必须先搞启蒙,如《论法的精神》"序言"所言,"人民被启蒙可不是无关紧要的事"(Il n'est pas indifférent que le peuple soit éclairé)。孟德斯鸠的所谓"启蒙"首先是纠正人们的"成见"(préjugés),这指的"不是那些使人们对某些事情无知的东西,而是那些使人们对自己无知(on s'ignore soimême)的东西"——孟德斯鸠甚至把启蒙人民看做让自己成为"最幸福的人"(le plus heureux des mortels)的大事(中译本页4-5)。由于启蒙必然清除传统宗教的治权,共和设计就得重新规定何谓"好人"。不难设想,孟德斯鸠设计的政治德性恰好要起的就是这种重新规定的作用。当说到在君主政体中"人民"(le peuple)很难具有德性时,孟德斯鸠下了一个脚注,特别申明他所说的"政治德性"就其含义指向

---

① 霍布斯在《利维坦》第二部分"论国家"结束时宣称:作者希望"自己的书会落入一个主权者手中",因此他会"动用全部主权来保护公开讲授(the Publique teaching)此书,把思考的这一真理(this Truth of Speculation)化为实践效用"(the Utility of Practice;中译本页289)——《论法的精神》追随《利维坦》公开地立法,出版时只能在日内瓦共和国发售,在专制的法国则被教会当局列为禁书;《社会契约论》同样是公开立法,其命运同样是被列为禁书……

"一般的好"(bien général)而言,就是"道德德性"(la vertu morale)。但随即他又申明,"政治德性"既不是"个别的(particulières)道德德性",也不是基于"启示真理"(vérités révélées)的道德德性(中译本页35)——这无异于说,"政治德性"既是又不是道德德性。如此含糊其辞难免招致敲打,孟德斯鸠不得不在补写的"作者致读者"中再次申明:他所讲的"好人"不是基督教意义上的好人,而是"政治上的好人(l'homme de bien chrétien, mais l'homme de bien politique)",这种"好人"的德性是"爱自己国家的法律"(aime les lois de son pays)(中译本页1-2)。似乎这样就有理由说,共和政体的"好人"应该取代传统的道德德性意义上的"好人"或"启示宗教"意义上的"好人"。倘若如此,孟德斯鸠就得承认,共和政体的政治德性也具有宗教性质或作用,因为,培育这种德性同样要求所有人"转化灵魂"(modification de l'âme)。在我们听起来,这岂不是赋予了民主的共和政体强制所有人改造灵魂的合法性,从而是一种比霍布斯的专制主义原则更为内在的专制原则?

这显然是另一个问题,而且是不应该问的问题,否则就会得出自由民主实质上难免也是某种类型的专制的结论,而我们如今断难接受这样的荒谬结论。我们应该问的是,爱民主的共和国和爱平等固然堪称政治德性意义上的"好",但这种"好"算得上自然禀赋的"好"吗?传统的所谓"好人"指道德德性上的"好"或自然禀赋上的"好",一个人若仅仅政治正确,绝非等于他是这样的"好人"。孟德斯鸠的聪明才智应该会想到,以政治德性的"好人"取代道德德性上的"好人"或宗教意义上的"好人",热爱民主的政治德性要求就有可能培养出政治正确的坏人或邪门的人。毕竟,

"爱平等"的平等之"爱"已经抹去了人在道德德性上的高低差异甚至好坏之分:"在民主政体中,对平等的爱把人们的抱负(l'ambition)限定于唯一的愿望(seul désir)、唯一的幸福(seul bonheur),这就是为自己的国家服务比其他公民付出更多"(中译本页56)——有人难道不可以由此推论:只要是为自由平等的共和政体服务,就可以不理会好坏对错正义还是不正义的自然区分。① 也许正是因为想到这一可怕后果,孟德斯鸠才"被迫暗中把政治德性等同于道德德性"——如何"暗中"等同?

> [5]……孟德斯鸠从古典的古代找到了德性的自然家园,他用古典国家的公民的人性伟大来对比现代君主制的臣民的"渺小灵魂"。

---

① 一个颇具典型的实例是:1988年中美警方首次联手破获一桩特大跨国贩毒案("锦鲤鱼贩毒案"),美国警方在检控案犯时,希望中国警方把中方要犯押解到旧金山出庭作证,以便对美方要犯作出判决。上海警方把中方要犯押解到旧金山后,便有美国律师自愿出面为要犯提供免费法律援助。经美国律师的启蒙,这位要犯随即翻供否认贩毒,并提出因受到政治迫害而要求政治避难。旧金山法院不理会中方的司法管辖权,也不理会上海警方押解人员的抗议,甚至不理会中国外交部和美方检察机关的抗议,接受这位要犯的庇护申请,裁定中国警方"永远不可再接触"该犯(此犯获得庇护后成了唐人街黑社会一走卒,2003年死于街头乱刀之下)——那位律师和那些法官们很可能以为自己正是孟德斯鸠意义上的"好人",他们出于对民主政制的热爱而庇护一个道德品质上的坏人。

另一个例子是,爱祖国本来堪称一种城邦的自然德性,孟德斯鸠却通过"爱共和国"暗中置换了这一自然德性——在他笔下,所谓"爱祖国"(l'amour de la patrie)实际上指的是"爱共和国"(l'amour de la république),更确切地说是爱共和政制。由此产生出来的政治德性便是:一个人应该爱自由民主的共和政制而非爱自己的祖国,如果祖国还不是民主共和制的话。于是,一个人如果因为热爱共和政体而背叛祖国(比如宣称自己的祖国应该被殖民一百年或者干脆应该亡国),就堪称富有极高的孟德斯鸠意义上的政治德性。

在亚里士多德的《尼各马可伦理学》中我们可以看到,无论"道德德性"(勇敢、节制、慷慨、大度、温和、友善、诚实、知耻、公正、公道等等)还是"理智德性"(明智、善思、理解、体谅、自制等等),都是人的灵魂的某种自然禀赋般的优良品质。廊下派的观点流传得更广:"审慎、正派、英勇、大度以及灵魂的强健、稳重是德性,而欢愉、喜乐以及所有近似的好都不算是德性"(Stobaios, Eclogae[古训汇编],卷二7b)。因此,施特劳斯说,在"古典的古代"(in classical antiquity)才能找到德性的"自然家园"(the natural home)。热爱民主的政治德性是民主智识人的理智设计出来的人为德性,尽管堪称"政治技艺"的杰作,显然不能说,爱民主、爱平等的"爱"是人的灵魂的一种自然禀赋般的品质。不难设想,当孟德斯鸠凭据共和政体的政治德性攻击君主政体时,他会感到自己手中的武器还缺乏天然的力量。毕竟,孟德斯鸠懂得,"君主政体中的教育致力于提升心志"(à élever le cœur;中译本页46),而"人性的伟大"与"渺小灵魂"(petites âmes;中译本页57)并非政治德性的差异,而是道德德性的差异。由于已经把热爱民主的政治德性与自然的道德德性区别开来,孟德斯鸠只能不明言地借高扬古典的道德德性来打击君主政体(更不用说专制政体)。由此我们可以理解,在论证共和政体的政治德性时,孟德斯鸠不时赞美古典的希腊人或罗马人——在说到民主共和政体的实质含义时,孟德斯鸠提出了三个关键要点:1. 全体人民掌握最高权力,2. 人民通过选举成为君主(因此,民主政治的基本法律是关于投票权力的法律),3. 人民的意志就是主权者的意志……(中译本页18)。随之,孟德斯鸠就援引民主雅典和古罗马共和时期的例子:"如果有人怀疑人民辨识才能的天赋,那就看看雅典人和罗马人……"(中译本页20),似乎他设计的现代民主政体仿造的是古希腊罗马的民主政体。

仅仅为了让共和政体胜过君主政体,孟德斯鸠才"被迫暗中"求助于古典的道德德性,这意味着孟德斯鸠未必真心诚意赞美古典的道德德性。即便真心赞赏,他所设计的基于平等的政治德性也会阻止他在实践上接受古典的道德德性。毕竟,人人共通的对民主政制的爱使得才华卓越之士与平庸之辈应该得到同等的荣誉,只要他们足够热爱民主就行。因此,共和政体需要的其实仅仅是"法律培养出来的众多平庸之辈"(beaucoup de gens médiocres),如果也有一些个聪明人(gens sages),当然有助于统治,但就人的幸福而言,两者并无差别(中译本页57)。回想施特劳斯在第三自然段对《论科学和文艺》的描述,我们现在可以进一步理解:《论科学和文艺》依持文明与道德之间的不"和"这一古典传统抨击启蒙,并不等于卢梭全心全意认同这一古典传统,因为,这一古典传统的鼻祖苏格拉底首先质疑的是民主政治的冲动。孟德斯鸠在《论法的精神》的"序言"一开始就提到柏拉图和苏格拉底,甚至把自己所生活的时代比做"苏格拉底的时代"(temps de Socrate,中译本页3),这不等于他以苏格拉底为榜样,否则,他就不会基于平等的政治德性诉求否定苏格拉底的生活方式——孟德斯鸠明确宣称,"思辨科学(les sciences de spéculation)使人变得野蛮"。因此,"法律应尽力剥夺不劳而活的手段",以免"喜欢闲适的人"去过自己的"思辨生活"(la vie spéculative;中译本页54、277)。

在结束对《论法的精神》的意图的刻画时,施特劳斯列举了《论法的精神》中的四种观点,这些观点无一不明显地见于卢梭的《论科学和文艺》:首先,用古希腊政治家的德政观来批判现代政治家的商业政治观(或曰富政观);第二,把反对奢华、禁止过度自由和妇女权力也说成民主原则,似乎民主政体有很高的道德德性,绝不许可任何人自由放任,也不会认可女性权力;第三,民主政体需要和维护的是平庸之人;第四,为了实现共和政体的"健康和蓬勃",应该取缔哲学生活。通过——列举《论科学和文艺》与《论法的精神》在这四项论点上的一致,施特劳斯让我们看到,卢梭的启蒙批判追随的是民主共和的理论家孟德斯鸠。① 在《论科学和文艺》中,卢梭明显频繁援引蒙田,施特劳斯却很少提到蒙田,甚至在注释中也提得不多,相反却指出了多处卢梭未明言地模仿孟德斯鸠的说法。可以说,《论科学和文艺》表面上依傍蒙田(因为他颂扬古典德性),实际上依傍的是孟德斯鸠。

然而,施特劳斯接下来说:

> [6]卢梭必须脱离孟德斯鸠对民主或一般共和政体的分析,必须把孟德斯鸠某些未明言的要点讲清楚,才能抵达《论科学和文艺》的论点。……因为,孟德斯鸠虽然赞赏古典的古代精神,但至少从表面上看,他摇摆于古典共和政体

---

① 施特劳斯在这里关于孟德斯鸠的注释共七条,其中五条涉及《论科学和文艺》与《论法的精神》的论题比较。在卢梭的《论科学和文艺》中,esprit[精神]恰好也是关键词之一,仅仅在简短的前言中就出现了两次;《论法的精神》以奥维德的诗句作为全书题辞,《论科学和文艺》同样如此。

与现代(受到限制的)君主政体之间……

虽然卢梭与孟德斯鸠有明显一致的地方,毕竟不等于卢梭在重复孟德斯鸠,毋宁说,《论法的精神》中的民主共和设计不过是《论科学和文艺》的出发点。如果《论法的精神》堪称对自由民主政体的杰出智性思考,那么,《论科学和文艺》就包含着对这一智性思考的智性反思。因此,我们需要理解:为什么卢梭"必须脱离孟德斯鸠对民主或一般共和政体的分析",卢梭试图要讲清楚的孟德斯鸠的"某些未明言的要点"究竟是什么?为了搞清楚这一点,需要更进一步了解孟德斯鸠的自由民主设计所隐含的内在难题。

孟德斯鸠在借古典的道德德性来支撑民主政体的德性时,禁不住会赞赏古典的共和政体。但是,孟德斯鸠最终要赞美的是现代的民主共和政体,因此他难免发现,古典的共和政体与现代以英国所代表的共和政体在性质上仍然有一个根本差异——简单来讲,古典的共和政体并不以现代的民主共和设计师提出的"政治自由"这一政体原则为基础(回想第[4]段关于马基雅维利和斯宾诺莎的论析)。孟德斯鸠接手的是现代的民主共和设计,这意味着他接受了"政治自由"这一政制原则。可是,孟德斯鸠的共和设计的使命是确立现代共和政体的德性,这样一来,他必然遭遇一个"内在问题"(the problem inherent):"政治自由"与共和政制的政治德性无法相容。[1] 实际上,这个"内在

---

[1] 卢梭对这个内在问题的自觉意识,参见《论人类不平等的起源和基础》"序言"("二论",页62-68)。

问题"在马基雅维利那里已经出现：一方面，自由政体"绝对需要宗教"，以便不使用强力就把人民团结在国家之中；另一方面，作为自由政体的基石，"政治自由"必然会使任何宗教都失去对所有人的约束力。在德性方面，情形同样如此。比如说，古典的共和政体为了共同体的德性而禁止奢侈，就难免限制政治自由；同样，如果要求每个人爱[共和]国、爱民主、爱平等，难免允许人民的共和国干预和禁止任何与此政治德性要求不相符合的个人行为。

> [6]……德性应该施行统治，这一要求可能无异于要求大面积干涉公民的私生活；这种要求的问题在于，很容易与宽待人的种种任性和弱点（indulgence of human whims and weaknesses）相冲突，而孟德斯鸠似乎已把这些任性和弱点视为人性不可或缺的部分。

既要守住"政治自由"这一民主共和政体的现代原则，又要确立共和政体的政治德性的统治法权，这一内在矛盾就是孟德斯鸠的"某些未明言的要点"之一。指出这一要点的不是卢梭，而是施特劳斯。明白这一要点，对理解卢梭的意图非常重要，或者说对理解施特劳斯随后几节的论析非常重要。施特劳斯看出，面对这一内在困难时，孟德斯鸠要求德性原则作出让步，而非让"政治自由"原则作出让步——换言之，孟德斯鸠把顾及人的种种任性和弱点及其自由看得比实现德性更重要。具体而言，在民主的国家中，鉴于"自由是做法律所许可的一切事情的权利"（中译本页187），孟德斯鸠要求立法者具有"节制"（moderation)的德性,也就是在立法时必须"审慎"考虑政治德性的要求,以免过多限制个人的种种任性和弱点的自由:

> 民主制和贵族制的国家就其性质而言,并非就是自由国家。政治自由(la liberté politique)仅存在于有节制的(modérés)政体。可是,政治自由也并非总是存在于有节制的国家。只有当权力未被滥用时,才会有政治自由"(中译本页188)——

这话在我们听起来绝无问题,但是,为了实现政治德性难免使用权力,当人的种种任性和弱点也具有自由的"权利"时,国家管制人性的任性和弱点也难免会被视为滥用国家权力。问题的关键在于,自由并非一种德性,一旦自由成为一种政制原则即政治自由,政治德性的实现就得受到限制。同样重要的是,孟德斯鸠的选择出于对人性的一种理智的看法:宁可体谅、而非用德性限制人性的种种任性和弱点(参见中译本页357、359 – 361、364、393)。正是出于这种理智的考虑,孟德斯鸠宁可为了政治自由而限制德性的要求,而非为了德性的要求而限制政治自由,宁愿要现代英国式的共和政体,而非古典式的共和政体。孟德斯鸠用古希腊政治家的德政观来批判现代政治家的商业政治观并不是当真的,他最终宁愿选择现代的尚商共和国——至于把反对奢华、禁止过度自由和妇女权力也说成民主原则,更是说说而已。

孟德斯鸠面临古典德性原则与现代自由原则之间不可调和的冲突时选择了站在"现代原则"(the modern principle)一边,

正是在这一关节点上,施特劳斯说,卢梭不愿意再追随孟德斯鸠,他仍然愿意对"古典的古代精神"保持忠诚。尽管如此,卢梭并没有彻底拒绝孟德斯鸠的"返回现代性"(return to modernity),或者说没有彻底拒绝孟德斯鸠对现代民主共和的政治信念。这样一来,卢梭就得重新尝试孟德斯鸠没有成功的尝试:在现代民主共和的政治信念立场上保持对"古典的古代精神"的忠诚。在结束第一节时,施特劳斯以总结性的语气说:

> [7]无论如何,这种说法不会有错:在《论科学和文艺》中,卢梭首先得出了最为极端的结论,这是一个共和党人能够从孟德斯鸠对共和政体的分析中所得出的结论。……

这无异于说,《论科学和文艺》中的尖锐言辞其实都基于孟德斯鸠的共和设计所提出的政治德性要求。按照施特劳斯的表述,所谓"最为极端的结论"(the most extreme conclusions)指的是:在痛斥启蒙时,《论科学和文艺》把捍卫民主共和政治德性的立场推到了极端,不仅攻击孟德斯鸠已经作出让步的尚商取向,还把科学和文艺与刚刚兴起的商业风气绑在一起加以攻击。"卢梭尤其抨击科学或哲学,他认为,就其根源、践行和成效而言(in its origin, its exercise, in its effects),科学或哲学与社会的健康、爱国主义、智慧或德性水火不容"——我们应该看得出来,"社会的健康和爱国主义"与"智慧或德性"本身并非一回事,人们可以说,科学或哲学与共和政体所需要的政治德性不相容,却不能说科学或哲学与智慧或德性本身不相容。然而,作为一个"共和党人"(a republican),卢梭却得出了如此极端的结论,或者说,只有作为"一个共和党人",卢梭才能得出这样的极端结论。

不过,施特劳斯在这里对《论科学和文艺》的基本格调所作的首次表述显得有些似是而非,因为他随即指出,卢梭攻击科学本身不道德,却"没有谈到现代科学的特殊品格是不是来自其根源性的特殊品格",仅仅在科学与无知状态之间划出界限。这一表述无异于告诉我们,卢梭心里其实十分清楚,"现代科学的特殊品格"(the *particular* character of *modern science*)与本源意义上的(*its origin*,重点是我加的)科学不可混为一谈。我们的确可能迄今还搞不清现代科学(或哲学)与本源意义上的科学(或哲学)的差异,但决不能设想博学慎思的卢梭也搞不清两者的差异⋯⋯

卢梭一方面区分了科学与无知状态,另一方面又说,现代科学出现之前的状态比无知状态更坏(参见"一论"第八自然段)——这也显得是一种极端之论。因为,所谓"现代科学出现之前"(modern science was preceded)的状态会让人想到中世纪晚期的经院学,把这种非常形而上学化的艰深学问说成比无知状态更坏,显然极端得几乎夸张。而且,卢梭没有说,把欧洲人从这种比无知更坏的状态下解放出来是宗教改革的功劳,而是归功于"愚蠢的穆斯林"⋯⋯换言之,卢梭的某些"最为极端的结论"甚至显得违背常识,难道我们可以把这样一类说法归因于"一个共和党人"的偏执?

我们不得不注意施特劳斯这段表述的修辞——他说,卢梭其实"认识到严格意义上(in the strict sense)的德性与政治德性之间的区别"。这无异于提醒我们,卢梭从孟德斯鸠的共和德性论引出的捍卫政治德性的"最为极端的结论"并非是这篇应征文的唯一观点。施特劳斯还说,卢梭"本着后来抨击公民社会时的精神(in the spirit of his later attacks on civil society),偶尔赞扬野蛮人的生活"……这句表述在字面上显得曲里拐弯,意思不过是说:虽然《论科学和文艺》仅仅"偶尔赞扬(occasionally praises)野蛮人",却并非偶然。因为,卢梭后来在《论人类不平等的起源和基础》第一部分大肆赞扬野蛮人,与此形成对照的是,在第二部分又大肆抨击公民社会是堕落的、不平等的社会。如果卢梭在"后来抨击公民社会"时表现出来的那股子愤慨"精神"是真诚的,就不能说他在《论科学和文艺》中捍卫公民社会的政治德性时的极端言辞没有一点儿如今所谓的"作秀"成分。毕竟,如果野蛮人体现了"严格意义上的德性",那么,公民社会的政治德性(比如爱共和国和爱平等)就不是真正的德性——显然,"一个共和党人"不可能得出这样的结论。

事实上,《论科学和文艺》的那些"最为极端的结论"不仅因夸张的修辞而显得故意有违常理,而且缺乏内在一致性。难道这些极端说法是卢梭的一时激愤情绪所致?施特劳斯否定了这种推测,因为,按卢梭自己的说法,《论科学和文艺》是作者本着"自己的自然之光"(ma lumière naturelle,参见"引言")在痛斥启蒙,其中的所有论点无不基于历史的归纳和哲学的推理(参见"一论"第35自然段)。可是,科学(或哲学)本身便是"自然之光",如果《论科学和文艺》抨击了科学(或哲学)本身,便无异于是在以"自然之光"抨击"自然之光"——这是再明显不过的悖谬。如果卢梭是本着"圣经传统的观点"(the views of the Biblical tradition)抨击科学,我们会觉得一切都好理解,因为,按照这种传统，并没有什么上帝之外的"自然之光"。反过来说，按照理性的"自然之光"，圣经信仰是迷信……虽然卢梭时不时显得从圣经信仰出发来抨击启蒙，施特劳斯肯定地说，实际上他甚至连自然神学也不信……毕竟，卢梭后来不止一次宣称，他心目中的权威是"多神论者"（polytheist）。

总之，这段带总结性质的陈述与其说是在呈现一个简单的结论——《论科学和文艺》凭靠孟德斯鸠的立场对启蒙作了"最为极端的"谴责，不如说是在呈现《论科学和文艺》的狡黠面目，或者说是在呈现其"直接写作目的"与"特别题旨"的差异。可以确定的是，《论科学和文艺》的启蒙批判绝非依傍的是西方文明的两大传统。施特劳斯在开始时就指出，《论科学和文艺》仅仅看似依傍源于苏格拉底的古典哲学传统（参见[3]），现在又指出，《论科学和文艺》仅仅看似依傍基督教信仰，实际上，卢梭抨击科学和启蒙是在为共和设计中的"公民宗教"问题着想。孟德斯鸠的共和设计并没有提出公民宗教问题，就此而言，孟德斯鸠远不如他的前辈马基雅维利或斯宾诺莎想得深远和深刻。反过来说，卢梭的启蒙批判与其说凭靠的是孟德斯鸠的共和德性论，不如说依傍的是马基雅维利的公民宗教论。

然而，与其民主理论的所有前辈们一样，卢梭的共和设计最终凭靠的是理性的"自然之光"。[1]《论人类不平等的起源和基础》的"序言"告诉我们，"现代人（les Modernes）认识到，法仅仅

---

[1] 在后来的《现代性的三次浪潮》一文（中译见施特劳斯，《苏格拉底问题与现代性》，刘小枫编，彭磊、丁耘等译，北京：华夏出版社，2008，页32－46）中，施特劳斯刻画了"现代性"思想进程的三个枢纽，卢梭位居第二个枢纽。在这篇文章中，施特劳斯对卢梭的分析篇幅略微多于前后两个枢纽（马基雅维利和尼采）。

是为道德的生灵(un être moral)制定的规则"。尽管"道德的生灵"是"有理智、自由……且唯一具有理性的动物",却未必个个"有能力理解"(en état de comprendre)、更别说"能够发现"(loin de pouvoir les trouver)人类生活的法则。换言之,"道德的生灵"的生活需要依赖于具有形而上学头脑的人所"发现"的"原理",或者说必须依赖于理智的"科学"。这里所谓的"现代人",具体指的是十六至十八世纪的自然法理论家(博丹、格劳秀斯、普芬多夫、霍布斯)。由于"这些有学问的人"(ces savants hommes)"无不依据某种形而上学原则"来建立关于"法"的学说,他们堪称人类的第一批社会科学家——为了"创建社会",他们发挥了自己与生俱来的形而上学才智。卢梭清楚地知道,这些"现代人"提出的关于"法"的学说难免"无休止地相互矛盾"(en perpetuelle contradiction entre elles),毕竟,任何形而上学构想都难免遭到另一个形而上学头脑的质疑——尽管如此,在卢梭看来,毋庸置疑的是:

> 如果不是一位非常了不起的推理家(un très grand raisonneur),不是一位渊博的形而上学家(un profond Metaphisicien),就不可能理解并进而遵循自然的法则(la Loy de Nature)。这正说明,为了创建社会(pour l'établissement de la société),人肯定运用了一些智识(les lumiéres),即便在社会的怀抱里,也只有寥寥数人(peu de gens)才能有这些智识,而且他们还得费很大气力才能获得。("二论",页65)

民主共和设计需要重新设定"自然的法则",这是一项极为艰难的形而上学的理智工作,需要极高的智性,卢梭知道自己属于有这类智性的"寥寥数人"之一……可是,既然卢梭清楚地知道,关于新"社会"的种种形而上学设计难免"无休止地相互矛盾",难道他会认为,"道德的生灵"可以且应该生活在无休止的争议之中吗?可以设想,如果"公民宗教"堪称共和设计这一"人为"智性杰作中的关键部分,共和设计师们的政治技艺是否真的"令人赞赏",就还取决于是否能解决直到孟德斯鸠都没有解决的内在难题:民主共和政体所需要的公共宗教何以可能。凭靠自己的聪明才智,卢梭显得对解决这一难题充满自信;凭靠对这一难题的解决,卢梭让现代的民主共和设计变得更加精致。

在这一节里,施特劳斯为我们勾勒了现代民主理论的发展轮廓及其隐含的难题,从而为随后的论析作了必要的思想史铺垫。卢梭对启蒙的批判说到底是现代哲人式的批判,而非古典哲人式的批判。然而,与马基雅维利和霍布斯一样,孟德斯鸠不仅通过写作倡导启蒙,更践行启蒙,与此不同,《论科学和文艺》毕竟痛斥启蒙。我们要理解卢梭,无论如何面临一个基本难题:激烈反启蒙的卢梭何以可能参与现代民主的共和设计?或者说,卢梭何以可能站在现代的自由民主共和论立场批判启蒙?

二 刻意为之的自相矛盾

施特劳斯对《论科学和文艺》的"极端结论"的表述实际上揭示了卢梭观点的自相矛盾,但施特劳斯没有用"自相矛盾"这个说法。与此形成对照的是,施特劳斯在第二节明确以卢梭的"自相矛盾"开始:

[8]批评卢梭"颂扬无知"的同代人有这样的印象大可以理解:卢梭否认科学或哲学有任何价值,他主张消灭一切学问。可是,卢梭在答辩中声称,他们并没有理解他,他认为那些被普遍地加诸于他头上的观点相当荒谬。但是,既然卢梭在实践上否认自己说过的那些话,人们似乎只能断定他言不由衷。

一般认为,《论科学和文艺》宣扬"无知",否认科学(或哲学)甚至所有学问和文艺的价值——不仅当时不少人这样认为,今天仍然还有不少人这样认为。尽管卢梭在世时已经宣称,这种看法是对自己的误解,人们这样认为仍然有根据,毕竟,卢梭在《论科学和文艺》中白纸黑字地"说过他在实践上否认说过的那些东西"(since he had said the things which he practically denied having said)——这一表述表明,施特劳斯认为,一般人的看法并非没有道理。施特劳斯以卢梭专家哈文思的观点为例:在哈文思看来,卢梭"不自觉地自相矛盾"(unconsiously to contradict himself),因为,卢梭"忘情于对德性的狂热",以至于以夸张的修辞抨击科学(或哲学)甚至所有学问。我们需要注意到,所谓卢梭"不自觉地陷入自相矛盾"是施特劳斯用来表述卢梭专家哈文思的看法,而非施特劳斯自己的看法。不仅如此,施特劳斯说的是,哈文思的看法"似乎"(might seem to be)可以得到《论科学和文艺》的证实,言下之意,是否真的如此另当别论。

施特劳斯在文章的第一节不也以卢梭宣称科学与德性不相容为基本论点吗?的确如此!但现在施特劳斯告诉我们,在《论科学和文艺》快结束时,卢梭宣称学人社会的成员其实能够把"学问"(learning)与[政治]道德(morality)结合起来的说法是当真的。翻查卢梭原文,我们看到,卢梭在那里提到的例子是培根、笛卡尔、牛顿等现代学人(参见"一论"第59自然段),而非柏拉图、色诺芬或蒙田等古典学人。换言之,作为能把"学问"与[政治]道德结合起来的人类导师是现代学人,而非古代学人。不仅如此,培根、笛卡尔、牛顿都是启蒙运动的有力推动者,赞扬他们能够把"学问"与道德结合起来,无异于赞扬启蒙。因此,更为明显的自相矛盾在于:卢梭既明言痛斥启蒙,又明言夸赞启蒙——施特劳斯说,"卢梭主张,一流学者应当庇荫于君主的宫廷,以便从那里启蒙人民(in order to enlighten the peoples *from there*,重点为引者所加),为人民的幸福做出贡献"……我们再次看到,近代启蒙是哲人与专制君主的一次联手行动,所谓"从那里"显然指"君主的宫廷":启蒙出自专制君主的宫廷。

然而,施特劳斯笔锋一转,用一个很短的自然段对哈文思的观点提出了质疑:

> [9]哈文斯所采纳的对卢梭意图的观点曾直接导致且仍在导致康德关于实践理性优先的断言,这个观点暴露出一个我认为无法克服的困难。……

所谓卢梭"不自觉地自相矛盾"这一看法,并非哈文思自己的独到之见,而是《论科学和文艺》出版之初就有人提出过的观点,并且在随后的西方思想史上引出了让人意想不到的结果,即"直接导致"了"康德关于实践理性优先的断言"。这无异于说,如果当初人们关于卢梭意图的看法是一种误解,"实践理性优先"(the primacy of practical reason)就是基于一种误解的主张![1] 显然,这一推论在我们听起来实在荒谬,否则,岂不是可以说,康德在西方哲学史上的伟大功绩竟然基于卢梭著述中的一个糊弄

---

[1] 《论科学和文艺》发表两年后(1753),普鲁士君主治下的柏林科学院也开始搞征文赛,论题是蒲柏(Alexander Pope)和莱布尼兹的乐观论,康德、门德尔松、莱辛、维兰德等纷纷参赛。

读者的自相矛盾？如果这个自相矛盾不是卢梭"不自觉地"所为,而是刻意所为,卢梭岂不把康德这样的纯粹理智也骗了？当然,某种程度上讲,实践理性优先的主张进一步加快了现代社会科学的建设……康德这一断言的思想史意义,我们只要回想施特劳斯在第一节谈到孟德斯鸠时的一个说法就够了:自由民主的共和政体不需要"纯理论科学"和"思辨生活"。当然,我们必须记住,施特劳斯后来在《思索马基雅维利》中着重指出:马基雅维利是预示实践理性优先的第一人……

为了搞清这个让人难以接受的表述,有必要细看施特劳斯在前一自然段结尾时所下的一个并非仅仅指明文献的注释。与正文中以似是而非的修辞肯定哈文思的观点不同,这个注释以含蓄平实的言辞否定了哈文思的说法:卢梭并没有"不自觉地自相矛盾"。的确,《论科学和文艺》整体上显得自相矛盾——既宣称科学与德性不相容,结尾时又明确说,两者可以相容。然而,这个自相矛盾不能用"不自觉"来解释,因为,最后几段关于科学与德性相容的说法,绝非不经意的说辞——毕竟,《爱弥儿》中著名的"萨瓦本堂神父的信仰自白"就有类似言论。何况,《论科学和文艺》最后几段表明,卢梭不再对"普通看法"(the common view)作出让步,从而反过来可以证明,卢梭在《论科学和文艺》中的确"一以贯之地强调科学与德性的不相容"。因此……

> [9]……由于把自己的最后建议限定在"事情的当前状态",卢梭似乎是要指出,《论科学和文艺》的一般论点只有在社会没有发生激烈变革时才有效:只有在腐化的社会

中,科学和德性才会水火不容。

《论科学和文艺》的一般论点即"科学与德性不相容"的反启蒙言论,相比之下,《论科学和文艺》结尾时的启蒙建议就只能被看作个别论点。这一论点针对的是"腐化的社会",或者说针对的是"事情的当前状态"(the present state of things)——这个表达式打了引号,表明不是施特劳斯的说法,而是卢梭自己的说法。反过来理解,"科学与德性不相容"这一反启蒙观点不是就"事情的当前状态"而言的,而是就事情本身而言的。换言之,一般的反启蒙言论和结尾时的启蒙建议分别针对的是不同的事情状态。倘若如此,人们就不能说,卢梭的观点自相矛盾。《论科学和文艺》在结尾时支持启蒙,仅仅为的是打击君主专制。但《论科学和文艺》表达的"一般观点"并非基于"激烈变革"(radically reformed)的时代需要,而是为了事情本身——为了科学(或哲学)的利益本身。"没有发生激烈变革"的社会可能是一个"败坏的社会",但显然不能说,凡"没有发生激烈变革"的社会都是"败坏的社会"。如果人们把卢梭针对"事情的当前状态"的言说与为了科学(或哲学)自身利益的言说视为"不自觉地自相矛盾",并把卢梭针对"事情的当前状态"的言说看作他唯一要说的东西,就会得出"实践理性优先"或启蒙理性优先或反君主专制优先的断言。毕竟,卢梭"在实践上否认说过"(which he *practically* denied having said,重点为引者所加)自己就科学(或哲学)的自身利益说过的那些话。由此可以理解,实践理性优先的断言实际上意味着放弃哲学自身的利益,让哲学径直变成"事情的当前状态"的思考和言说,变成启蒙的实践话语。即便"纯粹理性批判"这类看似纯粹哲学的思辨，也具有启蒙的实践理性性质。

任何时代都有"事情的当前状态"，如果我们自己不懂得区分"事情的当前状态"和事情本身，不知道对于某类人来说，首先重要的是科学（或哲学）自身的利益，就不可能注意到某个哲人针对不同状态的不同言说。卢梭处于"发生激烈变革"的要民主争自由的时代，但他首先是个热爱静思的读书人，如果读书人自身的利益与"激烈变革"的时代需求不相干怎么办？我们自己不就面临同样的问题？那个写下《周秦道论发微》的读书人或者那个写下《史微》的读书人不就置身于"激烈变革"的时代？不难设想，这样的读书人会面临巨大压力……不是来自社会的压力，而是来自另类读书人（知识公众）的压力。《论科学和文艺》是卢梭的处女作，当他写下这篇应征文要为读书人自身的利益说话时，他清楚意识到自己会遭遇知识公众怎样的责难……然而，他在"前言"中以坚定的言辞说：

> 既然忤逆人们在今天热衷的一切，我只好等待普遍的非难；何况，为了得到某些个贤哲（quelques Sages）的赏识而获得荣誉，我也不该指望公众的赏识；因此，我的主意已定；我不会费心去讨美妙才智或者风头人物喜欢。任何时候都会有人天生受自己的时代、国家和社会的意见支配。在今天，一个自由精神和哲人的所为，出于同样的原因，兴许不过是在成为同盟时代的狂热分子而已。要想超逾自己的时代而活，就得决不为这号读者写作。（"一论"，第2自然段）

卢梭写下《论科学和文艺》仅仅是为了得到"某些个贤哲之士的赏识"——所谓"某些个贤哲之士"指的是苏格拉底、柏拉图甚至蒙田;至于"公众"(public)是谁,卢梭说了,他指的是那些"受自己的时代、国家和社会的意见支配"的读书人。由于受"事情的当前状态"支配,他们从读书人(热爱智识的人)变成了"自由精神"或"风头人物",成了时代的"狂热分子"(un fanatique)——既然"事情的当前状态"就是争自由要民主,哲学就不得不成为自由民主的哲学,读书人(热爱智识的人)就不得不成为自由民主的"狂热分子"。卢梭断然拒绝知识"公众"的胁迫,甚至宣称"决不为这号读者写作"。《论科学和文艺》的"一般观点"是:由于形而上学与[时代的]道德不相容,如果恰好遇到启蒙时代,就得说形而上学自身的利益与启蒙道德不相容。由此看来,施特劳斯宁愿相信卢梭后来一再申辩自己被误解了,的确有文本根据。

[10]不消说,卢梭是自相矛盾的。《论科学和文艺》的标题页就使我们面临这种矛盾。……

施特劳斯并不否认《论科学和文艺》中有明显自相矛盾的地方,他列举了自己所看到的卢梭在修辞上的自相矛盾。然而,与第一节结尾说到《论科学和文艺》的"极端结论"时不同,也与哈文思所接受的十八世纪的旧观点不同,施特劳斯并不认为,这些自相矛盾的修辞是卢梭"不自觉地"所为。首先,获奖文在扉页处醒目地引用古罗马诗人奥维德的诗句为格言,正文中却刺眼地痛斥奥维德是下流作家。如果卢梭不是在拿自己开玩笑,就明显是在刻意暗示什么——施特劳斯推断,卢梭以此暗示,他对科学或哲学持有双重立场:既赞扬又反对科学或哲学。这两个立场的确相互矛盾,但都是认真的,正如扉页把奥维德尊为前辈,文中又痛斥这位古诗人,两者都是认真的。① 在施特劳斯看来,卢梭以如此明显的自相矛盾的修辞暗示,"他在《论科学和文艺》中以两种不同品格在说话"(he speaks in the Discours in two different characters)——施特劳斯的表述用的是"品格",这个语词与人的性情或类型相关。提出这个论点之后,施特劳斯再提供了一个卢梭明显刻意自相矛盾的修辞:在文章最后,卢梭自称"常人"(homme vulgaire),这种类型的人当然不会想到青史留名之类的事情,但在前言中,卢梭明明说,他在乎的是为超逾自己的时代而写作。不用说,整个《论科学和文艺》最为明显的自相矛盾在于:卢梭以博学的文辞或博学者的姿态大肆抨击尚学。如果这一自相矛盾是刻意所为,我们就只能说,卢梭刻意区分了两类读书人:一类自认无知,只是个常人;另一类自认有知有识,并向"人民"传授种种有益的真理。自认无知的读书人真的是常人吗?显然不是。倘若如此,我们就得说,卢梭笔下的"常人"有两种含义:一种是真正的"常人",他们与读书、思考、写作无关,一种是读书人假扮的常人——卢梭自己是个读书人,但他让自己显得是"常人"或"道德的生灵"。这些自相矛盾让施特劳斯只能得出这样的推论:

---

① 卢梭写作《论科学和文艺》时曾写信(1750年1月30日)给伏尔泰表达自己的敬仰:"我永远不会停止对您的作品的钦佩……这些文字绝不会出自一位不在乎德性的人之手"云云(参见蓬卡迪笺注),但在《论科学和文艺》中,卢梭指名道姓痛斥伏尔泰。

[10]……可以说,《论科学和文艺》有两类不同的作者,同样也可以说,它在向两类不同的读者说话。……换言之,他宣布《论科学和文艺》不是为"人民"或"公众",而是只为"少数读者"而作。

作为一个常人,卢梭对"道德的生灵"说该说的话,作为一个形而上学人,他对形而上学人说该说的话。贬斥科学是卢梭以常人身份对常人说话,绝非不诚实的说辞。但卢梭实际上是个装扮成常人的形而上学人,当他对哲人说话时就会颂扬哲学:"作为对哲人们说话的哲人"(as a philosopher addressing philosophers),卢梭当然要维护哲学生活自身的利益——不难设想,"实践理性优先"的主张在读书人中间普及开来之后,就不会再有"对哲人们说话的哲人"。

澄清了两种读书人的区分,就可以解释卢梭的自相矛盾修辞。《论科学和文艺》在以"常人"立场痛斥启蒙的同时,又以读书人身份"传授有益健康的真理"——这看起来自相矛盾,实际上并非如此。因为,卢梭传授的"有益健康的真理"(salutary truths)与启蒙智识人要传授的"有益健康的真理"恰恰相反,是关于反启蒙的真理:普及科学或哲学对社会生活有害无益,尽管对读书人自己来说,科学或哲学的静思生活有益健康。

[11]可以说,这便是正确解读《论科学和文艺》及卢梭思想的基调。……

这无异于说,卢梭写作《论科学和文艺》的首要意图是:在要自由争民主的时代保护哲学生活不至于受到时代的启蒙精神污染。在后来的申辩文章中,卢梭对《论科学和文艺》的卷首版画作过明确解释,施特劳斯引用这段解释来证明自己的论断:

> 普罗米修斯的火把是科学的火把,它为激励那些伟大天才而设……第一次见到火就跑过去想拥抱火的萨图尔代表着受到文学光芒引诱的常人轻率投身于学问。向他们大呼危险的普罗米修斯则是那个日内瓦的公民。这是个既恰当又精彩的比喻,而且我斗胆认为,也是个崇高的比喻。人们会如何看待一个对此百思而不解的作家呢?([11]引文)

卢梭"大胆地把自己比作普罗米修斯",向常人发出危险警告,由此可以确证,卢梭在《论科学和文艺》中的常人姿态是装扮出来的。可是,既然真正的"常人"并不关心文章的事情,甚至不会去看世间的文章,卢梭的危险警告就不会真的是直接针对"常人"而发,而是针对启蒙智识人而发。从这一意义上讲,《论科学和文艺》的写作意图的确是启蒙,但卢梭的启蒙对象并非常人,而是自认为有义务启蒙人民(这是一种时代的道德!)的智识人。卢梭认为启蒙智识人在做非常危险的事情,并非他一时兴至的主张,而是终其一生都持有的立场。施特劳斯随之([12])引用了卢梭十年后在《致博蒙书》中的说法来证明这一点:

> 启蒙和罪恶在当时的发展具有相同的道理,但不是发生在个人身上,而是发生在全体人民中间——我一向很谨

慎地做出这种区分，攻击我的人从未理解这种区分。

如果我们尚未成为启蒙"狂热分子"，读到这句话就会感受到强烈的震撼：卢梭看到，少数形而上学人搞大众启蒙，结果（如今所谓社会效果）是普遍的道德败坏。但卢梭没有攻击热爱形而上学的少数个人崇尚科学或哲学。科学或哲学与"人民"的德性不相容，但与少数个人或者说少数"伟大天才们"的德性相容。卢梭说自己"一向很谨慎地做出这种区分"，表明他十分清楚，"人民"与热爱形而上学的少数人有不同的德性——所谓"德性"就是好的性情或者说优良品质。"人民"身上没有少数人有的某种德性，反过来说，少数人身上也未必有人民身上有的某种德性——举例来说，狄德罗有质疑任何社会观念的习性，而且不信上帝，这也许是少数哲人的"自由"德性，却不是人民的德性。如果狄德罗只让自己有这种德性，在卢梭看来也许不是坏事，如果狄德罗要让人民也习得这种德性，就是在干恶行。换言之，质疑任何社会习俗观念的习性对热爱形而上学的少数人是不可或缺的德性，对人民来说则是剧毒品……

如果我们的阅读足够细心，就会从施特劳斯的注释所给出的法文原文中看到，正文中的英译文少了一句："……这一反省使我对公民状态下人的精神进行新的研究"——这段引文不仅给出了卢梭反对启蒙的深刻理由，也给出了卢梭研究"公民状态"及其"人的精神"（l'esprit humain）的理由。"公民状态"的原文是 l'état civil，与我们耳熟却未必能详的 civil society[公民社会]差不多是同义词，通常译作"文明状态"——正如 civil society[公民社会]通常被译作"文明社会"。在卢梭的语境中，这指的是当时新兴的形而上学人所"热衷"的共和政制,以有别于旧的专制政体。如我们所知,启蒙进步论把古代政制视为不"文明"状态,从而,l'état civil 标识的是当时的启蒙智识人或如今我们所说的"进步文明"。① 对于卢梭来说,"公民状态"堪称

---

① Civil Society 源于西塞罗的用法 Civilis societas,原义指已发达到出现城市生活的市民共同体(有民法、交往礼仪、都市特性等)。虽然十四世纪时欧洲人又开始用这个语词,近代民主共和派思想家的用法才真正赋予其现代含义。比如在洛克那里,这个语词标识的是基于商业行为、尊重法律秩序,追求开化、舒适、体面从而日益进步的生活方式,与父权制或自然状态对яшн。参见米勒/波格丹诺编,《布莱克维尔政治学百科全书》,中国政法大学出版社,1992,页125。
英国启蒙智识人弗格森在1767年出版的 History of Civil Society 一书影响很大,迄今的两个中译本都把书名中的 Civil Society 译作"文明社会"。但正如晚近一个译本的中译者所指出的那样,这个书名其实应当译作"公民社会史论"(参见"启蒙运动经典译丛",弗格森,《文明社会史论》,林本椿、王绍祥译,浙江大学出版社,2010,"中译本序",页4)。文艺复兴之后,欧洲封建制中出现的商业风气让智识人感到一种新的生活方式已经来临,启蒙运动与商业生活方式的出现不仅同时,而且是一体的——孟德斯鸠的《论法的精神》用了颇长的三章篇幅来论述商业与政治制度的关系(第20-22章,共68节)。如果应该把商业生活方式与自由民主的共和设计联系起来,弗格森这本书的书名也可以译作"商业社会发展史"。此书的写作在卢梭的一系列政治著述之后,如果将这本书与孟德斯鸠《论法的精神》和卢梭的《社会契约论》对勘,恐怕会有不小的启发——施特劳斯在一篇文章中提到过弗格森这本书与卢梭的关系(参见拙著《施特劳斯的路标》,北京:华夏出版社,2010,页316-317)。
在我们的日常语言用法中,"文明"指古老的生活方式或政治制度,如我们所知,无论中国还是西方的古代政制都不是 l'état civil。如果把 l'état civil 译作"文明状态",就意味着古老的旧制度都不是"文明状态",而是野蛮状态。毕竟,启蒙智识人对"文明"有特定的理解:唯有商业化的民主政体才堪称"文明"(弗格森的 History of Civil Society 中译本就把 the state of nature 译作"蒙昧状态",参见中译本,前揭,页2)。按亚当·斯密的描述,人类生活方式经历了四个阶段:狩猎、畜牧、农耕和商业,每个阶段固然都有特定的生活风俗和秩序规则,但每一种生活方式都可以用劳动分工的方式来衡量。这种人类生活方式的"四阶段论"并非斯密的发明,而是启蒙思想的结果。重要的是,这种"四阶段论"暗含一种人类进步论:从狩猎到商业方式,人类的文明程度在上升,唯有在商业方式中,人类才达到了真正的文明。参见克罗普西,《国体与经体——对亚当·斯密原理的进一步思考》,邓文正译,上海人民出版社,2005,页85-117。

"事情的当前状态",他要"对公民状态下人的精神进行新的研究"(nouvelles recherches),意味着此前已经有人做过这类研究。卢梭说自己"一向很谨慎地"区分天生喜爱沉思的"个人"与"全体人民",表明他知道自己属于哪类人——施特劳斯引《论科学和文艺》第九自然段的说法来证明这一点。

> 精神有自己的需要,身体同样如此。身体的需要是社会的基础,精神的需要则是愉悦。统治和法律为群体的人们提供安全和安利;种种科学、文学和艺术不那么专制,从而也许更有力量,它们把花环缠绕在让人们背负的枷锁上,窒息人们对原初自由的情感,人们似乎是为此自由而生的——使他们喜爱自己的受奴役,把他们型塑成所谓开化的人民。

相同的说法还见于后来写的《致达朗贝尔的信》,从而,这里表达的观点也不是一时兴至。在这里,我们见到了卢梭后来在《社会契约论》第一卷第1章写下的传世名言"人生而自由,却无处不在枷锁之中"的首次表述。

从字面上看,这段话颇有些令人费解。首先出现的是"需要"(besoins)这个语词,与前文刚刚说到的"欲望"(le désir)形成对比——显然,人的"需要"不等于"欲望"。如果我们记得柏拉图笔下的苏格拉底关于城邦形成的说法(参见《王制》卷二开头369c9以下:"在言辞中咱们从头来打造一个城邦吧,打造这城邦的,看来是咱们的需要[ἡ ἡμετέρα χρεία]"),那么就可以说,"欲望"是过分的"需要"。卢梭把精神与身体分开,他没有说身体需要精神,或精神需要身体,而是说精神和身体各有自己的"需要"。精神的需要是"愉悦"(l'agrément),身体的需要是"社会的基础"(les fondements de la société),但身体的需要是什么,卢梭却语焉不详,似乎不言而喻——不外乎吃、住、穿。卢梭要强调的是,社会以身体的需要为基础,而非以精神的需要为基础。

卢梭话头一转,马上说到"统治和法律"或者政治制度。可以说,与社会的基础平行对举的是"统治和法律",与精神的"愉悦"平行对举的是"科学、文学和艺术"——换言之,统治和法律就是社会的基础,这是身体所需要的。可以设想,如果没有政治制度来恰当地管制人的"需要","需要"就有可能衍生为"欲望"。但卢梭没有这样说,而是说"统治和法律"为"群体的人们"(hommes assemblés)提供"安全和安利"。卢梭同样没有说,"统治和法律"以王者的存在为前提。事实上,人们很难设想没有王者的"统治和法律"或政制,如在孟德斯鸠那里所看到的,即便民主政体也预设全体或部分人民为王。如果"统治和法律"是身体的"需要",那么,暗含的意思就是:君王也是"社会的基础",或者说,君王是人们的身体需要产生出来的。

精神的需要是"愉悦",由此产生出的是科学[学问]和文艺。我们自然会期待卢梭接下来说明精神的需要与身体的需要之间的关系,他接下来果然说的是两者的关系。可是,卢梭的表述却突然显得像是在唱反专制论的高调:"统治和法律"是"让人们背负的枷锁"(les chaînes de fer),甚至等于"专制"(despotique),科学和文艺则是装饰枷锁的"花环",帮助"枷锁"束缚人们"对原初自由的情感"(le sentiment de cette liberté originelle)。

在这样说之前,卢梭用了一个插入句:科学和文艺"更少专制,而也许更有权力"。这样一来,统治和法律与科学和文艺都分别多了两个描述性界定:统治和法律是"专制"和"枷锁"——这两个引申说法的语义可以协调一致,但科学和文艺是"权力"和"花环"这两个引申说法的语义没法协调一致。可是,按照起初的逻辑,"统治和法律"作为社会的基础是身体的"需要",难道不能说,"人们背负的枷锁"是身体的"需要"?甚至难道不能说,"专制"是"集体的人们"的身体需要?倘若如此,卢梭也就不能说,集体的人们有"原初的自由",更不能说,集体的人们是"为此自由而生的"。换言之,当卢梭在这里突然采用反专制的启蒙修辞把"统治和法律"说成"人们背负的枷锁"时,隐含着一个并非不明显的自相矛盾。即便从字面上我们也看到,当说到"原初自由"时卢梭还用"似乎"含糊其辞地补充说:人们"似乎是为此而生的"(pour laquelle ils semblaient être nés)。显然,如果"统治和法律"是身体的需要和"社会的基础",对群体的人来说,何来"原初自由",何以能说群体的人"是为此而生的"?

一旦意识到这话在逻辑上的蹊跷,读卢梭接下来的说法就得更加小心——他说,"需要树立起王权宝座(les trônes),科学和文艺加固王权宝座"……语气似乎又与前一句相反:既然"王权宝座"是"统治和法律"的基础,这个基础是人的身体的需要,即便它是"专制"也罢。专制君王用"科学和文艺加固王权宝座",也无异于满足人们的身体需要。换言之,前一句听起来明显有反专制味道,现在则说,"王权宝座"不过是人的需要树立起来的。这无异于说,人们的"原初自由"完全是子虚乌有——卢梭在这里下的一个解释性注释证明了这一点:

君主们总乐意看到,迎合人心的艺术的趣味和对白白大把花钱的多余之物的趣味在自己的臣民们中蔓生。因为,且不说这些能培养臣民们的卑微心态,以适应奴隶身份,君主们知道得很清楚,人民带给自己的所有这些需要,都无异于在添加自己所背负的枷锁。亚历山大要食鱼族依附于自己,就强迫他们放弃捕鱼,和别的民族一样种植普通食物;美洲野人光着身子到处走,仅靠猎获为生,从来没谁能让他们臣服。的确,对于什么都不需要的人们,谁能加以羁轭呢?("一论",第9自然段注释)

这个注释中的内容可以分为两段,前一段与正文一样,仍然在说道理,后一段则是举例。注释一开始就直言"君主们"(Les princes),点穿了正文中"地上的权力"的含蓄修辞。与此对应的是"他们的臣民们"(leurs sujets),也就是正文中所说的"开化的人民"。这段话的字面含义很清楚:专制君主对文艺复兴很满意,因为臣民们身上滋生出"对迎合人心的艺术的趣味和对白白大把花钱的多余之物的趣味"(le goût des arts agréables et des superfluités)大大有利于自己的专制统治。无论"君主"还是"臣民",这两个语词都没有出现在正文中,换言之,卢梭在正文中没有突显专制的特点,注释的修辞则彰显了专制。与此同时,卢梭在正文中没有说对艺术和奢侈品的趣味是人民的需要,在注释中却说人民有了这种需要。卢梭显然知道,这样的"需要"是有文艺才华的少数人培育出来的,但他却说是"人民带给自己的"(tous les besoins que le peuple se donne)。这无异于说,人民产生出对艺术和奢侈品的趣味是启蒙的结果。

卢梭在第二次说到"君主"时用的是代词(ils savent très bien[他们清楚知道]),"君主"的语义没有变。但在第二次说到"臣民"时,卢梭用的是 le peuple[人民]——难道我们能说"臣民"与"人民"的语义相同吗?难道卢梭不知道这两个语词的语义的巨大差异?答案毋庸置疑是否定的,因为,卢梭明明说,"臣民"的身份是"奴隶"(la servitude),有"卑微心态"(petitesse dâme[灵魂渺小]),显然不能说——卢梭事实上也没有说,"人民"的身份是"奴隶",有"卑微心态"。毋宁说,"臣民"和"人民"指涉的都是正文中所说的"群体的人们"。但"群体的人们"这个说法显然并不清楚,还没有赋予政体的规定性。我们都清楚,卢梭自己当然更清楚:"群体的人们"在封建君主制下是"臣民",在自由民主制下是"人民"。两者的关键差异在于"群体的人们"的品质不同:"人民"不是而"臣民"是"奴隶","人民"没有而"臣民"有"卑微心态"。不仅如此,"臣民"没有但"人民"有对艺术和奢侈品的趣味!因此,"臣民"变成"人民"的重大标志是,对艺术和奢侈品的趣味成了自己天生的"需要"。正文的这个段落一开始说的是,"群体的人们"的身体需要"安全和安利",从而需要"统治和法律"。不用说,专制政体与自由民主的共和政体具有不同的"统治和法律"。当智识人告诉臣民,他们在君主制治下是"奴隶"时,"臣民们"必然感到自己受到不公正的对待。可以设想,一旦得知自己是统治者的奴隶后,臣民们必然起来造反,争取自己的权利。按照卢梭在这里的说法,所谓"开化的人民"除了有不再是奴隶的权利,还有对艺术和奢侈品的趣味的权利。不用说,为了保障这两种权利,就得建立新的"统治和法律"……

卢梭接下来说到人的三种类型,并以举例方式说明前两种类型,对第三种类型则没有举例。他首先说,亚历山大帝王要本来靠食鱼为生的人族放弃捕鱼,转而靠"普通食物"(des aliments communs)为生。亚历山大这样做为的是让食鱼人族成为自己的"臣民",显然,这得凭靠一套"统治和法律"。从而,改变食鱼人族的生活习俗是一种"文明"政制举措。第二个例子是"美洲的野人"(les sauvages de l'Amérique;比较霍布斯提到"美洲野人",参见《利维坦》,页262),他们没有遇到亚历山大的远征军,仍然是"野人",因此也就没有成为"臣民"。可见,第二个例子说的是"群体的人们"类型。食鱼人族和美洲野人的生活方式不同,却有一个共同点,他们都有生活"需要":要么靠捕鱼为生,要么靠狩猎为生——美洲野人虽然光着身子到处走,毕竟还要靠猎获为生,可以叫做食猎获物的人族。何况,"美洲的野人"如果要获得"安全和安利",就得建立自己的政制,有自己的"统治和法律",否则最终会被亚历山大大帝的后代以殖民统治方式改造成"人民"。与此不同,第三种人"什么都不需要"(des hommes qui n'ont besoin de rien)——这里出现的"需要"(besoin)一词紧接食鱼人族和美洲野人而言,当指的是"身体有自己的需要"。换言之,这里的所谓"什么都不需要"指的是没有身体方面的需要,而非没有精神方面的需要。什么人没有身体方面的需要?以精神愉悦为生的人会把自己身体方面的需要保持在最低限度……卢梭用修辞性问句的语式说,"谁能对这些人加以羁轭呢"(quel joug imposeroit-on à des hommes)。这无异于说,身体方面"什么都不需要"的"人们"才有与生俱来的

"原初自由"。这种人既非臣民,也非美洲野人,而是真正的自由人——自由与奴役不是社会状态的区分,而是人的天性的区分。

卢梭的整个这段说法让我们看到他施展双重修辞的本领,这并非仅体现于正文与注释的对比,毋宁说更体现为具体的修辞笔法:在展示启蒙的基本要点的同时揭露启蒙的欺骗性。卢梭以启蒙智识人的口吻说,专制君主的统治和法律(专制)压制了人民的"原初自由",实际上是在告诉启蒙智识人,他们自以为是在启蒙人民,未料是在欺骗人民。更坏的是,启蒙还让人民具有了自己的天性并不具有的"德性"——《论科学和文艺》的篇首题辞"我们被表面上的正确欺骗"在此得到了解释。如果这时再来想卢梭在《社会契约论》开头的著名说法"人生而自由,却无往不在枷锁之中",我们会作何感想?显然,关键在于如何理解这里的"人们"(hommes)——倘若理解为在身体方面"什么都不需要"的"人们",这话的含义就是一种苏格拉底问题的表述:哲人固然生而自由,却无往不在枷锁或某种政治制度之中,从而,哲人必须考虑与"枷锁"的关系;若把"人们"理解为"全体人民",这话就具有火山熔浆般的革命煽动性……①

施特劳斯准确地看到,卢梭的这段说法有三个要点。首先,身体的需要是社会的基础,精神的需要则不是,它对社会(或常人)是多余的,甚至有害。第二,对少数天生喜欢沉思的"个人"而言,精神的需要是基本需要。我们可以进一步说,人民有的是

---

① 关于《社会契约论》在我国的接受过程,参见袁贺、谈火生编,《百年卢梭:卢梭在中国》,吉林出版集团,2009。

身体需要，天生喜欢沉思的少数人有的是精神需要。第三，搞科学或哲学是天生喜欢沉思的"个人"需要，"自由"是这种精神需要的表征。从而，搞科学或哲学意味着极端"自由"的生活方式——施特劳斯在"自由"之前加的"极端"（being radically）的表达式意味着，"自由"的生活必然与社会道德和既存宗教不相容。如果卢梭知道自己也是热爱智识的少数人，他理当把过"自由"的沉思生活看得比与社会合群更为尊贵。回想刚才读过的卢梭原文，我们可以发现，施特劳斯指出的三个要点仅前两个明显见于卢梭原文，第三点并不见于卢梭原文——至少卢梭没有明言这一点。换言之，这一点是施特劳斯的眼力看出来的。他随之引用卢梭在反驳批评者时的说法来证明这一点："科学不适合常人。"如果"自由"仅仅是沉思生活的品质，我们可以设想人人都必须或应该过这种生活吗？

施特劳斯在注释中提醒我们，卢梭的这一看法并非他的独有之见，而是亚里士多德早就说过的道理——我们值得亲自看施特劳斯让我们参看的亚里士多德原话：

> [1177a28]所谓的自足（αὐτάρκεια）兴许主要呈现在静观生活中。固然，智慧人（σοφός）、公正的人以及其他人都需要生活必需的东西（πρὸς τὸ ζῆν ἀναγκαίων），[a30]但这些东西得到充分供应之后，公正的人还需要其公正行为的承受者和一起行为的人，节制的人和勇敢的人以及其他每个人同样如此。智慧人靠自己活着（καθ' αὑτὸν ὤν）就能静观（θεωρεῖν），而且越这样兴许就越智慧（σοφώτερος）。当然，若

有同类人（συνεργούς）一起固然更好，但同样最为自足。①

这里没有出现"自由"这个语词，亚里士多德说的是何谓"自足"的生活：与政治人和常人的生活方式相比，沉思生活才真正堪称"自足"。可以看到，三种类型的人都"需要活着所必需的东西"，但常人生活没有超出也不会超出这些"需要"。由于这些"需要"是每个人的生活所必需的东西，当然属于每个人切身的利益所在。沉思者和政治人则有一个共同之处：他们的生活方式都能超出自己的直接"需要"——这意味着他们的生活关切会超出自己的切身利益。然而，既然政治人关切的是公共利益或城邦[国家]利益，就得预设城邦，否则不可能有政治人的生活。反过来说，政治人的生活方式必须依赖城邦，从而最终不是"自足"的生活。沉思人关切的仅仅是沉思本身，而静观沉思并不以城邦的存在为前提，从而是彻底自在自为的生活。由此可以看到，所谓"自足"生活方式的含义是：生活旨趣不仅超出了对直接"需要"的关切，也超出了对公共利益或城邦[国家]利益的关切——如果"自足"的含义就是"自由"的含义，那么，我们就没法设想亚里士多德是个今天意义上的"自由主义者"。因为，现代"自由主义者"首先关切的是每个人切身的身体利益。何况，亚里士多德既不可能主张人人都过沉思的"自

---

① 中译依据 Joe Sachs 译注本（Focus Pulishing 2002），参考苗力田译本（《亚里士多德选集·伦理学卷》，中国人民大学出版社，1999）。笺释参考 Alexander Grant, *The Ethics of Aristotle*, London1885 / 1972 重印；J. A. Stewart, *Notes on the Nicomachean Ethics of Aristotle*, Oxford Uni. Press 1892/1923；John Burnet, The Ethics of Aristotle, London 1900（下同）。

足"生活(否则根本就不会有城邦或国家),也不可能主张一种民主的"自由政体"(否则根本就不会有什么"政体")。反过来说,如果"自由"的含义在亚里士多德就是"自足"的生活,那么,当今的"自由主义者"就不会是真正的"自由人",而是追求某种"国家"主义的政治人,因为,他们要求实现"自由政体",而任何政体不可能不是一个国家的"政体"。

施特劳斯让我们参看的亚里士多德的第二段原话是:

> [1177b26]这样一种生活兴许比那种依照人(κατ' ἄνθρωπον)的生活更好,因为,他以此方式要过的并非就是人的生活,毋宁说,某种神性的东西在他身上呈现出来(θεῖόν τι ἐν αὑτῷ ὑπάρχει),从而[他的生活方式]远远高于混合的存在……

所谓在沉思者身上呈现出来的"某种神性的东西",指沉思者与生俱来的某种极为单纯的天性——神之所以永远享受着"唯一、单纯的快乐",就因为神的本性单纯(《尼各马可伦理学》1154b18 - 25)。从这段话来看,亚里士多德更不可能是如今意义上的"自由主义者",因为,现代自由主义追求的恰恰是"依照人的生活",并且要求满足每个人的自然欲望,而非要求每个人都去实现自己身上的"某种神性的东西"。然而,沉思者的生活方式之所以"远远高于混合的存在",并非仅仅因为沉思者极为单纯的天性高于多种成分混合的天性。毋宁说,沉思生活具有某种"神性"性质,更多还是因为沉思者"自己存在的时候就能沉思"。神的生活靠自己存在的时候就能存在,因此,神的生活是真正"自足"的生活。现代自由主义企望的"自由"生活并非如此"自足",反倒必须倚靠他人:劳动分工越细,需要倚靠的他人越多——显然无法设想,可以通过劳动分工来优化"沉思生活"。

在施特劳斯让我们参看的《形而上学》的段落中,我们不仅进一步看到有关沉思生活的"神性"品质的说法,而且看到沉思者即"自由人"(ἐλεύθεος)的说法:

> [982b22]可以说,只有当所有供安适和生活必需品都齐备之后,才能着手这种方式的探究。显然,我们探究知识并不是为了某种别的需要,毋宁说,正如我们把为自己而非为别人(αὐτοῦ ἕνεκα καὶ μὴ ἄλλου)而生活的人叫做自由人,在科学(ἐπιστημῶν)中唯有这种科学才是自由的,只有它才仅仅为自身而存在。由此兴许才有权利说,获得这种科学已非人的所为,因为,在许多方面,人的天性[982b30]是奴性的,因此,兴许如西蒙尼德所言,"仅仅一个神才有这特权",堂堂之人也差不多没份儿去求取这种适合神的科学。……[983a3]固然,据说"吟游诗人多谎话",不过,切莫以为还有别的比这更尊贵的科学。因为,最为神性的(θειοτάτη)才是最尊贵的;这种科学是神性的,意思兴许只会有两层:一则,恐怕几乎唯有神才拥有它,再则,这门科学

的对象是神性的东西。①

所谓"这门科学的对象是神性的东西"(θεία τῶν ἐπιστημῶν)并非真的指"神",而是比喻——亚里士多德把自然的终极实在说成"神性的东西"。② 同样,说沉思者是"自由人"乃比喻性说法。严格来讲,"自由人"是城邦语汇或政治身份,与此对应的是"奴隶"人身,两者互为条件。亚里士多德取其"为自己而非为别人而生活"的含义来说明沉思生活的"自足",无异于赋予

---

① 中译参见《亚里士多德选集·形而上学卷》,苗力田译,中国人民大学出版社,1999;凡有改动依据 Hermann Bonitz 德译,Horst Seidl 笺注,*Aristoteles' Metaphysik*,希德对照,Hamburg 1989;笺释参照 W. D. Ross,*Aristotle's Metaphysics*,Oxford 1924 / 1997(下同)。

在《论天》中,亚里士多德说,天体"不变并且不受影响地过着最好和最自足的生活(τὴν ἀρίστην ἔχοντα ζωὴν καὶ τὴν αὐταρκεστάτην),恒久不息(διατελεῖ τὸν ἅπαντα αἰῶνα)。对古人而言,(恒久)这个词的确具有神圣含义(θείως ἔφθεγκται)。因为,完满包括每个生命的时间,根据自然没有什么处于其外,这种完满(τέλος)被称为每个生命的恒久(αἰών)。同理,整个天体的完满以及包括所有时间和无限的完满也恒久存在(αἰών ἐστιν),由此恒久存在而来的就叫永生不死者和神圣者(ἀθάνατος καὶ θεῖος)。……正如通俗哲学关于诸神圣之物的说法(ἐν τοῖς ἐγκυκλίοις φιλοσοφήμασι περὶ τὰ θεῖα)常常宣称:神圣的事物(τὸ θεῖον)必定是不变之物,所有第一性和最高的事物都必定是神圣的不变之物"(279a21 - 32)。参见《亚里士多德全集》,卷二,徐开来译,中国人民大学出版社 1994,凡有改动,依据 J. Barthélemy Saint - Hilaire 译注,*Traité du ciel, d'Aristote*,希—法对照本,Paris,1866,下同。

② 亚里士多德在《论天》中说:"如果存在某种神圣的事物(τι θεῖον),而且的确存在这种事物,那么,方才关于物体的原初实体(τῆς πρώτης οὐσίας)的说法就说得好"(270b10 - 11)。"因此,通过说服让一个人自己相信古人,尤其我们父辈传下来的说法是真实的(τοὺς ἀρχαίους καὶ μάλιστα πατρίους ἡμῶν ἀληθεῖς εἶναι λόγους),这是美好的事情:他们认为,存在着某种永生不死的和神圣的事物(ἀθάνατόν τι καὶ θεῖον),它们有运动,这种运动不但本身没有界限,甚至是其他运动的界限(τῶν ἄλλων πέρας)"(284a4 - 6)。

了城邦"自由人"本身并不具有的含义。毕竟,城邦中的"自由人"相对于"奴隶"而言,并非意味着不受城邦法律和宗教的约束,而且要依赖于奴隶——城邦"自由人"的另一个身份是城邦"公民",从而没有超逾、反倒依赖于城邦[国家]。何况,城邦中的"自由人"仍然是常人,甚至未必是政治家,他们的生活关切未必超出自己的直接"需要"。沉思者过的已经不像是人样的生活,而是神样的生活,关键在于这种"自足"的生活超逾而非依赖城邦。所以,施特劳斯对亚里士多德这两段话的归纳是:"唯一自由的生活(the only free life),本质上超社会,常人难以过这种生活,除非有神的参与"——既然卢梭清楚知道,人民并不过沉思生活,所谓"原初自由"就不会是人民本有的东西,只会是少数愿意且能够过沉思生活的人才会有的"情感"。

施特劳斯的这段解读让我们进一步看到,科学与德性不相容这一古典哲学主张的道理何在:亚里士多德意义上的"自由"并非人民的生活方式具有的品质。施特劳斯还告诉我们,卢梭明白的这个古典道理不仅是《论科学和文艺》的基础,也是他所有著述的基础。这意味着,卢梭后来的所有主要政治著述都是同时对两类读者说话——首先是对天生喜欢沉思的少数人说话。在脚注中,施特劳斯提供了两个例证,首先是出自《山中书简》的例证,卢梭明确说到对少数人说话:

> 所有这一切都是对的,尤其那些不是为人民写的书,我的书一向如此。……[至于《爱弥儿》]它涉及新的教育制度——我以此为贤哲之士们的探究提供方案,而非给父母亲们使用的方法——我从未想过这种事。如果说我有时候

透过某种足够平庸的形象,显得似乎在对他们说话,那么,这要么是为了使我得到更好的理解,要么是为了用更少的话来表达想法。([12]注释引文)

这段话不仅明确说到针对少数人写作,而且具体提到《爱弥儿》——如果《爱弥儿》是模仿柏拉图的《王制》,那么,在卢梭眼里,《王制》也是为少数人写的书。我们还应该注意到,卢梭说自己即便为少数人写的书,也有显得是对多数人说的"足够平庸"的形象,这样做的目的是为了少数人更好地理解。换言之,那些看起来是对多数人说的话,其实也是对少数人说的——这就是卢梭的双重修辞。严格来讲,卢梭的所有政治著述都是为少数人而写的,但他经常需要用显得是对"人民"们说的话把对少数人说的话包裹起来。

我们难免会产生疑惑:"人民"们会读卢梭写的书吗?可以设想,如果"人民"不沉思卢梭思考的问题,就不会去读他写的文章。何况,至少在卢梭时代尚未出现强制义务教育(德国在十九世纪首先推行强制教育),绝大多数"人民"大字不识,根本不会读书(即便如今人民普遍识字也未必都有兴趣看卢梭的书)。卢梭肯定清楚这一点,为何他又要"显得似乎"在对"人民"说话?《爱弥儿》谈的是"教育制度"(système d'éduction),"贤哲之士们"(des sages)才探究这样的问题,普通"父母们"(les pères et les mères)不会去考虑"制度"问题。既然如此,我们可以说,"不是为人民写的书"的含义是:卢梭写书谈的不是人民的身体需要所关心的事情——反过来说,有的读书人(比如霍布斯、孟德斯鸠、亚当·斯密)写书谈的是人民的身体需要所关心的事情。倘若如此,卢梭"有时候透过某种足够平庸的形象,显得似乎在对"普通人说话,针对的就不会是真正的"人民"们,而是另类读书人,亦即虽然喜欢读书却未必真正喜欢沉思的自由派知识人。换言之,这种人虽然喜欢读书,关心的其实并非真正的精神需要,而是身体的需要。按照卢梭在《论科学和文艺》中的说法,这类读书人可以称之为"公众"或者今天所说的公共智识人。

必须区分真正向学与看似向学的人——早在柏拉图那里,这样的问题就已经出现了。中古时期的柏拉图传人阿尔法拉比说过:

> 聪颖的柏拉图在向所有的人启发和揭引每一种知识时,并未感到自由。所以柏拉图采用了象征、谜语、晦涩和笨拙之类的成法,好让知识不会落入那些不配享有、反而会使知识变形的人手中,或者不会落入那些不识货或不会恰当运用[知识]的人手中。①

知识其实不会落入根本不会对知识感兴趣的人手里,所谓"不配享有、反而会使知识变形的人"或"不识货或不会恰当运用[知识]的人"因此肯定不会是"人民",只会是自以为喜欢知识的人。换言之,柏拉图的写作所采用的"象征、谜语、晦涩和笨拙之类的成法"针对的不会是根本没有读书兴趣的"人民群

---

① 阿尔法拉比,《柏拉图的哲学》,程志敏译,华东师范大学出版社,2006,页55-56。

众",而是某些看似好知识的人。相比之下,这类人在"人民"中间仍然只能算少数人。柏拉图的作品绝大多数是苏格拉底与单个人或几个人的对话,即便在《苏格拉底的申辩》中,苏格拉底面对陪审团公开为自己辩护,也是针对少数人说的,这些人虽然好知识,其实天性上是"常人",并非适合好知识——《普罗塔戈拉》中的希珀克拉底、《斐德若》中的斐德若、《会饮》中的阿波罗多洛斯看来就属于这类人。在柏拉图的时代,这类人并不太多,因为,如卢梭所说,当时还没有印刷术……

> 留基波斯和狄阿戈拉斯写下的不敬神明的东西随着他们一起灰飞烟灭,那时,人们还没发明这种让人的心智的恣肆不死的技术。可是,由于有了活字印刷符号和我们使用这些符号的方式,霍布斯和斯宾诺莎的危险梦想就永久留下来啦。("一论",第58自然段)

在卢梭时代,这类人开始多起来。由于印刷术的发明,欧洲出现了传媒,开始生产看似好智的"公众"及其"风头人物"。卢梭说自己"一向很谨慎地"区分"个人"与"人民",后者指的其实仍然是"个人"。从《论科学和文艺》的卷首版画上可以看到,仰望普罗米修斯手中火把的是萨图尔,而非一群人。萨图尔具有常人天性,却向往普罗米修斯手中的火把——在萨图尔旁边还有一个妖怪模样的人,普罗米修斯似乎要把手中的火把传递给这个不像有人的头脑的人,萨图尔却非常热情地跑到前面……

施特劳斯在这里下了一条很长的注释,共三段引述,前后两段都是完整引文,中间一段则是对《山中书简》中相隔很远的两

Satyr, tu ne le connois pas[萨图尔,你不懂这(火)]。

段说法的摘引,还夹带自己的表述。前一段摘引出自第九封书信中的一句话:

> "如果我只是对你,我是可以用这种方式的;可是《山中书简》的话题涉及全体人民……"《山中书简》恰好也是一本辩护的著作。([12]注释引文)

显然,卢梭区分了单个的"你"和"全体人民"。然后,施特劳斯又摘引《山中书简》第三封书信中的说法进一步说明这种区分:

> 一方是"受过教诲、懂得运用理性"、独自就可以具有"坚定可靠的信念"的智慧之人,另一方是"那些善良正派的人,对他们来说,哪里有正义,哪里就有真理",他们易于因自己的炽热情感而受骗,以及"在任何事情上都受自己的感觉奴役"的"人民"。

后一段引文清楚说明了前一句引文中的"你"属于少数"智慧之人"(hommes sages),这类人"受过训导、懂得理性",具有"坚定可靠的信念(foi)";后一段引文对"全体人民"的解释实际上进一步从"全体人民"中再区分了两类人。首先是"善良正派的人"(les gens bons et droits),他们习惯于把正义(la justice)等同于真理(la vérité),且容易受"自己的炽热情感"(their zeal)欺骗,似乎这种人天生缺乏审慎德性,对自己的炽热情感缺乏自制能力——然后才是用"以及"连接起来的"人民"(as well as "le peuple")。与"善良正派的人"不同,人民"在任何事情上都受自己的感觉奴役(esclave de ses sens)"。倘若如此,"善良正派的人"与"人民"既属同类又有区别。凭常识我们也会懂得,"人民"中确有不少"善良正派的人",但显然不能说,"人民"个个都"善良正派",否则,从古至今都有的各色民人就没处归类。何况,我们无论如何不能说,"炽热情感"与"感觉"是一回事——"炽热情感"未加引号,并非施特劳斯的添加,仍然出自卢梭的表述:le zéle et la bonne foi m'ont jusqu'ici tenu lieu de prudence [以前,我一直用炽热情感和诚意代替审慎](《爱弥儿》,上册,页368)。"奴役"这个语词在这里显得十分刺眼,因为,与此相连的往往是"专制暴君"——按卢梭的表述,奴役"人民"的专制暴君并非我们通常以为的专制君王,而是自己身上的"感觉"。总之,受"炽热情感"欺骗与受"自己的感觉"奴役显然有差别,属于两种不同性情的人。不过,尽管如此,两者都属于"常人",虽然前者显得比后者出类拔萃,因为这类人更有可能是萨图尔,或者说更容易成为《论科学和文艺》前言中说的"狂热分子"……

接下来是一段完整引文,出自《致达朗贝尔的信》的前言:

> 此处不再是一些无意义的哲学废话,而是对所有人民(tout un peuple)都重要的关于实践的真理(une vérité de pratique)。不再是对少数人说话,而是对公众说话;不再是促使另一些人思考,而是浅白地表达我的思想。因此,必须改变风格:为了让世人听懂,我用更多的话来说更少的事情……

二 刻意为之的自相矛盾 83

这段完整引文明确说到对"公众"(public)说话——谁是"公众"？是"受自己的感觉奴役"的"人民"吗？既然中间一段引述实际上区分了受"炽热情感"欺骗的人和"受自己的感觉奴役"的"人民"，所谓的"公众"就很可能指的不是"人民"，而是受"炽热情感奴役"的公共智识人。倘若如此，少数人与多数人的区分，就不再是少数"智慧之人"与"人民"的区分，而是与"受炽热情感奴役"的"公众"的区分。事实上，大多数"人民"的确有"感觉"，但并没有"炽热情感"，不然的话，全体人民都成了把"正义"当"真理"的"公众"。何况卢梭说过，他的书"一向"不是"为人民而写"(des livres qui ne sont point écrits pour le peuple)的。由此看来，即便对少数"智慧之人"说话时，卢梭也不得不考虑到"公众"……然而，如果所谓"不再是促使另一些人思考"的"另一些人"(les autres)是"公众"的同位语，就表明卢梭同时也清楚意识到，由于这类性情的人"受炽热情感奴役"，要促使他们思考根本没可能——《论科学和文艺》的"前言"就说过："为了得到某些个贤哲之士的赏识而获得荣誉，我也不该指望公众的赏识。"卢梭当然知道，亚里士多德在《尼各马可伦理学》第一章结尾时说过，这类人不适合学习有关政治的学问（参见1095a2-9）。然而，在启蒙或启蒙后的时代，"公众"已经掌握传媒，他们热情关切"正义"，却容易受自己"炽热情感"的欺骗。面对"公众"，卢梭除了"浅白地表达"(expliquer nettement)自己外，就只能像在《论科学和文艺》开篇引贺拉斯的诗句那样提醒自己人——"我们"不要"被表面上的正确欺骗"……卢梭由此解释了自己文章的风格："为了让世人(tout le monde)听懂",就不得不采用多说废话的写作方式——说废话成了卢梭面对"公众"的写作艺术。

通过这段以引文为主的注释,施特劳斯让我们获知两个要点:首先,"公众"不是"人民",而是公共智识人;第二,"公民状态"或"公民社会"是由"公众"意见支配的社会。不难设想,与苏格拉底的处境相比,卢梭的处境显然更为艰难甚至险恶。毕竟,苏格拉底面对的"受炽热情感奴役"的智识人倒还真的仅是少数人。进入"公民状态"之后,这类少数人已经变成"公众",并通过传媒不断培育出新的"公众"……《论科学和文艺》发表十一年后,卢梭重刊这篇获奖文时曾写下一段极为简短的"致读者",最后一句显然是有感而发:"如果这篇处女作以其值得的方式被接受,作者该会避免何等的悲惨深渊啊?可是,起初得到的不公正的厚爱逐渐给我带来的艰难越来越多。"(1762年版"致读者")

施特劳斯业已用卢梭自己的观点证明,《论科学和文艺》的写作意图针对的是少数"智慧之人",而非"公众"。严格来讲,对于热爱纯粹智慧的人来说,为"公众"写作在任何时代、任何时候都没有意义——不妨设想,如果仅仅为当今受"炽热情感奴役"的"公众"写作,文章有意义吗?……然而,施特劳斯随即就指出:

[13]《论科学和文艺》证明了上一段提出的观点,尽管其中只有一些表面的随意评论,而非主导性论点。其实,其中一些论点尚在反驳我们的解读,因为卢梭在《论科学和文艺》的最后一节似乎主张:科学与社会相容。

施特劳斯在这里制造了一个突转——他在前面的论析提出的观点是,《论科学和文艺》站在哲人生活的立场反对启蒙,仅仅对少数人说话,尽管好些说法显得是在对"全体人民"说话,其实这些说法仅仅是"表面的随意评论"。对少数人说的话才是《论科学和文艺》的"主导论点",由此造成的言辞上的自相矛盾显然是卢梭的刻意所为。现在施特劳斯提醒我们:通篇痛斥启蒙的《论科学和文艺》在结尾时出现了一段颂扬启蒙的说辞,这段话明显是对少数"智慧之人"说的——卢梭的这段原话是:

> 但愿一流的读书人在自己的宫廷中找到体面的庇护所吧,但愿他们在那里得到与自己相称的唯一报酬,这可是他们作出贡献的报酬啊,因为,他们把智慧传授给人民,增进了人民的幸福。唯有在这样的时候,人们才会看到,高贵的好胜心所激发出来的德性、科学和权威以及为了人类的幸福而通力合作能够取得何等的成就。不过,只要权力独处一边,智识和智慧独处另一边,读书人就会很少想到伟大的事情,君主们就会更少做出美好的事情,而人民就会继续卑劣、败坏和不幸。("一论",第59自然段)

如果这段言辞无法被视为敷衍"公众"的废话,我们就得被迫说:《论科学和文艺》向少数人大声疾呼不可普及哲学,同时又提醒同样的少数人,应该用自己的哲学天赋为人民服务,让自己的"智识和智慧"(les lumières et la sagesse)照亮"权力"……换言之,《论科学和文艺》实际上向少数"智慧之人"同时传达了两种主张:既反对又鼓励启蒙。

即便我们阅读时有些马虎也会发现,施特劳斯现在用"科学与社会"的表达式替换了一直使用的"科学与道德"或"科学与德性"的表达式。显然不能说这两种表达式没有差异,"社会"与"道德"尤其"德性"明显不是同义词。施特劳斯随后的表述已经给出了替换表达式的原因:"科学与道德"或"科学与德性不相容"是卢梭反对少数人搞启蒙的理由,"科学与社会相容"是他鼓励少数人搞启蒙的理由:

> 然而,实际上,卢梭仅仅是说,极少数天性命定研究科学的人,从社会观点的角度来看,用自己的天赋来启蒙人民明白其义务,研究科学才会是允许的,甚至是健康的;他在《论科学和文艺》中明明白白所做的事不过恰恰就是这件事而已:在义务方面启蒙人民。([13]注释引文)

这句表述的关键是"从社会观点的角度来看"(from the point of view of society)这个短语——换言之,在卢梭那里有两个看待启蒙的角度:一个是哲学的角度,一个是社会的角度。从哲学的角度看,应该反对少数人搞启蒙,因为哲学不应该成为"一个社会要素"(a social factor),否则就会"为专制主义铺平道路"——这可以说是一个古典政治哲学的观点:哲学天然地与宗教为敌,一旦哲学成为"一个社会要素",宗教信仰就难有立足之地,专制君王就可以借此获得绝对治权。然而,从社会的角度看,又应该鼓励少数人搞启蒙,因为哲学应该启蒙人民明白自己的"义务"。我们不难想到,这指的是民主共和政体中的公民义务。惜墨如金的施特劳斯在这里两次提到且着重提到"在义务方面启蒙人民"(enlightening the people about its duties),绝非偶然。

既反对搞启蒙又鼓励搞启蒙,这两种主张岂不明显相互矛盾吗?的确如此,但在卢梭那里却似乎并非如此——两种主张不仅不矛盾,甚至还具有内在的融贯性。因为,反对少数人搞启蒙的实际理由是反专制,鼓励启蒙的实际理由是为了实现民主的共和政制,反专制与实现民主共和政制显然是一回事。不过,反对少数人搞启蒙的实际理由虽然是反专制,这个实际理由还需要得到古典政治哲学的理由即"科学与道德不相容"的支撑,或者说,反对搞哲学启蒙的实际理由虽然是为了反专制,根本理由毕竟是人的"天性"差异这一古典政治哲学的理由。那么,卢梭仅仅是借用这个古典理由还是真诚地相信这个理由呢?我们看到,卢梭的确真诚地相信这个古典理由。在《论科学和文艺》开篇后不久的一个注释中,卢梭就引蒙田的话说:"我爱争辩,爱交谈,但只与少数人,且只为我自己。"(参见《论科学和文艺》第14自然段注释)毕竟,过沉思生活搞哲学或科学是否有益,取决于个人天性。可见,卢梭对古典理由理解得非常透彻,而非像我们那样,甚至没有听说过其实我们的古人也说过的这个理由。施特劳斯在这里下注提醒我们,卢梭的这一观点一直没变,从《论科学和文艺》之后的《论人类不平等的起源和基础》到临终之作《孤独漫步者的梦》,卢梭都表达了相同的观点,从而是他慎重考虑过的观点,即幸福时代的标志之一是:人民不搞哲学,像泰勒斯、毕达哥拉斯、柏拉图这样的极少数人才搞哲学,因为只有这些人的天性中才有 un ardent désir de savoir[一种强烈的求知欲]……(参见"二论",页163)。

由于这个古典理由,卢梭既反对又赞成哲学启蒙不可能不相互矛盾。凭常识逻辑我们也可以明白,既然普及哲学会危及专制政体中的既存宗教,从而无异于帮助专制建立起绝对治权(回想第一节中的论析:专制需要启蒙以便清除传统宗教的治权),普及哲学难道就不会危及民主共和政体所需要建立的公民宗教吗?一个可能的解释是:卢梭懂得,在少数人那里向来有两套道德学说,一套是对外的道德学说,一套是只让知情人明白的对内的"秘密道德"(morale secrète)。既反对少数人搞启蒙,又鼓励他们搞启蒙,正好是两套道德学说。倘若如此,《论科学和文艺》高声痛斥启蒙,就是"表面的"对外说辞,鼓励启蒙则是对内的说辞……①然而,这种解释要具有效力,必须截然区分哲学的观点和"社会的观点"。如果仅仅从哲学观点的角度看,即便为了实现民主共和而主张"科学与社会相容"也说不通。

施特劳斯的这段论析从《论科学和文艺》的表面随意修辞所制造的思想谜团中清理出一个关键线头:卢梭究竟是从哲学利益的角度看启蒙还是从社会利益的角度看启蒙——当然他也可能同时且分别从哲学和社会利益两种角度看启蒙。无论如何,我们必须抓住这个线头,才能跟随施特劳斯一起在随后的解析中破解这个思想谜团。眼下施特劳斯让我们看到的是,卢梭

---

① 《论科学和文艺》刊印后随即遭受激烈批评,卢梭在题为"几点评析:致波兰国王斯塔尼斯拉斯"(1751)的回应文中有一个很长的注释说道,所有古代哲人都懂得"双重学说的区分"(la distinction des deux doctrines),即所谓"内传"和"外传"学说的区分——"内传学说"(la doctrine intérieure)指的是"无神论教诲的秘密"(secret des leçons d'athéisme)。《自然权利与历史》在论析《论科学和文艺》时说道,"科学,或者说要以知识来取代意见的努力,必定会威胁到社会",施特劳斯随即下注完整摘引了这个长注(参见中译本页264;亦参"梦",页36)。

的确从哲学的角度看启蒙:

> [14]我们必须补充一条重要的附加条件。当卢梭断言社会与科学之间有着自然的不相容性时,他是在亚里士多德的意义上理解"自然"一词,他的意思是,真正的科学与健康的社会不相容。……

施特劳斯刻意把"科学与德性不相容"的表达式再换成"科学与社会不相容"的表达式——"卢梭断言社会与科学之间……不相容性"与他主张"科学与德性不相容"实际上是一个意思。通过在"科学"与"社会"之间加了"自然的"(a *natural* incompatibility,重点是引者加的)这个修饰词,施特劳斯让我们看到:"科学与社会不相容"是从哲学利益的角度看待启蒙得出的断言。换言之,既然卢梭相信,"极少数人"过沉思生活是因为他们"天性命定如此"(the very few who are by *nature* destined for it,重点是引者加的),他就不可能主张"科学与社会相容",即便是为了实现民主政制——甚至应该说:恰恰因为是要实现民主政制,卢梭才不可能主张"科学与社会相容"。毕竟,自由民主政制得以人人生而平等为基础,在孟德斯鸠那里我们看到,"爱平等"甚至是最为基本的政治德性,而科学则必须以人的天性的自然差异为基础——社会与科学之间"自然的不相容性"恰恰来自人的"天性"(nature)差异。从哲学的角度看,如果为了民主政制而主张"科学与社会相容",就必然遭遇内在难题,这个难题与孟德斯鸠遇到的政治德性与道德德性的差异难题具有类似的性质。

"天性"一词也可以译作"自然",施特劳斯提醒我们,"卢梭断言社会和科学之间……不相容性"是基于亚里士多德所理解的"自然",证据出自《论人类不平等的起源和基础》,这篇紧随《论科学和文艺》之后写下的应征文的扉页以亚里士多德《政治学》中的一句话(卷一第5章,1254a36-38)作为全篇题辞:①

> Non in depravatis, sed in his quae bene secundum naturam se habent, considerandum est quid sit naturale. [不应根据变了质的事物,而应根据合乎自然的良好状态的事物去考虑什么是自然]②

亚里士多德说的是"应该考虑"(considerandum)"什么是自然",这里的"自然"也可以译作"本性",不仅指人的"本性",也指动物(比如马)、家庭、城邦的"本性"。卢梭引用这句话作为《论人类不平等的起源和基础》的题辞显得具有针对性,似乎此前有少数聪明人根据变了质的事物去"考虑"什么是人的"自然[本性]"。比如我们可以设想,把"对暴死的恐惧"视为公民秩序的来源,就是根据"变了质的"状态去考察人的"自然[本

---

① 广西师大版中译本未见这句题辞,商务印书馆旧版(李常山译,东林校)译作:"不应当在变了质的事物里而应当在合乎自然法则的事物里来观察自然。"
② 中译依据《亚里士多德选集·政治学卷》(颜一、秦典华译),凡有改动依据 W. L. Newman, *The Politics of Aristotle*, 卷二, Oxford 1902/2000; Trevor J. Sauders 译笺: *Aristotle, Politics, Books I and II*, Oxford 1995。

性]",从而不是"根据合乎自然的良好状态"为公民秩序奠定基础。①

不过,卢梭引用亚里士多德的话来反驳自己的启蒙前辈,不等于他对"自然[本性]"的理解就符合亚里士多德所谓的"自然",他同样可能出于自己的理论需要利用亚里士多德的话。亚里士多德这句话出现的语境是:既然人是城邦的动物,而城邦生活难免有统治者与被统治者,那么,在城邦中有人是统治者、有人是被统治者,就是"自然的",或者说符合各自的"自然[本性]"。正如在一个家庭中有人必须是家长,在由灵魂和肉体构成的人身上,灵魂自然应该是统治者。因此,亚里士多德的所谓"自然"指的是事物的目的或完善的方向(即目的因):"事物的自然就是目的;每一个事物是什么,只有当其完全生成时,我们才能说出它们每一个的本性[自然]"(《政治学》1252b30 – 1253a1,比较《物理学》193b 和 194a27 – 33)——有人是自由人有人是奴隶,就是各自的"自然[本性]"的实现。显然,这样的观点与人人生而平等的观念不相容,如果卢梭认同民主政制的平等原则,他就不能利用亚里士多德的观点。但是,为了利用亚里士多德的观点为民主理论服务,卢梭也可以把"自然"说成事物生成的原初起始因,即本源或起点(参见《论人类不平等的起源和基础》第一部分;《爱弥儿》,第一卷),而非像亚里士多德那样把"自然"理解为目的因或终点。这样一来,所谓"合乎自然

---

① 卢梭用亚里士多德的话作为题辞意在批评现代形而上学家的"自然状态"论,最明显的是批判霍布斯和洛克。参见帕尔默,"公民哲人卢梭:《论人类不平等的起源和基础》的献辞",见刘小枫编,《古典诗文绎读·西学卷[现代编]》,上册,前揭,页 636 – 637。

的良好状态"无异于说回溯开端、回到第一动因,"自然[本性]"作为人的完善性规定,就会变成人的可完善性的规定。①

但是,我们首先应该预设,卢梭懂得亚里士多德这句话及其相关语境所要表达的意思,换言之,他清楚知道亚里士多德说的是人生而自然地不平等。正如《论科学和文艺》通篇看起来都是在痛斥启蒙,结尾时却又不动声色地倡导启蒙,《论人类不平等的起源和基础》通篇都在驳斥社会不平等,结尾时却又不动声色地肯定自然不平等(参见"二论"页138)。② 换言之,正如对待启蒙一样,卢梭对待不平等也显得持有双重立场:要么从哲学角度看,要么从社会角度看。按照施特劳斯的理解,"卢梭断言社会与科学之间有着自然的不相容性"依从的是亚里士多德的"自然",意思是从哲学的角度看待科学与社会的关系,因此,"真正的(genuine)科学与健康的社会不相容"。然而,卢梭也完全可以从"社会观点的角度"来看待科学与社会的关系——这个时候,"真正的科学"就与不健康(或败坏)的社会是相容的,

---

① 亚里士多德在这个语境中还说:并非所有奴隶和自由人都是自然奴隶和自然自由人,在某种状态下,奴隶和自由人有明显差异。一部分人是奴隶,一部分人是主人,不仅有益而且公正,自然打算让他们这样(《政治学》1255b5-10)。按照卢梭的民主理论,任何奴隶(即便在自愿状态下)都是非自然的:奴隶状态就是"变质了的状态"——在《论政治经济学》中,卢梭谈到家庭的父子关系和夫妻关系时,明确批评亚里士多德的主奴关系论。格劳秀斯在《战争法权与和平法权》的开头(卷一第1章第12节)说:"我谈的不是奴隶状态,因为,奴隶状态违反自然,而且任何法权都不能使奴隶状态获得权威。"说这话时,格劳秀斯同样引用了卢梭用来作为题辞的这句亚里士多德的话(参见 Heinrich Meier 笺释本,页4)。

② 施特劳斯文章的最后一个注释指出了这一点;亦参迈尔,《卢梭〈论不平等〉的修辞和意图》(朱雁冰译),见《经典与解释2:柏拉图的哲学戏剧》,上海三联书店,2004,页207。

其相容性就在于:科学(或哲学)有助于清除社会的败坏状态。

卢梭不是认为普及科学必然为专制铺平道路吗?把这个观点与真正的科学(或哲学)有助于清除社会的败坏状态(即专制状态)的观点摆在一起,岂不是明显的自相矛盾? 的确如此!但是,如果我们区分了从哲学的角度看还是从"社会观点的角度"看,卢梭的观点就并不自相矛盾:站在共和设计的立场,"健康的社会"(a healthy society)应该指卢梭心目中理想的公民社会,"败坏的社会"(a corrupt society)则既可以指旧的专制社会,也可以指自由民主理论的前辈们(霍布斯、普芬多夫、洛克)所设计的公民社会(按照《论人类不平等的起源和基础》第二部分的观点,这种"公民社会"无异于"专制社会")——从而,搞哲学启蒙就既有助于清除旧专制社会的权威,也有助于驳倒旧的公民社会设想,进而确立正确的公民社会观。换言之,哲学启蒙仅仅与理想的公民社会不相容,因为,哲学会损害公民宗教这一道德的公民社会赖以建立的基础。施特劳斯让我们注意,卢梭在答辩文章中申明,他并非主张"应当烧掉今天所有的图书馆,毁掉一切大学和学院"——施特劳斯给"今天"这个词画了着重号,这意味着提醒我们,卢梭主张科学与社会相容是就"事情的当前状态"而言的(即从社会的角度看,俗话说"时代不同了"),科学与社会不相容则是就事情本身而言的(但凡从哲学的角度看)。因此,施特劳斯说,当卢梭从社会的角度看,那么,"在腐败的社会,在被专制地统治的社会,科学是唯一可取的东西"。

即便如此,我们还是难以理解,普及哲学的启蒙何以既会为专制铺平道路,又会有助于推翻专制。按照我们的理解,专制政体的特征是无法无天的暴君在施行统治,这符合孟德斯鸠对专制的定义。但按照施特劳斯的表述,卢梭所理解的"专制"是充满"成见"的社会——或者说"被[成见]专制地统治着的社会"(a society ruled despotically)。如果套用孟德斯鸠的定义,那么,"成见"而非任性的君主是卢梭所谓的专制暴君。普及哲学之所以与这样的社会相容,是因为哲学可以扫除"所有的成见"(all prejudices)。

> [14]……但是,希望超越自己的时代而生活并且预见到一场革命的卢梭,他为一个健康社会的需要而写作,他认为有望在革命之后建立起的健康社会必须以斯巴达而不是雅典作为楷模。

这句话当为我们解开困惑——就"事情的当前状态"而言,卢梭预见到,一场推翻专制的"革命"不仅不可避免,而且应该来一场革命:

> 你想依赖社会的实际秩序(l'ordre actuel de la société),却不知道这个秩序要遭受不可避免的革命(sujet à des révolutions inévitables),而且,你也没可能预料遑论防止这场革命会影响到你的孩子。大人物要变成小人物,富人要变成穷人,君王要变成臣民——你以为自己是能凭靠计算避免命运打击的罕有之人吗?我们已经临近危机状态和革命时代(de l'état de crise et du siécle des révolutions)。谁说得上来你那时会变成什么样啊?凡是人为的东西,人就能够毁掉;只有大自然刻画的特征才不可磨灭,然而,大

自然从来不制造什么国王、什么富翁、什么大老爷儿们。当初你只教这位总督(ce Satrape)追求伟大(pour la grandeur),将来沦为卑贱时他该怎么办呢?(《爱弥儿》,上册,页260)

显然,卢梭的政治写作本身表明,他的哲学可以为这场反专制的革命作出贡献——扫除所有成见(参见《爱弥儿》,上册,页5)。但卢梭站得高看得远:推翻专制政体之后,建立起来的新民主主义社会如果要保持"健康",就需要共和国领袖打造的公民宗教来收拾民心——然而,对于哲学来说,但凡宗教就是"成见",从而哲学与所有宗教为敌(包括共和国之父打造的新宗教),而非仅仅与传统宗教为敌。因此,在建立起"健康"的公民社会之后,再搞哲学启蒙就会危害到公民社会的"健康"基础——公民宗教。所谓"健康社会必须以斯巴达而不是雅典作为楷模",意思是,一旦建立起新民主主义的公民社会之后,就不能再允许搞哲学。在柏拉图的《普罗塔戈拉》中可以看到,按照苏格拉底的说法,在雅典人们可以公开地搞哲学,斯巴达则禁止传播哲学,有人要搞哲学就得秘密地搞(《普罗塔戈拉》342a6-343b3)。施特劳斯在这里又下了一个长注,首先引用的是《致博蒙书》中的一句话:

> 有些成见必须尊重……然而,当事情的状态已经不可能变得更糟时,成见还能如此值得尊重,以至于可以为之牺牲真理、理性、德性、正义,以及真理能够为人们带来的所有善吗?

正文中说,"在被专制地统治的社会,……公开抨击所有的成见是正当的",注释中的引文劈头一句却是:"有些成见必须尊重"——岂不是自相矛盾?其实不然。"有些成见必须尊重"是就"健康的社会"而言的,随后的转折"然而(mais),当事情的状态(l'état des choses)已经不可能变得更糟时",是就当前腐败的专制政体而言的。从而,"公开抨击所有的成见是正当的",当理解为针对专制而言。作为"真正的"哲人,卢梭清楚地懂得,"公开抨击所有的成见"并非在任何时候都"正当"(legitimate)。不过,随之施特劳斯就提到,卢梭在《论科学和文艺》结尾处曾表示,"在事情的当前状况下",自己"不想教导人民明白自己的义务",或者说不想在眼下的专制状态中"公开抨击所有的成见"。然而,这并非意味着,卢梭不愿意在专制状态下履行自己应该履行的"哲人的社会义务"(the social duty of the philosopher),而是因为"事情的当前状态"让卢梭感到"毫无希望"(hopeless)……当看到《论科学和文艺》取得意想不到的成功之后,卢梭马上恢复了自信,开始履行自己作为"哲人的社会义务",写下《论人类不平等的起源和基础》《社会契约论》以及《爱弥儿》,去教导人民明白自己的义务。

"哲人的社会义务"意味着"从社会观点的角度看",这一表达式虽然仅仅出现在文章的注释中,却成为牵动随后几节论析线索的关键词。我们必须记得,作为"真正的哲人",卢梭当然懂得,"极端自由"的哲人生活比社会生活更为尊贵,这种生活"本质上是超社会的"(essentially transsocial,参见[12])。从而,对"真正的哲人"而言,根本不存在"社会义务"这回事。既然如此,卢梭何以会认为自己应该履行作为"哲人的社会义务"?这岂不是明显的自相矛盾?结束这一节时,施特劳斯再次强调,在卢梭看来,哲学生活高于社会生活:

> [15]大家都会同意,卢梭在《论科学和文艺》中为社会着想而抨击启蒙运动。然而,被普遍忽略的是,他也是为了哲学或科学而抨击启蒙运动。实际上,卢梭认为,科学的尊严高于社会,因此人们只能说,他首先是为哲学着想而抨击启蒙运动。……

《论科学和文艺》看起来是为了社会的"利益"(the interest)而抨击启蒙,实际上更是或首先是为了哲学的"利益"、为了捍卫哲人生活的纯洁性而抨击启蒙。作为哲人,卢梭尽管意识到普及哲学的启蒙会危害社会,但他首先意识到,哲学启蒙更危害哲学自身。因为,普及哲学的结果是,哲学必然"成为一种时尚"——哲学本然地与任何"成见"为敌,启蒙哲学就是"消除成见的战斗",但是,如果哲学成为启蒙哲学,哲学就必然蜕变为一种危害哲学本身的"成见"。说到底,自由的哲学一旦成为某种"主义"(无论保守主义还是自由主义)哲学,无论多么"时尚",都彻底毁掉了哲学"智识的自由"(intellectual freedom)。如果我们回想施特劳斯在第一节谈到孟德斯鸠时的说法:自由民主的共和政体不需要"纯理论科学"和"思辨生活",那么,我们可以说,卢梭与此恰好相反,他关切的是"纯理论科学"和"思辨生活"在自由民主的共和政体中的命运。如果卢梭反对启蒙是受到民主共和派的激发,那么,这话的意思就可以理解为:卢梭受到民主共和论的内在困难的激发——民主共和政制可能危害到极少数人的天性,或者说危害到哲学生活的自然权利。

在第一节里,施特劳斯让我们看到,卢梭热爱民主政治,在这一节里,施特劳斯又让我们看到,卢梭热爱哲学——《论科学和文艺》的首要意图是对哲人自身品质的关切。但在结尾时,施特劳斯又提到,卢梭觉得自己作为哲人依然应当履行"社会义务"。从而,我们看到,卢梭身上聚集着一个十分明显的自相矛盾:保持哲人的超然品质与履行哲人的"社会义务"之间的矛盾。然而,为何施特劳斯仍然没有说,这是卢梭的"自相矛盾"?

三　哲人与公民社会

通过前面的论析,施特劳斯确认,《论科学和文艺》涉及两种不同的"原理",一种原理是在表面修辞中明确呈示出来的,一种原理则隐藏在表面修辞下面。

[16]卢梭自己承认,他在《论科学和文艺》中没有明示隐藏在这部作品下面的原理。该书的主旨是警告世人切莫碰触科学,因此当然不可能强调科学有着更高的尊严,如此行事无异于鼓励读者研习科学。换言之,既然能够从市场上获知的哲学只能是庸俗化的哲学,因此,对庸俗化哲学的公然抨击不可避免地会变成抨击哲学,仅此而已。

《论科学和文艺》的表面修辞是警告常人切莫碰触哲学,因此,卢梭以激烈的言辞抨击哲学,但实际上卢梭抨击的是反专制的启蒙哲学。换言之,卢梭的反启蒙修辞没有区分自由的哲学与因反专制而变得不自由的启蒙哲学。市场上流通的哲学(比如启蒙哲学)或者"通俗化的哲学"(popularized philosophy)并非自然意义上的哲学,我们则习惯于把"通俗化的哲学"或启蒙哲学当作自由的哲学。由此看来,《论科学和文艺》的首要意图在于:把真正有心向往哲学生活的少数人从启蒙狂热中拽出来。就此而言,《论科学和文艺》预设的读者对象是真正热爱哲学生活的少数人——然而,在"热衷"启蒙的时代,这样的"少数人"还能够看得懂卢梭的教诲吗?即便能够看懂,他们还能认同卢梭的教诲吗?

这些都是题外的考虑,施特劳斯提请我们考虑的是:卢梭的如此修辞是否可以理解为他在履行自己作为"哲人的社会义务",因为,"本着自己的原则,卢梭坚决地站在社会一边反对科学"——倘若如此,卢梭对"哲人的社会义务"的理解就刚好与启蒙哲人相反:对启蒙哲人来说,"哲人的社会义务"是启发人民反抗专制,让自己过上自由生活。卢梭则认为,哲人不要有这样的"义务"才是自己的"社会义务"。因此,《论科学和文艺》的表面修辞是真诚的,而非在糊弄"公众"。说到底,《论科学和文艺》的表面修辞针对的是变成了启蒙"狂热分子"的"少数人"。既然如此,卢梭为何又有话不直说,直接告诫"少数人",而是绕着弯子说哩……

《论科学和文艺》终究只是对"少数人"发言,因为不管什么书,并不是只有那些它只想对其发言的人才能读到,而是面向所有能阅读的人(to all who can read)。

这句表述无异于说,卢梭懂得苏格拉底在《斐德若》中所表达的不信任文字的著名道理:文章"一旦写成,每篇东西就以相同的方式到处传。传到懂它的人那里,也同样传到根本不适合懂它的人那里,文章并不知道自己的话该对谁说、不该对谁说"(柏拉图《斐德若》275e1-3)。《论科学和文艺》最后提到出版业(参见第59自然段注释)——十七世纪后期,欧洲才开始出现印刷出版业,并迅速发展。图书、杂志、报纸对社会生活秩序的巨大影响和支配效力,如今的我们都会有深切感受。哲学经图书、杂志、报纸通俗化后,造就了相当广泛且"不适合"的知识公众,他们与根本不理会哲学的多数人民仍然有所区别。说到底,卢梭已经看到,"知识大众"是启蒙之后不得不面对的特殊群体,《论科学和文艺》不得不采用双重修辞的方式说话,由此形成了自己的写作原则——施特劳斯认为,卢梭后来的一系列写作都一以贯之地恪守了这一写作原则:

[16]……我们的论点并非不符合如下情形:卢梭在随后的著述中透露了某些《论科学和文艺》没有明示的观点;因为,由于在后来的著作中并没有透露某些《论科学和文艺》已经明示的观点,卢梭成功地做到了始终如一绝不透露自己的原则,因此,他的出版物仅是对自己想要传达的人说话。

这话虽然有些绕弯,意思仍然很清楚:《论科学和文艺》没有透露的某些观点,后来的著述透露了,《论科学和文艺》中透露的某些观点,后来的著述则没有透露。换言之,终其写作人生,卢梭在自己的每部著作中都仅仅透露的是他的思想原则的某些部分。以此方式,卢梭才得以做到"始终如一绝不透露自己的原则"。① 倘若如此,我们就必须说,卢梭有超强的精神定力或自制力,这来自他阅读柏拉图所获得的明智以及对自己的时代处境的清醒认识——不能仅对自己人说话。毕竟,在传媒发达的今天,一部著述或一篇文章问世就得面向所有能阅读的人。基于对卢梭的这一认识,施特劳斯告诉我们,必须把《论科学和文艺》与卢梭后来的著述结合起来看,才能理解隐藏在卢梭的全部要著后面的种种原理。这意味着,需要把卢梭的每部要著中透露的某些观点集中起来,才能看到卢梭思想的全貌。

《论科学和文艺》的独特意义在于,它比后来的著述更为明晰地阐述了"科学与社会不相容"(注意:现在施特劳斯说的是"科学与社会不相容")的关键理由,按照上述假设,卢梭在后来的著作中就再也没有更多地(不等于再也没有)透露这个理由。我们难免会感到好奇:卢梭隐藏在《论科学和文艺》这部作品下面的原理(the principles underlying that work)是什么原理?既然

---

① 借用狄德罗在《关于解释自然的若干思考》(*Pensées sur l'interpretation de la nature*,1753/1754)中说到"自然机体"时的一个生动说法:"这好比一个喜欢乔扮自己(se travestir)的女人,她有各种掩饰(les différents déguisements),有时让这部分露出来,有时让那部分露出来,这样就给那些不懈地追踪她的人某种希望,有一天可以认识她的整个人身(toute sa personne)。"见《狄德罗哲学选集》,江天骥等译,北京:商务印书馆,1997,页61(以下随文注页码),凡有改动均依据 Denis Diderot, *Oeuvres complètes de Diderot*(《狄德罗全集》),Philosophie II,Paris 1875/1966。

要隐藏起来,卢梭为何又"自己承认没有明示"(Rousseau himself admitted that he did not reveal)隐藏在下面的原理?这不等于承认自己在写作时不"坦诚"(frank)吗?

[17]上述评论并不赞同一种相当普遍的意见,即卢梭极为坦诚。这种意见显然从卢梭说自己无比真诚的声明中获得了看似有力的证据。因此,我们必须尽可能言简意赅地解释一下卢梭对诚实义务的看法。……

这个自然段很短,显得有某种重要的问题值得特别予以强调——我们似乎再次看到卢梭的一个自相矛盾:一方面,他"自己承认"在写作时"隐藏"了某些观点,另一方面,他又声称"自己无比真诚"(his unbounded sincerity)——究竟哪一个宣称是真的?

其实,"隐藏"某些观点与"无比真诚"并不自相矛盾,因为,"隐藏"某些观点并不意味着不"真诚"。既隐藏又明示某些观点才是自相矛盾,而且显然属于卢梭刻意为之的自相矛盾。为了更好地理解卢梭既隐藏又明示的某些观点,首先就得恰当地理解卢梭为何要如此,为此就得搞清楚卢梭如何看待哲人的"诚实义务"(the duty of truthfulness)——这里的"义务"一词让我们想起上一节结尾时倒数第二个注释中说到的"哲人的社会义务"。从而,这个自然段要我们关注的首要问题是:实话实说的"诚实"是"哲人的社会义务"吗?

卢梭在哪里讨论过哲人的"诚实义务"问题,或者说,他在哪里"自己承认没有明示"隐藏在下面的原理?施特劳斯说:

[18]卢梭在《孤独漫步者的梦》的第四篇"漫步"中讨论过这个问题。马虎的读者很容易忽略这一讨论的重要性。……

如今的我们与其说是"马虎的读者"(the unwary reader),不如说是自有主见的读者——因为,《孤独漫步者的梦》早已译成中文(而且不止一个译本,尽管新译未必就比旧译更信实),但我们对其中所讨论的"说谎"问题一直没感觉,也没有把这个问题与卢梭一生的写作习惯联系起来。自从施特劳斯一再提请注意古典哲人的写作艺术,凡严肃对待自己的读书人已经不应该也不会再读书"马虎"。我们的自主之见大致有两种:要么认为,施特劳斯的提醒过于夸张,难免导致一种"教条"式的阅读原则(其实是因为我们已经有了自己的"教条");要么认为,在已经实现自由民主的今天,还强调古人的写作艺术只能被看作别有用心(其实是因为我们自己已经成了自由民主的信徒)。然而,无论我们的这些"主见"多么有道理,都无法抹去施特劳斯提请我们关注的历史事实本身:古典哲人讲究写作艺术。因此,我们的自有"主见"看轻的与其说是所谓施特劳斯的"教条",不如说是古典哲人的良苦用心。我们与施特劳斯的差异其实在于,我们并不愿意像他那样虚心向古典哲人学习。

卢梭在《孤独漫步者的梦》"第四篇漫步"中说:

> 我记得曾在一本哲学书里读到过,说谎就是把应该显示的真相掩盖起来(cacher une vérité que l'on doit manifes-

ter)。从这个定义可以得出:对没有义务说出来的真相缄口不言,不算说谎(que taire une vérité qu'on n'est pas obligé de dire n'est pas mentir);但是,在同样情况下,不仅不讲出真相,反而讲了相反的,他算说谎,还是没说谎呢?按照那个定义,也不能说他说谎。("梦",页41)

卢梭所讨论的"说谎"问题,其实就是柏拉图笔下的苏格拉底在《王制》中讨论过的"编故事"是否编得"美好"的问题,也就是关于哲人的写作原则问题。苏格拉底指责荷马或赫西俄德的故事不"美好",不是因为他们编造的故事虚假,而是因为故事"虚构得不美好"(《王制》377d9:τις μὴ καλῶς ψεύδηται)……言下之意,"美好的故事"不等于真实的事情,而在于虚构得"美好"。然而,为什么要虚构"美好"的故事?卢梭说,"既无利己之心又无害人害己之意而说谎,那就不是说谎,而是虚构(fiction)。带有道德目的的虚构叫做道德故事或寓言(apologues ou fables)"("梦",页46;比较《爱弥儿》,上册,页350)。由此可以看到,卢梭清楚地懂得,哲人虚构"美好"的故事是出于"某种道德目的"(un objet moral)。

既然卢梭信守这样的写作原则,我们就不能指望他的写作"极为坦诚"。我们一向以为,《忏悔录》是卢梭非常坦诚的书……既然是自己的"忏悔录",难道还会不"坦诚"(franc)?卢梭在《孤独漫步者的梦》的"第一篇漫步"中宣称,与《让·雅克审判卢梭:对话录》(顺便说,已经有中译本)尤其《忏悔录》相比,《孤独漫步者的梦》更加坦诚,自己"怎么想的就怎么说"(Je dirai ce que j'ai pensé),因为他写作此书时的处境和心境非常放松,而且"写自己的梦想仅仅是给自己看"(je n'écris mes rêveries que pour moi),无需再考虑在写作上一以贯之的"审慎"("梦",页8–9)……然而,确如施特劳斯指出的那样,《孤独漫步者的梦》通篇具有"雕琢品格"(artful character),与卢梭在一开始宣称的"[我这个人]既无智谋,又乏心计,既无城府,又乏审慎,坦诚,敞开,没耐心,脾气暴躁……"("梦",页2)并不相符,以至于我们甚至有理由认为,这位孤独漫步者临终前记叙自己的"梦想",是在模仿苏格拉底临终前说自己梦见神示要他"作诗",而且是人民喜闻乐见的"诗"(参见柏拉图《斐多》,60d–61b)。如果《孤独漫步者的梦》的写作都不无"心计"(art),卢梭宣称该书比《忏悔录》更坦诚就应该理解为更不坦诚——无论如何,卢梭一生的写作都非常"审慎",一向富有智谋,讲究心计,成府很深,并不坦诚、敞开,而是极有耐心,像写作《论科学和文艺》那样,常常装出脾气暴躁的样子……

在《孤独漫步者的梦》第四篇"漫步"中,卢梭借助讨论"说谎"详细阐述了自己"在涉及说谎和真实时所遵循的良心法则"(mes règles de conscience sur le mensonge et sur la vétité,"梦",页50)。我们必须对这样的问题和法则作出明确限定:所谓"说谎"问题涉及的是,热爱智识的少数人是否"有义务讲"某种"真相"。从而,所谓"良心法则"涉及的是热爱智识的少数人的"社会义务"问题。在"第四篇漫步"中卢梭一开始就说,自己因读普鲁塔克的《伦语》受到启发,打算"检查一下自己的说谎(m'examiner sur le mensonge)",结果证实的是,德尔菲神殿的铭文"认识你自己"说起来容易做起来难("梦",页39–40)。他发现,自己一生中一直为自己在小时候"说过一次坏良心的谎话"

而深感自责——说谎是"一桩大罪过"(un grand crime)……可是,成年之后,自己为了真理竟然大量凭空编造,把不真实的事说成是真实的,却从未感到过自责或后悔。这是为什么呢?卢梭说,这是因为自己成年后懂得,"对于没有义务讲出的真相缄口不言,不算撒谎"——可见,卢梭的"成年"意味着,他懂得了为何自己小时候的"撒谎"是不道德行为,成年后的"撒谎"则并非不道德行为,反而是道德行为(参见"梦",页40)。与此形成对照的是,在《爱弥儿》中,卢梭讲了另一番关于"撒谎"的道理,不过他讲了两次,一次与教育孩子的道德问题相关(参见《爱弥儿》,上册,页108-112),一次则与寓言相关(参见《爱弥儿》,上册,页131-133,比较与史书相关的谎言,参见页331-332)。

在概述卢梭的这一自省时,施特劳斯两次用到"成年生命"(adult life),使我们不得不想到康德在非常著名的短论《回答这个问题:什么是启蒙?》(1784)中对启蒙所下的著名定义:"启蒙就是人从他咎由自取的受监护状态走出"[1]——按康德自己的解释,所谓"受监护状态"(Unmündigkeit)的含义就是Minderjährigkeit[未成年]。所谓"未成年"本来是一个封建宗法制下的法律术语,指尚未到"成熟"年龄需要监护的孩子,康德化用为公民状态意义上的"未成年",也就是"缺乏无须他人指

---

[1] 《康德著作全集》,第八卷,李秋零译,中国人民大学出版社,2010,页40。

导而使用自己的理智的决心和勇气"(同上,页40)。① 在康德看来,大部分人在已经是 naturaliter maiorennes[自然方面的成年人]后,心智仍然停留在"未成年"状态,"只有少数人得以通过其自己的精神修养挣脱受监护状态,并仍然走得信心十足"(同上,页41)——紧接这句话之后康德就用转折连词说:

> 但是,公众(Publikum)给自己启蒙,这更为可能;甚至,只要让公众有自由,这几乎是不可避免的。因为在这里,甚至在广大群众的那些被指定的监护人中间,也总是有一些自己思维的人,他们在自己甩脱了受监护状态的桎梏之后,将在自己周围传播一种理性地尊重每个人的独特价值和自己思维的天职的精神。(同上)

这段话让我们得以领略康德关于实践理性优先的论断具有怎样的实际含义——不仅如此,我们还看到何谓"公众",看到"公众"与"少数人"以及"广大群众"的差别:"通过其自己的精神修养挣脱受监护状态"的是少数人,"公众"则是能够"自己思

---

① 参见康德《回答这个问题:什么是启蒙?》英译本注释,施密特编《启蒙运动与现代性》,徐向东、卢华萍译,上海人民出版社,2005,页66。英译者注释未能指出,康德意义上的"未成年"含义其实至少可以追溯到笛卡尔的用法:"既然我们所有人在成年(être hommes)以前都当过儿童(enfants),都不能不长期受自己的欲望和教师的统治(être gouvernés),教师们的意见又常常相互抵触,而且谁的劝导对我们都未必总是更好(meilleur),那么,我们的判断(nos jugements)要想一尘不染,十分可靠,就像一生下来就完全运用我们的理性(l'usage entier de notre raison),只受理性指导一样,简直不可能。"笛卡尔,《谈谈方法》,王太庆译,北京:商务印书馆,2005,页12(译文凡有改动依据 Descartes, *Discours de la méthode*, La Gaya Scienza 1637/2012,下同)。

维"从而能够"给自己启蒙"的人。当他们"自己甩脱了受监护状态的桎梏之后",就会自发地在自己周围启蒙"广大群众"……然而,"公众"能够"给自己启蒙"的条件是什么呢?看来不是靠"通过其自己的精神修养挣脱受监护状态"的少数人,而是靠"让公众有自由"。从而,"自由"是公民状态意义上"成年"的条件——这里的"自由"指的是言论自由,确切地说,是马基雅维利意义上的政治自由。①

如果把卢梭的"成年"与康德对"成年"的看法放在一起对比,我们可以看到,卢梭当属于"通过其自己的精神修养挣脱受监护状态"的少数人。但与康德不同,卢梭不相信"自己启蒙"的"公众",因为他们的天性容易受自己的"炽热情感"欺骗,永远不可能"成熟",哪怕已经是四十、五十、六十……岁的 naturaliter maiorennes[自然方面的成年人]。卢梭会认为,这种人往往越长年纪越喜欢倚老卖老信口乱说,自以为越老越"成熟",自我感觉越来越良好。由此可以理解,《论科学和文艺》对启蒙的

---

① 据说,康德写这篇文章是在响应数月前克莱因(Ernst F. Klein)发表的主张言论自由的文章。作为启蒙哲学家沃尔夫(Christian F. von Wolff, 1679—1754)的学生的学生,克莱因早年学习法律,他的文章题为"理性的公共使用",发表在《柏林月刊》上。当时克莱因已经是腓特烈宫廷的总理大臣顾问,他在文章中用腓特烈大帝写的书来为言论自由辩护,称赞这位封建君主因赐予了人们言论自由"已经成为君主的楷模",敦促以未成年者监护人自居的其他封建君主们效法腓特烈大帝,让未成年者也有言论自由。克莱因在文章结尾时提到,如果作品有可能败坏公民秩序的话,就必须封杀。他还告诫写书的人:"并非每个真理对一切时代、一切情形都同样有用。你们必须自己考虑现在要把什么东西说出来,或者仍然保持沉默,因为国家的法律或官员无一能够决定这件事。"参见施密特编,《启蒙运动与现代性》,前揭,页66及页88以下。经过康德文章的响应,克莱因文章的这个结尾成了画蛇添足……

痛斥似乎对康德没有产生丝毫影响。① 卢梭去世四年之后(1782),《孤独漫步者的梦》在日内瓦出版,也许值得设想,因《爱弥儿》而激动的康德应该读过《孤独漫步者的梦》,倘若如此,康德是不是也有可能被自己的激动欺骗了……

卢梭在《孤独漫步者的梦》"第四篇漫步"中自称成年后一贯遵循的"良心法则"是什么呢? 施特劳斯这样来概括:

> ……说出真理的义务仅基于真理的效用(the obligation to speak truth is founded exclusively on the utility of truth)。

---

① 对于已经具有启蒙"炽热情感"的人,即便自己的亲密朋友苦口婆心告诉他搞启蒙不对的道理,无论他如何聪明也不可能再听得进去——《论科学和文艺》发表大约三年后,狄德罗在《关于解释自然的若干思考》中仍然呼吁搞哲学启蒙:

> 让我们赶紧把哲学通俗化吧(de rendre la philosophie populaire)! 如果我们想要哲学家们向前迈进,就让他们从自己已经抵达的地方接近人民(approchons le peuple)。哲学家们不是说,有些著作绝不可搞得来让普通头脑(commun des esprits)够得着吗? 如果他们这样说,只表明他们不知道良好的方法(la bonne méthode)和长久习惯能做出什么来。(《狄德罗哲学选集》,前揭,页85)

哲学家们已经抵达哪儿? 凭靠"纯粹理智","思辨的哲学家(le philosophe spéculatif)就像那种从高耸入云的山顶向下俯视的人——平原上的物体在他面前已经不见了……"(同上,页86)。那么,哲学家如何"接近人民",或者如何把哲学书"搞得来让普通头脑够得着"呢? 为了启发应该怎样培养普通头脑对"哲学的狂热",狄德罗举了一个生动的例子:你不能以为请了一堆人坐到自己的餐桌上就等于已经请他们吃完了一顿大餐,重要的是得"致力于引起食欲(irriter l'appétit),以便有许多人由于受满足这种欲望(le désir de le satisfaire)的驱使,将会从学徒状态过渡到业余爱好者,又从业余爱好者过渡到职业哲学家(la profession de philosophes)"(同上,页84)。亦参见63:"难道我们就命定了永远只能是小孩子吗(sommes - nous destinés à n'être jamais que des enfants)? 我已经宣布过对这些问题的答案。抽象科学(les sciences abstraites)占据最优秀的头脑时间太长而结果太少……"

由此推断，人不但可以掩盖或伪装没有任何可能效用的真理，甚至可以主动欺骗，说反话，并不会因此而犯下说谎罪。卢梭不厌其烦地补充道，他成年后说过的不多的谎话是出于胆怯或懦弱。……

可以看到，这一原则的关键是区分真理本身与真理的效用。换言之，并非只要是真理，就都有效用。"效用"(utility)这个语词就是后来所谓"功利主义"的词源，"真理的效用"指真理可能带来社会效益的作用。反过来理解，真的未必等于善的或者美的，甚至还可以说，真理未必等于正义——善或美或正义的东西都"有效用"，真的东西未必如此。① 由于有些真理"没有任何可能效用"(devoid of all possible utility)，哲人写作时就得"掩盖或伪装"(suppress or disguise)这些真理，甚至"以说反话的方式主动欺骗"，让不适于接受的人们不至于会碰触到这类真理。即便如此，哲人也不会公开说自己"掩盖或伪装"这类真理，而是谎称自己"出于胆怯或懦弱"而不说出某些真理。施特劳斯在

---

① 关于真理的"效用"，狄德罗说，"'效用'将在若干世纪之后给实验物理学划定界限"(《狄德罗哲学选集》，前揭，页57)——我们不能不说，这一预见十分准确：如今即便人文科学也必须讲究"效用"，遑论自然科学。关于哲学的"效用"，狄德罗也早有精彩的教导：

> 要使哲学在俗人眼中(aux yeux du vulgaire)变得真正可尊重，唯一的方法只有一个：向俗人指出哲学伴随着效用(l'utilité)。俗人永远总是问："这有什么用？"[哲学家]决不可让自己处于不得不回答说"毫无用处"的地步。俗人并不知道，让哲学家明白的东西与对俗人有用的东西，根本是两种不同的东西，因为，让哲学家的理智明白过来的东西往往是有害的东西(ce qui nuit)，而有用的东西反倒会把哲学家搞糊涂。(同上，页64)

这里下了一个长注,首先引证《致博蒙书》中的一段法文原话:

> 任何时代都有人们和哲人沉思这个主题,他们一致否认创造[亦即创造物质]的可能,大概只有极少数除外,这些少数人貌似真诚地让自己的理性服从于权威;由于动机是自己的利益、自己的安全和自己的宁静,这种真诚显得可疑,而且,既然说真话要冒损失点儿什么的风险,想确保真诚便将会永远也不可能。

任何时代都有哲人沉思的"这个主题"(ce sujet),指正文中谈到的哲人有义务掩藏危险的真理,随后由关系代词引导的定语从句说明了任何时代都有的"哲人们"是怎样的人:他们不相信圣经的创世(création)说——或者说不相信上帝创造物质的可能性。换言之,哲人的理性只会相信物质的实在性。由于这种理性必然与实定宗教不相容,哲人们都思考是否有责任掩藏危险的真理。但是,哲人中有"极少数"(un très petit nombre)并不否认创世的可能性……显然,这不是由于他们真的相信创世的可能性,而是假装相信上帝创世的可能性。因为,随后由关系代词引导的定语从句说,这些极少数人"貌似真诚地(parassaiment avoir sincerement)让自己的理性服从于权威"——总之,一个人不可能既是哲人,又是启示宗教的信徒。

卢梭所讲的这番道理不难理解,也不新鲜。值得注意的倒是,这段话从"任何时代都有的哲人们"中再区分出一类"极少数",这无异于说,并非任何时代的哲人都"貌似真诚地让自己的理性服从于权威"。在前一个注释中,施特劳斯说,在《孤独漫步者的梦》的"第三篇漫步"中,卢梭把自己的某种信仰自白按到一个天主教教士头上——我们在这篇漫步中的确可以读到:卢梭说自己出生在一个新教牧师家庭,从小接受的是"一位既满有才智又不乏虔敬的牧师"的教育……后来在他人劝导下改宗信了天主教(catholique),虽然心里始终是个新教徒(chréstien),久而久之也对天主教"产生了诚挚的情感"。奇妙的是,如此情感的结果是,卢梭养成了在寂静环境中沉思的习惯,并把研究自然、观察宇宙等同于一个孤独的人不断向造物主祈求引导……甚至在绝对隐居的状态中写下了《萨瓦本堂神父的信仰自白》(参见"梦",页25-28)。但在接下来的"第四篇漫步"中,卢梭却讨论到某个作者是否可以谎称自己的著作是某个希腊手稿的译本(参见"梦",页47)。通过施特劳斯的这个注释我们可以想到,兴许卢梭自己就是假装相信上帝创世的那类"极少数人"之一。反过来对比康德,《回答这个问题:什么是启蒙?》恰好公开宣扬理性拒绝服从权威,从而我们可以说,康德属于任何时代都有的哲人,但不属于其中的"极少数"。卢梭这段话对我们的重大启发在于:在任何时代,哲人都是少数,但我们还必须从这类少数人中再区分出一类"极少数"……

卢梭的话还表明,这类"极少数人"假装相信上帝,为的是"自己的利益、自己的安全和自己的宁静"。从而,哲人写作时的"掩盖或伪装"并非是为了履行"哲人的社会义务"……倘若如此,"哲人的社会义务"又是什么呢?

施特劳斯的引证还没有完,他让我们继续看卢梭在《致博蒙书》中涉及自己的"良心法则"的说法:

> 我曾答应在一切有用的事情上说出[真理]，就按我心里的所思所想……坦率、坚定地向公众说话，是所有人的权利，甚至就一切有用的事情而言是所有人的义务。（[18]注释）

施特劳斯让我们看到，卢梭的"良心法则"说到底是这样的：在涉及没有效用的真理时说谎话，在涉及有效用的真理时说真话。我们也许可以这样来理解：没有效用的真理对哲人"有用"，对常人没用。反过来说，有效用的真理对常人有用，对哲人没用。因此，在"一切有用的事情"（toute chose utile）上说真话，就是"哲人的社会义务"——随后一句清楚表明："坦率、坚定地向公众说话"（parler au public avec franchise, avec fermeté）不仅是"所有人的权利"（droit），甚至是"所有人的义务"（devoir）。毕竟，哲人也是"所有人"（tous les hommes）中的一员，或者说哲人也是"公民"。作为"公民"，哲人就有义务"坦率、坚定地向公众说话"。于是，对比前一段引文，我们可以得出这样的结论：卢梭的写作艺术分两类，一类涉及哲人生活自身的利益，一类涉及公民或"所有人"的利益。因此，卢梭在《致达朗贝尔的信》中提出了一种"改变公众意见的[写作]艺术"（the art of *changing public opinion*，重点为引者所加）。鉴于这种区分，卢梭"坦率、坚定地向公众说话"就绝非不"审慎"，反倒是出于非常"审慎"的考虑。

通过这个注释，施特劳斯让我们获得有助于理解卢梭的一个重大启发：必须区分他就"有效用的真理"和"无效用的真理"的言说——我们需要记住这个注释，这对理解随后的阅读可能会有不小的帮助。现在我们可以理解的是,不能说卢梭的写作绝对坦诚或绝对不坦诚。因为,坦诚与否得看卢梭的具体某部作品是为了"有效用的真理"而作,还是为了"无效用的真理"而作。尤其重要的是,我们在前面曾得出结论,以为卢梭绝不会"对公众说话",现在我们知道,情形恰好相反。卢梭不仅"对公众说话",而且说得"坦诚、坚定",甚至讲究说话"艺术",目的是"改变公众意见"。由此看来,古老的哲人写作技艺在卢梭身上焕发出了新的异彩。倘若如此,我们就再也不能说,康德不属于卢梭说的那类少数人中的"极少数",毕竟,《回答这个问题:什么是启蒙?》是为了"有效用的真理"而作,而且言辞"坦诚、坚定",尽管谈不上讲究写作"艺术"……

仅仅就书名而言,卢梭一生的主要著述(不算剧作类等文艺作品)大致可分三类:有明确主题的一类,比如(《论科学和文艺》《论不平等》《社会契约论》;主题含混的一类,比如《爱弥儿》《孤独漫步者的梦》《忏悔录》),再就是根本没有主题的一类,比如《山中书简》《外省人书简》《致博蒙书》等等……我们应该把哪类著述视为"向公众说话"呢?仅从书名来看,我们无法做出判断,毕竟,卢梭为"改变公众意见"而写的作品也讲究"技巧"。通过前面的论析,我们仅仅知道,卢梭的写作意图有两类:要么是向"哲人们"中的"极少数"传达自己的思想,甚至与他们争辩,从而卢梭会是一个反启蒙的哲人;要么是"向公众说话",以便"改变公众意见",从而卢梭会是一个启蒙哲人。

回到正文看施特劳斯随后的表述,我们仍然会感到不小的困惑:

[18]……大概更为重要的是,他把自己限于只讨论没有任何效用的真理即完全无用的真理之一种:对于兴许必须被称为危险的真理的另一种,他没有说过任何话。

困惑并非来自施特劳斯让我们看到,卢梭认为自己"有义务掩藏危险的真理"(dangerous truths),从而"甚至说相反的真理"(even to assert their contraries)。毋宁说,如果卢梭的写作仅限于讨论"完全无用的真理之一种"(one kind of … the merely useless truths),"对于兴许必须被称为危险的真理的另一种"(the other kind which would have to be called dangerous truths)则缄口不言,那么,我们就得说,卢梭把"完全无用的真理"或"危险的真理"分为多种,对其中"之一种"并没有"掩藏",对"另一种"则缄口不言。换言之,卢梭并没有"掩藏"所有"完全无用的真理"或"危险的真理"。倘若如此,我们是否得把比如关于"人类不平等的起源和基础"一类论题视为卢梭所讨论的"无用的真理之一种"呢?进一步想:如果"人类不平等"就是"无用的真理"或"危险的真理"之一种,为何卢梭却不"掩藏",反而要大谈特谈呢?看来,我们必须进一步搞清楚的是,对于卢梭来说,究竟何谓"无用的真理"和"有用的真理",尤其是"无用的真理"或"危险的真理"具体说来有哪几种……

[19]根据这一结论,我们便可以理解《论科学和文艺》对阐明卢梭的原理的特殊贡献了。卢梭在前言中宣布,自己站在真理一边。通过教导科学与社会不相容这一真理,他做到了这一点。但这是一个有用的真理。

卢梭在《论科学和文艺》的前言中宣称站在"真理"一边,这个"真理"是什么性质的"真理"呢?随后一句表明,这指的是一个"无用的真理",因为,施特劳斯说,卢梭用来维护这一"真理"的主张(即"科学与社会不相容"这个主张)是"一个有用的真理"(a useful truth)。倘若如此我们就可以说,卢梭在《论科学和文艺》中用"科学与社会不相容"这个"有用的真理"来掩盖或伪装某个"无用的真理"。那么,某个"无用的真理"是什么呢?我们知道,之所以需要掩盖或伪装"无用的真理",是因为这种"真理"本身"有害"(harmful)而且危险。"科学"[或哲学]只关心这种"真理",不关心其效用,或者说追问"无用的真理"本身的"科学"[或哲学]不会考虑到这种真理是否有害,会给人们带来什么危险。这就解释了施特劳斯在第一节提到的卢梭的"极端结论":卢梭攻击科学[或哲学],却没有把科学的现代品质与科学的本源联系起来。施特劳斯之所以不把卢梭的这一"极端结论"说成自相矛盾,是因为卢梭的确没有自相矛盾,因为,用科学与社会不相容这一有用的真理来掩藏一个危险的真理,不能说是自相矛盾。

然而,卢梭用"科学与社会不相容"这个"有用的真理"来掩盖的有害且危险的"真理"究竟是什么呢?施特劳斯接下来用转弯抹角的言辞为我们解开了疑窦:

> [19]……卢梭认为,自然向人们隐瞒的全部秘密是使人们免于如此多的恶,易让人接触的科学犹如孩童手里的一件危险武器。这一主张导致的实践性后果,不能引用卢

梭的如下观点来回避:在极为败坏的时代,任何真理都不再危险,因为他是为后世而非为自己的时代写作。何况,在卢梭的时代,迫害并未完全消失。

第一句的原文是: all the sercets that nature hides from the people are so many evils against which she protects them[自然向人们隐瞒的全部秘密是使人们免于如此多的恶],若去掉附加成分,这个句子的主干是 all the sercets are so many evils[所有秘密是如此之多的恶]。换言之,自然隐藏起来的是种种恶。随后施特劳斯提到卢梭关于"科学犹如孩童手里的一件危险武器"的说法,我们知道,卢梭的这一说法在《论科学和文艺》第一部分的结尾处(参见第 34 自然段),但施特劳斯的文献引证却有好几处,还让我们参看《致达朗贝尔的信》中的一个地方。由此可见,卢梭在后来的著述中偶尔还透露过这一主张。然而,从施特劳斯的表述中,我们仍然没有获知,卢梭用"科学与社会不相容"这个"有用的真理"来掩盖的有害且危险的"真理"的具体意涵,直到这个自然段结尾时,施特劳斯才下注提示我们看前面那个以卢梭的"审慎"结尾的注释。我们记得,那个注释一开始说的是:所有哲人都一致否认上帝创世的可能性。于是我们可以设想,把世界视为与上帝无关的物质的观点堪称一种"真理"。但这种"真理"对人世而言实为一种有害且危险的"真理",因

三 哲人与公民社会 119

为,否认上帝创世的可能,必然会引出许多的"恶"。① 倘若如此,施特劳斯就做到了既揭示又隐藏危险的真理——不仅隐藏在注释里,而且指出这个危险的真理的正文与注释拐了几道弯才连接起来。

现在问题就来了:既然卢梭明明知道"无用的真理"是有害且危险的"真理",他何以能说,"在极为败坏的时代,任何真理都不再危险"?难道在专制时代,就可以出于反专制的需要而宣称有害且危险的"真理"不再危险?难道为了反专制政体,哲人就可以公然否认上帝创世的可能性?有害且危险的"真理"不再危险是否就等于不再有害?卢梭不是声称自己"是为后世而非为自己的时代写作"吗?施特劳斯最后提到,"何况,在卢梭的时代,迫害并未完全消失"——这里的"迫害"首先指的是来自教会当局的迫害,比如,《爱弥儿》出版后,巴黎大主教和巴黎高等法院的迫害随之而来。言下之意,难道在自由民主的时代,哲人就可以而且应该自由地否认上帝创世的可能性?

施特劳斯的这段论析无异于在揭示卢梭身上真正的"自相矛盾"。接下来施特劳斯把卢梭的这一自相矛盾挪到放大镜下来看,以便追究其中的具体细节:

[20] 与《论科学和文艺》的基调一致,卢梭坚持认为,

---

① 狄德罗的小书《关于解释自然的若干思考》是这样开篇的:"年轻人,拿起这书读吧!如果你能把这作品读完,你将不会不能了解(entendre)一部佳作。因为我并不打算怎么教导你,而是只想给你一种训练(t'exercer)……再补充一句,我就让你走。要永远想着:自然并不是上帝(la nature n'est pas Dieu)……"(《狄德罗哲学选集》,前揭,页52,重点按法文版原文)

科学或哲学的真理(关于整全的真理)并非只对人民而言不可接触,而是根本就不能接触,所以,他阐明探求知识的危险性,而非已然获得知识的危险性。

"科学或哲学的真理"在这里获得了一个新的界定:"关于整全的真理"——所谓"整全"(the whole)既指包罗万有的整个宇宙,也指支配人世生活的基本法则。任何时代的哲人之所以都"一致否认创世的可能",正是基于他们对"整全"的形而上学探究。既然用"整全"的真理取代对上帝创世的信仰会引出"种种恶","整全的真理"就是有害的真理。倘若如此,别说获得这种知识有害,仅仅"探求[这种]知识"(the quest for knowledge)就已经有害……因此,《论科学和文艺》隐藏的论点(探究"整全"的生活高于社会生活)与其表面的论点(即科学与社会不相容)仅仅是表面上不一致——因为,对于追求"整全的真理"来说,怀疑精神是必需的,否则无法接近"整全的真理";对于社会安定来说,怀疑风气明显有害。一个健康的社会需要葆有稳定的"基要教条"(fandamentals),既要求大学以传授怀疑精神为尚,又要求大学是社会安定的基础,就是自相矛盾——怀疑精神与人民的"信条(dogmas)"相互抵触,因为"信条"是"信仰的对象"(the objects of faith)。如果在社会中普及极少数人的需要,就会摧毁社会安定赖以凭靠的"基要教条"。这样的道理堪称常识,然而,康德在《回答这个问题:什么是启蒙》中却说:启蒙需要"自由","亦即在一切事物中公开地运用自己的理性的自由",这种自由"最无害"。康德说,"我听到四面八方都在喊:不要理性思考!"……"神职人员在说:不要理性思考,而要信仰!"

……为了打破信仰的垄断,康德大声疾呼,必须建构一个自由的公民社会(《回答这个问题:什么是启蒙》,前揭,页41)——我们不能设想,康德不懂得卢梭已经讲得如此明白的道理:所有公民"公开地运用自己的理性的自由"必然会使健康社会赖以凭靠的"基要教条"难以为继。倘若如此,我们只能设想,对热情信仰"理性的自由"的智识人来说,社会安宁远不如"理性的自由"重要……如果卢梭懂得人民生活需要安定,他会主张一个自由的公民社会吗?恰好在这里施特劳斯下注说:

> 假如社会的基础就是公民宗教,假如公民宗教就是福音书的信仰,那么,压制福音书以外的所有书籍或所有科学书籍就是正当的。([20]注释)

这句话是就卢梭在《论科学和文艺》中赞扬哈里发奥玛尔焚烧亚历山大图书馆、赞扬教皇大格雷高里焚烧梵蒂冈图书馆中的所有异教图籍(参见第58自然段注释)而言的,可见,卢梭清楚地知道,传统社会的基础是宗法式的信仰。在我们看来,焚书是专制的表征之一,出生于牧师家庭的卢梭则知道,早在近代专制政体出现之前,焚书就是正当且有益的举措——施特劳斯提到《新约》中的证言:主耶稣的名尊大之后,"那已经信的,多有人来承认诉说自己所行的事。平素行邪术的,也有许多人把书拿来,堆积在众人面前焚烧……主的道大大兴旺,而且得胜,就是这样"(《使徒行传》19:17-20)。然而,施特劳斯的表述用的是两个假设条件句:"假如社会的基础就是公民宗教,假如公民宗教就是福音书的信仰"……换言之,走向自由民主的公民社会需要宗教,而破除专制的启蒙首先破除了传统的圣经宗教,那么,公民社会为了创建自己的宗教是否应该规定焚烧除自由民主的福音书以外的所有书籍呢?无论如何,施特劳斯在第一节谈到的题旨在这里接上了线索,如果我们要看这个线索随后怎样进一步展开,就得记住这里的两个假设条件句。

社会生活的安宁赖以凭靠的"基要教条"是信仰的对象,必须"被神圣化(are sacred)"——施特劳斯的表述非常精审,因为他说,这种看法本身就是一种"信仰":it is the faith in sacred foundations of society[对社会的神圣化基础的信仰]。基于这一"信仰",卢梭才赞颂"无知"。由此施特劳斯让我们注意到,卢梭所赞颂的"无知"其实有双重含义:一种是"苏格拉底式的无知"——这种"无知"总是伴随着"悬置赞同"(suspense of assent),或者说对任何赞同都持有理智的怀疑;另一种是"大众的无知"(popular ignorance),这种"无知"伴随着"虔敬的赞同"(reverent assent)。卢梭在《论科学和文艺》中痛斥启蒙哲学,指其为"伪科学或大众化的科学"(pseudosience or popularized science)——用今天的话来说,就是"伪哲学或大众化的哲学",其理由就在于,这种哲学企望让"悬置赞同"成为普通人的习性。当然,话说回来,对于如今的我们来说,卢梭所赞颂的"大众的无知"堪称"蒙昧",甚至是替专制为虎作伥。因为,作为狄德罗或康德的学生,我们自然会以为,"大众化的哲学"才是真正的"哲学"。

可是,说到这里,施特劳斯再下注说,《论科学和文艺》所阐述的有用的真理(即科学与社会不相容)其实是一种"学说"(doctrine),这种"学说"并非基于"信仰"(faith),而是基于"推理"(reasoning)。在正文中施特劳斯不是说,卢梭赞颂"大众的无知"时心中想到的是"对社会的神圣化基础的信仰"吗?为何在注释中又说,卢梭的这一"说教"不是基于"信仰"而是基于"推理"呢,这岂不是明显的自相矛盾?其实,施特劳斯的意思并不矛盾,因为,卢梭"对社会的神圣化基础的信仰"来自哲人的"理性"。真正的哲人清楚地懂得,社会生活的道德和良好秩序需要一个"神圣化的基础",反过来说,基于"理性自由"的社会不可能是道德的社会,因为,若不怀疑一切,理性不可能真的自由。出于对道德的社会必须得有一个"神圣化的基础"这一理性认识(或者说靠"推理"得来的认识),真正的哲人当"信仰"社会的"神圣化的基础"。任何传统社会都有这样的"神圣化的基础"即习传宗教,它并非哲人的创造。如果哲人凭着自己"悬置赞同"的习性行事,必然会质疑这一基础;如果哲人懂得社会生活的道德和良好秩序需要"神圣化的基础",他就会转而"信仰"习传宗教——如此"信仰"因此是出于理性的"信仰"。

通过指出卢梭对"大众的无知"和"苏格拉底式的无知"所作的区分,施特劳斯引入了一个问题:哲人卢梭既替哲人生活着想,又替常人生活着想,既顾及哲人的德性,又顾及常人的德性——显然,这两种着想都有道理,但放在一起则相互矛盾。因此,如果说《论科学和文艺》隐含着卢梭的自相矛盾,那么,这个矛盾可以说是哲人在世不得不承负的矛盾。然而,哲人在世的这个矛盾并不能解释或消除启蒙哲学所面临的根本困难:对大众或常人搞哲学启蒙必然颠覆传统社会的"神圣化的基础",而启蒙哲学想要建立的民主共和政体同样需要一个"神圣化的基础",否则就难以是一个道德的社会,因此,民主共和的设计师们必须创构出一种"公民宗教"……可是,启蒙哲学难道不会危及"公民宗教"本身? 由此可以理解,为何在结束这个注释时,施特劳斯提示我们回头看第一节的最后一个自然段——在那里施特劳斯谈的正是公民宗教对于民主政体的必要性。把握住这一转折,我们阅读下面的论析就不至坠入五里云雾之中。

接下来,施特劳斯让我们进一步关注卢梭如何为常人生活着想——具体而言,卢梭如何思考公民社会问题:

> [21]既然卢梭相信,真正的信仰只能是可靠推理的产物,从而是这位智者的特权,因此毋宁说,按他的观点,社会的基础与其说是信仰,不如说是意见。

值得注意,施特劳斯的表述是:"卢梭相信"(believed)——前面实际上已经区分出两种"信仰":一种是体现社会成员的"基要信条"的常人信仰,一种是哲人卢梭对社会成员的"基要信条"的信仰。现在施特劳斯告诉我们,在卢梭那里,后一种信仰才是"真正的信仰"(genuine faith),因为它基于"可靠推理"(sound reasoning)。反过来也就可以说,常人的信仰倒的确并非出自"推理"。"这位智者"(the wise)用了冠词,表明是特指的"智者",我们可以理解为指的是卢梭本人。由此看来,这一断言的依据得自前面([21]段结尾)的那个注释,或者说,通过那个不起眼的注释而非通过正文的论析,施特劳斯推进了论题。在绝大多数学者笔下,注释都仅仅是单纯的文献引证或正文的进一步补充——在施特劳斯笔下,正文与注释有时具有一种互动甚至颠倒的关系:论析在注释中展开,正文反倒像注释。

在基督教神学中,信仰与理性的关系一直是个重大问题。简单来讲,关于信仰与理性的关系一向有两种看法:要么认为两者不相容,要么认为两者相容。按照施特劳斯的表述,在卢梭这里,信仰与理性是相容的,甚至对卢梭来说,只有真正的哲人才会有"真正的信仰"。然而,这种相容似乎只能称之为一种政治哲学意义上的相容,所以施特劳斯才说,这是"这位智者的一项特权"(a privilege of the wise)——显然,如此"特权"来自"这位智者"的推理天赋。这项"特权"的具体含义是什么,现在还不清楚,需要等到全文结尾才能获知。

"智者"卢梭靠推理得出的信仰才是"真正的信仰",作为社会基础的被神圣化的"信条"(dogmas)不再是信仰,而是意见。知识、信仰、意见的三分法,是古希腊思想的遗产,三者的关系相当复杂,要搞清楚并不容易。既然前文已经说到,在卢梭看来,作为社会的神圣化基础的"基本信条"不是"知识的对象,而是信仰的对象",由此可以推知,社会的神圣化基础不是"意见"。可是,现在施特劳斯却说,在卢梭看来,"社会的基础与其说是信仰不如说是意见"(opinion rather than faith),岂不是明显的矛盾?我们不得不问:对卢梭来说,社会的基础究竟是"意见"还是"信仰"?要澄清这个问题,需要回到前面那个表述的注释:"假如社会基础就是公民宗教,假如公民宗教就是福音书的信仰"——施特劳斯在那里曾提示我们,第二个假设句中"暗含着问题"(the problem implied)。我们可以设想,如果这个假设句成立,公民宗教就是圣经宗教,但实际上,公民宗教并非圣经宗教,圣经宗教也并非公民宗教。再看这里的表述:在卢梭看来,"社会的基础与其说是信仰不如说是意见"——我们能说,圣经宗教是民人的"意见"而非"信仰"吗？当然不能！圣经宗教是民人的"信仰"而非意见。显然，"意见"并非"神圣化"的东西，可以质疑，"信仰"是"神圣化"的对象，绝不能质疑。因此，"假如公民宗教就是福音书的信仰"这个条件句所"暗含的问题"是："假如社会基础就是公民宗教"，那么，公民宗教就不应该是"意见"而应该是"信仰"——然而，按卢梭的智识推理，迄今为止，"公民社会"的基础仍然仅仅是"公众意见"。鉴于真正的宗教必须是"信仰"，就必须解决一个问题：如何使得"公众意见"成为具有信仰性质的"公民宗教"。由于只有真正的哲人才能"可靠地推理"，从而也就只有真正的哲人才会有"真正的信仰"，公众意见如果要成为具有信仰性质的公民宗教，就只得由真正的哲人来教育公众学会如何"可靠地推理"。我们必须注意到，"社会的基础与其说是信仰不如说是意见"由"因此毋宁说"（it is preferable to say）推导出来，更明确地说，由"真正的信仰只能是可靠推理的产物"推导出来，亦即由"这位智者的特权"推导出来，因此施特劳斯才用了"与其说……不如说"的语式。说到底，关键在于所谓"社会的基础"（the basis of society）的"社会"一词指的是公民社会，或者说，作为形而上学人的卢梭心目中想到的是自己所面临的"事情的当前状态"。打个不一定恰当的比方：卢梭的政治处境与二十世纪九十年代以来的"我们"有些相似，反过来说也一样，如今的"我们"与当年卢梭的处境有些相似——公民社会的诉求已经在知识界和传媒形成强大的社会舆论，"公众意见"已经是"社会的基础"，面对这样的"基础"，真正的读书人该如何处世呢？

施特劳斯紧接着就说，卢梭在《论科学和文艺》中宣称，"真正的学者"不会臣服于自己的时代、国家或社会的"意见"(参见"一论"前言),但人们中的大多数却必然如此——所谓"人们中的大多数"(the majority of men)指的是"公众",也就是持有自由民主"意见"的人们。倘若如此,卢梭的观点无异于说,如果谁是"真正的学者",就不应该臣服于公民社会的自由民主"意见"。然而,施特劳斯在这里所下的注释却让我们如坠五里云雾——按照卢梭的看法:

> ……科学的普及者是"公众意见"之敌。公众意见是自由社会的要素,并且某种意义上是它的标准,但从超政治的观点看,公众意见却是成问题的。([21]注释)

这一表述令人费解是因为,所谓"科学的普及者"(the popularizers of science)显然指启蒙智识人,同时又明显指正文中卢梭说的"真正的学者"(genuine scholars)。我们可以理解"真正的学者"难免与"公众意见"(l'opinion publique)为敌,即便"公众意见"是"自由社会的要素"甚至"标准"也罢。但是,要说"科学的普及者"与自由民主的"公众意见"为敌,明显荒谬,因为这等于说,自由民主的智识人与"自由社会的要素"甚至"标准"为敌。可见,这一表述令人费解,是因为施特劳斯在正文和注释中分别用了两个不同的语词来指称同一个对象。我们显然不能说,"科学的普及者"是"真正的学者",正如不能说"真正的学者"是个启蒙智识人,除非我们已经是启蒙信徒,进而理所当然地把"真正的学者"规定为应该且必须是个启蒙智识人。然而,正文中的"真正的学者"是卢梭自己的用法,注释中的"科学的普及者"是施特劳斯的用法。因此,我们又不能说,施特劳斯在正文和注释中分别用了两个不同的语词来指称同一个对象,毋宁说,注释中的"科学的普及者"是施特劳斯用来解释正文中卢梭所谓的"真正的学者"的含义。倘若如此,通过这个注释,施特劳斯就不动声色地揭示了卢梭"这个智者"自身的含混。一方面,卢梭是个"真正的学者"或真正的哲人,作为这样的"智者",他不可能认同"自由社会的要素"甚至"标准",只能与"自由社会"(free society)的"公众意见"为敌,因为,真正的哲人是"超政治的"(transpolitical)——不妨回想前一节([12]自然段)中的论析,以及那里的注释中提到的亚里士多德关于沉思生活的观点。从真正哲人的观点来看,"自由社会的要素"甚至"标准"是"成问题的"(questionable);何况,"公众意见"仅仅是"别人的意见","真正的学者"应该立足于自身的理性去思考,而非跟随时代、国家或社会的"意见"去思考——施特劳斯为此观点所提供的文献不仅有《论科学和文艺》,还有《致达朗贝尔的信》,甚至《社会契约论》(卷二第12章和卷四7章),这意味着,真正的哲人立场并非是卢梭在《论科学和文艺》中一时持有的观点。

另一方面,卢梭又是一个"科学的普及者"——对此我们则值得回想施特劳斯在第二节([13]自然段)中的论析,以及卢梭在《论科学和文艺》结尾对启蒙的颂扬,尤其应该回想起施特劳斯在第一节的论析:卢梭是现代民主共和设计师的传人。由此我们可以说,卢梭身份的含混是由如下情形造成的:"自由社会的要素"甚至"标准"已经取代了作为传统社会基础的圣经宗教。从而,卢梭面临的问题在于:作为"真正的学者",他不应该是个自由民主共和论者；反过来说，作为自由民主共和论者，他就不可能是个古典意义上"真正的哲人"。然而，施特劳斯用"科学的普及者"是公众意见的"敌人"这个悖谬的表达式告诉我们，情形更有可能是，卢梭企望两全其美：既是个古典意义上"真正的哲人"，又是个民主共和设计师。倘若如此，卢梭能否成功，就得取决于他的聪明才智。无论如何，对于才子卢梭来说，如此两全其美无疑是个极富刺激性的理智挑战——对如今的"我们"来说，无疑也是极富激发性的看点。

施特劳斯随后重新表述了《论科学和文艺》的基本论点：

> [21]……据此，可以把《论科学和文艺》的论点表述如下：既然社会的要素是意见，那么试图用知识取代意见的科学本质上威胁社会，因为它瓦解意见。从根本上说，似乎正是基于这个原因，卢梭才认为科学与社会不相容。只有当探求知识成为人的一种可能性，尤其一旦成为人的最高可能性时，把意见看成社会要素的观点才会变得危险。

重新表述《论科学和文艺》的基本论点，为的是进一步贴近卢梭自己的写作意图，像卢梭理解自己那样来理解他，因此，必须把卢梭面临的上述具体问题纳入理解视域。真正的哲人有可能与任何时代的信仰都不相容，但为了社会的安宁，哲人必须维护作为社会基础的信仰。因此，《论科学和文艺》反对启蒙，或者说反对用知识取代民人的"信条"，看起来依循的是古典哲人的传统。但是，卢梭面临的"事情的当前状态"是民主共和设计中如何实现公民社会的问题，从而，社会生活的安宁赖以凭靠的

"基要教条"将不再是圣经宗教的"信仰",而是自由民主的"公众意见"——这就是"既然社会的要素是意见……"(since the element of society is opinion)这一表述的含义。卢梭兴许想到,自己的处境与苏格拉底颇为相似,因为,苏格拉底同样面临民主共和诉求的问题——在现代共和设计师们看来,"共和"与"专制"的对立已经出现了(比如,据如今的政治学专家们说,亚里士多德笔下的 πολιτικήν ἀρχήν 就当译作"共和统治",以有别于 δεσποτικήν ἀρχήν[专制统治])。的确,从被控不信城邦的神这一罪名来看,苏格拉底面对的仍然是一个宗法社会。但是,卢梭不也因为自己的书有违当时的基督教信条而遭受教会当局迫害吗?如果哲人卢梭与苏格拉底面临的是相似的"事情的当前状态",为什么卢梭对待民主政制的态度与苏格拉底不同呢?施特劳斯在文章开头说到的情形现在变成了一个值得追究的问题:《论科学和文艺》大段引用柏拉图时为何要删除苏格拉底对民主政治家的批评(参见[3]自然段)。

按施特劳斯的重新表述,卢梭认为,既然如今"事情的当前状况"是公民社会何以可能,就应该依循古典哲人的传统,与作为社会基础的"公众意见"妥协,因为"用知识取代意见的科学本质上威胁社会"。我们看到,这里明确说的是"用知识取代意见"(replace opinion by knowledge),而非取代"信仰"。然而,施特劳斯用的是含糊修辞:"似乎,正是为了这个理由"——这个"似乎"(it would seem)似乎在提醒我们,卢梭的"这个理由"(this reason)值得审查。古典哲人的确把"探求知识"视为"人的最高可能性"(the highest human possibility),如亚里士多德所说,追求纯粹的知识已经超乎人性的能力。但古典哲人恐怕不会因此认为,"用知识取代意见"的观点会是一个危险的观点,反倒认为"意见"必须受到审查。只不过,当"探求知识"会损害到社会的"信条"时就得慎之又慎。通过重新表述《论科学和文艺》的基本论点,施特劳斯向我们表明,卢梭删去苏格拉底对民主政治家的谴责,是因为他心中已经有了自己的一套民主共和设计草案。

[22]不妨根据少数几个更特别的考虑来说明《论科学和文艺》下面的推理,这些考虑至少在该书中有所暗示。

显然,共和设计中的公民社会问题是这些"少数几个更特别的考虑"(a few more specific considerations)的前提,基于这一前提作出的推论,就是隐藏在《论科学和文艺》"下面的推理"(reasoning underlying the Discours)。我们记得,"推理"这个语词是在前面那个自然段([20])结尾处的注释中出现的。这句表述的重点在于卢梭对公民社会的"更特别的考虑",在文章开始时,施特劳斯就区分了《论科学和文艺》的"直接写作目的"和"特别题旨"(参见[3]),现在他才让读者思考《论科学和文艺》的"特别题旨"。当然,在《论科学和文艺》中,这些"更特别的考虑"还仅仅是有所"暗示"(intimated)而已,并没有充分展示出来,从而呼应了第一节第二自然段的最后一句话:在《论科学和文艺》这篇处女作中,卢梭对自己一生要表达的"原理的表述或许还不够完善"——在接下来的论析中,施特劳斯涉及的卢梭著述进一步扩展,尤其是《关于波兰政体的思考》《社会契约论》和《爱弥儿》,如我们所知,这些都是卢梭的民主理论要著。

施特劳斯接下来展示了卢梭的三点具体主张,我们将会看到,这些主张无不涉及自由民主共和设计中的公民社会问题。与此同时,施特劳斯也让我们看到:如果基于哲人卢梭的立场,公民卢梭的这些主张都"成问题"……首先:

> [22]……按卢梭的看法,公民社会本质上是一种特殊的社会,或更确切地说,是一个封闭的社会。他认为,公民社会必须有自己的品格才会健康,这就要求民族性的和排他的制度来产生或培养公民社会的个性。这些制度必须由一种民族性的"哲学"、一种无法移植于其他社会的思维方式提供活力……

卢梭对公民社会的基本看法显得很古典,因为卢梭认为,公民社会应该是一个"封闭的社会"(a closed society),社会的开放必然有害于社会的道德健康。因此,公民社会应该是一种"民族性的和排他的制度"(national and exclusive institutions)。对"制度"所加的两个限定词具有并列含义:民族性的必定是排他的——"凡是爱国者(tout patriote)对外国人都冷酷"(《爱弥儿》上册,页9)。① 按照这一考虑,如果公民社会要获得健康的品格就不应该基于某种政治理念式的普世价值,反倒必须基于一种民族性的"哲学"(参见"三论",页62、173以下)。由此可以理解,为何卢梭会赞颂斯巴达政制而非雅典民主政制。这里的

---

① 卢梭在这里还下注说:"同样,共和国之间的战争也比君主国之间的战争更加残酷。但是,尽管君主之间的战争比较和缓,然而,可怕的却是他们的和平,与其做他们的臣民,倒不如做他们的敌人。"见《爱弥儿》,上册,页9。

"哲学"一词打了引号,表明是卢梭自己的用法,随后的引文"每个民族的哲学几乎不适用于其他民族"更为明确地表明了这一点——但施特劳斯没有随即给出引文出处,而是接着说:

> [22]……另一方面,科学或哲学从本质上说具有普世性:它对所有智者都一样。哲学或科学的传播必然削弱民族"哲学"的力量,从而削弱公民对其共同体特殊生活方式的依附。换言之,科学或哲学本质上是世界主义的,而社会却必须靠爱国主义的精神提供活力,这种精神与民族仇恨绝非不可调和。

于是,我们看到一个矛盾:哲学本身就品质而言是"普世性的"(universal),从而,"民族性的'哲学'"这个表达式本身就是自相矛盾。"对所有智者"(wise man)——无论西方、印度还是中国的"智者"来说,"民族性的'哲学'"是荒谬的。在施特劳斯的表述中,"民族性的'哲学'"始终打了引号,换言之,一旦哲学成了"民族性的",就不复是本真意义上的哲学。毋宁说,"民族性的'哲学'"已经是一种宗教,从而是"排他的"。我们记得,按照孟德斯鸠的说法,"爱共和国"是民主社会的政治德性,"民族性的'哲学'"理应为这种精神提供基础,从而,其本身也必定是政治性的,与"民族仇恨"相容。相反,"哲学本质上是世界主义的"(philosophy is essentially cosmopolitan),从而是超民族、超国家或者说超越政治的——卢梭的确说过:

> 不要相信那些世界主义者(ces cosmopolites),因为在

他们的书中,他们到遥远的地方去探求他们不屑在自己周围履行的义务,这样的哲学家之所以爱鞑靼人,为的是免得去爱自己的邻居。(《爱弥儿》上册,页9)

任何社会(或国家)都是"政治的社会"(political society),公民社会也不例外,因此必须培养公民的"武德"(military virtues),与"其他国家对抗以保卫自己"。既然卢梭已经在替公民社会的健康考虑,他何以可能还持有真正的哲人观点?在这里所下的注释中,施特劳斯进一步指出,即便在《论科学和文艺》中,卢梭也显得既主张"民族性的'哲学'",又没有放弃自己作为哲人的立场:既接受"罗马人的军事理念",又像谴责僭政(tyranny)一样毫不含糊地谴责战争——这种双重立场亦见于卢梭后来的一系列政治要著。

[23]不仅如此,自由社会的前提是:其成员为了约定的自由而放弃他们原初的或自然的自由,也就是说,服从共同体的法律或统一的行动规则,每个人都能为制定这种规则做出贡献。公民社会要求一致性,或是把自然人变成公民;相对于人的自然独立,一切社会都是一种奴役的形式。

卢梭的第二点"特别考虑"是:公民社会内部应该是一个"自由社会"(free society)。这里的所谓"自由"绝非任性的自由,而是"约定的自由"(conventional liberty),或者说受到约束的"自由"。因为,公民社会要求每个成员放弃自己"原初的或自然的自由"(original or natural liberty),"服从共同体的法律"——这也不算新鲜的观点,霍布斯和孟德斯鸠都这样说,与公民社会应该是"封闭社会"的考虑并不矛盾,反倒显得融贯一致。问题在于,哲人之为哲人基于自己"自然的自由"(natural freedom),从而,对真正的哲人来说,"一切社会都是一种奴役的形式",公民社会也不例外。

可以看到,施特劳斯在展示卢梭关于公民社会的"特别考虑"时,同时也在展示这些"特别考虑"与卢梭的哲人身份的矛盾——如果卢梭要替哲学生活着想,他就不能替公民社会着想;如果要替公民社会着想,他就不能替哲学生活着想。卢梭关于公民社会的第三点"特别考虑",让我们进一步看到哲学与社会不相容的具体含义:

> [24]再者,契约平等取代自然不平等产生了自由社会。追求科学却要求培养才华,即自然的不平等……

公民社会作为"自由社会"基于"契约平等"(conventional equality),这就必然要求废除"自然的不平等"(natural inequality)。然而,如果要实现"人的最高可能性",就得基于"自然的不平等"努力培养智识卓越之人。因此,如果要替自由的公民社会着想,就得防止哲学"变成一种社会因素"。

卢梭关于公民社会的三点基本主张并未见于《论科学和文艺》,而是见于后来的政治要著(《爱弥儿》和《社会契约论》)。施特劳斯对三点基本主张的扼要表述实际上让我们具体看到:《论科学和文艺》痛斥启蒙何以是出于民主共和设计的考虑,与此同时,这些考虑又无不显得符合一条古典政治哲学的"原理":哲学与社会自然地不相容。从而,《论科学和文艺》对启蒙的痛斥仅仅是表面看起来出于古典政治哲学的考虑,"隐藏在下面"的则是出于民主共和设计的考虑。但是,表面的考虑绝非卢梭不真诚的观点,他的确相信而且深切理解古典政治哲学的"原理":哲学与社会自然地不相容。

让我们回顾一下迄今为止的论析线索。第一节论析的是卢梭与现代民主共和设计的亲缘关系,第二节通过展示卢梭有意为之的自相矛盾揭示了卢梭与古典哲人的亲缘关系,从而,卢梭显得既凭靠现代共和设计的"原理"又凭靠古典政治哲学的"原理"。然而,除非我们认为,现代启蒙哲人与古典哲人关于哲学与政治的关系的见解是一致的,否则我们就得承认,没有可能同时凭靠两种不同的"原理"。奇妙的是,从以上有关公民社会"更为特别的考虑"来看,卢梭把哲学有害于社会的神圣化基础的古典原理纳入现代共和设计的考虑,似乎也完全说得通:普及哲学的确会威胁到公民社会的基础——公民宗教。从而,哲人与政治或社会的关系这一亘古不移的问题,在卢梭那里具体呈现为现代民主共和设计中的一大难题。由此可以理解,为何在第一节施特劳斯用的是"科学与德性不相容"的表达式,到了第二节则逐渐变成了"科学与社会不相容"的表达式——我们显然不能够把"德性"与"社会"看作同义词。何况,严格来讲,"社会"是个走向民主政体的语汇。

不过,卢梭把哲学有害于社会的神圣化基础的古典原理挪到哲学与公民社会的关系上来,仍然仅仅是似乎说得通而已。如我们在第二节看到的,卢梭懂得,古典哲人虽然积极防止哲学危害宗教信仰,心底里却并不认可上帝创世的信仰,但我们能说,卢梭积极防止哲学危害公民社会的公共意见,心底里并不认可自由民主信仰吗?从卢梭对公民社会"更为特别的考虑"来看,纯粹的哲学观点与公民社会意见绝不相容,如果卢梭是真正的哲人,他在心底里就不可能会赞同自由民主的公民社会意见。但从卢梭的同样考虑来看,他反对哲学危害公民社会意见,并不意味着他心底里不赞同自由民主的公民社会意见,却又装得来赞同。相反,卢梭甚至认为,公民社会意见必须得到公民宗教的支持,才最终符合哲学与宗教的古典式紧张。于是,我们现在可以理解施特劳斯在第一节说的最后一句话:卢梭抨击哲学危害宗教信仰时,他"心里想到的是"公民宗教——既然如此,我们就值得问:卢梭与公民宗教的关系与古典哲人与城邦宗教的关系类似吗?

四 自然德性与政治德性

第四节在全文中最短,仅三个自然段,集中讨论德性。我们记得,在第一节结尾时,施特劳斯对《论科学和文艺》"最为极端的结论"给出的解释是:卢梭"认识到严格意义上的德性与政治德性之间的区别"甚至对立——因为,这一区分来自孟德斯鸠。经过前面的论析,施特劳斯现在才来考察卢梭的这一"认识"。为什么施特劳斯要用专门一节来解析这个问题呢?可以设想,政治德性与自然德性的分离是一个要命的问题,卢梭却显得凭靠古典政治哲学的原理推进了这种分离。

[25]说科学与社会不相容是一回事,说科学与德性不相容则是另一回事。

我们在前面已经注意到,施特劳斯未加说明就用"科学与社会"的对立置换了"科学与德性"的对立,现在他一上来就说,这两种表达式不是一回事。由此可见,读施特劳斯的时候,留意他的笔法和措辞是有益的。用他自己的话说:如果一个作者极为关注写作艺术,那么,他自己的写作必定讲究写作艺术。我们来看施特劳斯如何论析这两个命题的差异。

[25]……假如德性本质上是政治的或社会的,后一个论点就可以从前一个论点推导出来。无疑,卢梭不时把德性等同于政治德性。但是仅从他有时以德性的名义抨击公民社会,赞美原始人的德性这一点,即可证明他将政治德性与另一种德性区分开来。

如果要从"科学与社会不相容"推出"科学与德性不相容",就必须假定"德性本质上是政治的或社会的"——施特劳斯用的是虚拟式条件句,换言之,"德性"本质上是不是政治的或社会的呢?从卢梭对公民社会"更为特别的考虑"的后两种主张中,我们已经看到频繁出现"自然的"与政治的或社会的之间的对立:"约定的自由"与"自然的自由"不相容,"契约平等"与"自然的不平等"不相容。尤其重要的是,按照"公民社会要求的一致性",需要"把人从自然存在改塑成公民"(the transformation of man as a natural being into the citizen)。如果说,卢梭对公民社会"更为特别的考虑"的三种观点之间隐含着一个内在的推导逻辑——公民社会本质上是个封闭的社会,因为它要求一致性或"约定的自由",而这取决于是否能用"契约平等"取代"自然不平等",那么,公民社会的道德就最终取决于德性本质上是不是政治的或社会的。

在这一问题上,卢梭显得说法不一:有时卢梭把德性等同于政治德性,但他对原始人德性的赞美又非常显眼,这种德性明显与公民社会所需要的政治德性不同,更与公民社会要"把人从自然存在改塑成公民"的要求相抵触。于是,我们面临的困难首先是:哪一种说法是卢梭的心底话。要澄清这一问题,还需要先搞清楚卢梭心目中的自然德性是什么。

施特劳斯在这里下了一个注释,首先引证卢梭关于德性的两种说法。《论科学和文艺》中的说法是,la vertu qui est la force et la vigueur de l'âme[德性是心灵的力量和生气]("一论"第11自然段),看起来,这种说法指的是原初的或者说自然的德性——《关于波兰政体的思考》中的说法是,"这灵魂的生气,这爱[共和]国的热情(ce zèle patriotique)……"显然,爱[共和]国的热情是孟德斯鸠意义上的政治德性。随后施特劳斯提示我们:不要把基督教意义上的德性与政治德性(比如公民社会所要求的爱[共和]国主义)搞混,或者说不要把启示宗教所要求的德性与政治社会所要求的德性混为一谈。基督教关于种种[政治]义务的教诲,严格来讲是超越政治的。比如,保罗关于基督徒要顺从现存统治的教诲的确是关于政治社会的教诲,但这一教诲的前提是:基督徒的真实生命在上帝手中。从而,信仰生活本质上超越了政治生活,并不与政治社会所要求的德性构成实质性冲突,即便有冲突也是"超道德的冲突"(an intramoral conflict)。与此不同,如果哲学生活意味着一种德性,那么,这种德性与政治德性的冲突是政治的冲突或者道德的冲突：一个基督徒可以同时做一个政治上的好公民，一个亚里士多德意义上的真正的哲人不可能同时是一个政治上的好公民，因为，哲人生活会把任何社会（包括公民社会）视为一种对"自足［自由］"的束缚。

注释中的这段提示有什么重要意义吗？施特劳斯笔下没有多余的笔墨，我们的确经常把基督教所要求的德性与政治德性混为一谈。通过这个提示，施特劳斯提醒我们要注意三种德性："超道德的"启示信仰的德性、自然的德性和政治的德性——信仰德性不是政治德性，但也不是自然德性。对于理解卢梭来说，这个提示的意义在于告诫我们，鉴于卢梭有大量关于福音书的教诲，我们不可把卢梭的这些教诲与他的爱国主义言论或政治教诲看做一回事。更进一步的提示在于，卢梭关于"德性"的说法不一，东这样说、西又那样说，很可能是刻意所为。换言之，卢梭区分自然德性与政治德性"只是权宜之计"（only provisional）。实际上，卢梭认真区分的是"好"（goodness）与"德性"（virtue）或"好人"（the good man）与"有德之人"（the virtuous man）——"好"是"作为自然存在的人"（man as a natural being）的品质，"德性"或"道德"（morality）是"作为公民的人"的品质。如果我们必须说"好人"也是一种德性，或者更为明确地说，是一种自然德性，那么，卢梭实际上还是区分了自然德性和政治德性。关键在于，卢梭没有用"德性"来界定自然人的"好"品质。"德性"本质上是政治性的，因为公民以"社会契约或约定"（the social contract or convention）为前提——这里我们必须回想起上一节结尾时说到的卢梭对公民社会"更为特别的考虑"的第二点:公民社会要求"把人从自然存在改塑成公民"。这样一来就出现了一个问题:在共和设计的公民社会中,一个人不可能再做"好人"(即自然人),如果他的天性就是个"好人"的话。这个问题对于卢梭来说是切身的,因为,卢梭认为自己的天性就是这样的"好人"。

> [25]……好人不同于有德之人,好人只是对自己而言是好的,因为只有当他从做好人本身获得快乐时,他才是好的,或者说得更为通俗点:若不能从中获得快乐,他什么事也做不了。

可见,所谓"好人"或自然人的品质基于属己生活的自足性,而所谓"有德之人"的品质则基于属己生活的社会性。因为,"有德"之"德"属于公民社会,或者说基于"社会契约";"好"则属于自己,并不基于公民社会的"约定"——某人认为"做好人"(being good)本身让自己快乐,他才是"好人"。施特劳斯随后补充的通俗说法也非常重要:这人仅仅把"做好人"视为快乐,其他任何做人方式对他来说都不是快乐。这段表述让我们想起亚里士多德《尼各马可伦理学》中的主题:好过沉思生活的人与常人或政治人对"快乐"(pleasure)或"幸福"的理解有根本上的差异。

> [25]……当一个人自足、"孤独"或不需要别人,并因此获得绝对幸福,就此而言他才是好的。所以,一个只有好而没有德性的人不适于社会或行动。

很清楚,所谓"做好人"具体来说并非我们通常说的"学雷锋见行动",而是根本没有社会"行动"(action),在"孤独"的沉思生活中自得自足。卢梭清楚地知道,自己就是这样的孤独沉思者(contemplatif solitaire),就是这样的"好人"(自然人)。施特劳斯在这里用卢梭的临终之作《孤独漫步者的梦》的书名来解释"好人"的含义,十分恰切,因为对于卢梭来说,"孤独"意味着"自足""快乐"和"幸福"。如果有公民问卢梭:你一个人过日子闷不闷啊……卢梭会感到奇怪:怎么会呢?过纯粹而超然的沉思生活才"绝对幸福"(absolutely happy),这种生活要求"孤独",根本就"不需要别人"(not in need of others)。① 施特劳斯说,卢梭的"做好人"就像泰奥弗拉斯托(Theophrastus,约前371—前287)那样"全神贯注研究植物"(the study of plants in the spirit)——此人是柏拉图和亚里士多德的学生,最后成为漫步派掌门人,他除了著有《植物学研究》《植物学成因》《论儿童教育》《论教育》《论自然》等,还写下传世的《人物品格素描》……卢梭也研究植物,还研究和声学,这类研究都不能被看做社会"行动"。总之,卢梭的所谓"做好人"就是做亚里士多德意义上的哲人,过纯粹而超然的沉思生活,甚至只全神贯注于"学习"(lerning)而非传授(teaching)知识——所谓"为己之学"。

在这种情况下,人们从哪里得到快乐呢? 不是从任何

---

① 亚里士多德《政治学》1267a10-13:"如果谁想要靠自己(δἰ αὑτῶν)活得快乐,除了哲学,恐怕很难找到,因为,所有其他的欲望都得需要人(ἀνθρώπων δέονται)。"

身外之物,而仅仅是从自己本身和自己固有的所在(de rien sinon de soi-même et de sa propre existence)获得;只要这种状态持续下去,人们就和上帝一样凭自己自足(se suffit à soi-même comme Dieu)。("梦",页68)

如果有公民问卢梭:你这样过日子对我们民主共和的公民社会有什么用呢,显然毫无用处……因为你既不爱民主也不爱平等,这种"爱"必须见"行动"啊:"凡是无用的公民,都可被视为有害的(pernicious)人"——说这话的可不是别人,恰是卢梭自己!

> 正如在道德方面一样,在政治方面,一点好事不做,就是一桩大恶,因此,凡是无用的公民也许可以被视为一个有害的人。("一论",第39自然段)

> 构成人类(le genre human)的是人民(le peuple);不是人民的人没什么价值,用不着把他算在数内。所有等级的人都一样,倘若如此,则人数最多的等级就最值得尊敬。在有思想的人面前,所有公民差异(toutes les distinctions civiles)都会消失不见:他认为,在下人身上和在有名望的人身上(dans le goujat et dans l'homme illustre),情感和感觉都一样;所不同的只是他们的语言,只是他们或多或少做作出来的外表……(《爱弥儿》,上册,页310)

既然卢梭对孤独沉思者[哲人]的"好"德性有清晰的自我

认识,既然他清楚知道自己就是这类人,他何以又要说这种人是"有害的"呢?这个问题已经不难回答:卢梭站在公民社会立场质疑"好人",以免少数人的哲学扰乱公民秩序。不过,这样的回答如果有效,就得预设一个前提:卢梭在心底里并不认可"有德"的契约自由高于"好人"的自然自由,或者说不会把公民社会视为最佳政制。

施特劳斯在这里下注,除了引证多处卢梭要著中的类似说法,还引用了歌德在谈到自己从事植物学研究时关于卢梭的说法:

> 有谁不愿意追随那个受到无上崇敬的卢梭,他在孤独的漫游中与人类为敌,却倾心关注植物和花卉王国,凭自己真纯而执着的精神力量去结识那些悄然诱人的自然的孩子们。([25]注释)

这句引文有两点值得注意。首先,孤独漫步者必然"与人类为敌"(mit dem Menschengesschlecht verfeindet)——这里的所谓"人类"指的是任何政体的社会,包括民主政体或专制政体或君主政体。第二,孤独漫步者亲近"自然的孩子们"(Naturkindern)表明,卢梭赞美的"自然人"首先不是野蛮人,而是孤独沉思者[哲人]。可是,严格来讲,既然已经指出了卢梭自己在《孤独漫步者的梦》中的相关说法的位置,施特劳斯再引歌德的话就是多此一举,难道歌德的证词还会比卢梭自己的证词更有说服力?施特劳斯为什么还(而且偏偏)要引证歌德?合理的推测是:因为歌德是一个启蒙智识人。① 倘若如此,引证歌德与其说是为了指明《孤独漫步者的梦》"对歌德的全部作品尤其《浮士德》的重要意义",不如说是为了暗示卢梭与启蒙的关系:既然歌德清楚知道自己"愿意追随"的"那个受到无上崇敬的卢梭""与人类为敌",他何以又会成为一个启蒙作家?显然,这个问题对卢梭同样有效:真正的哲人绝无可能是个启蒙智识人。倘若如此,启蒙时代对于任何一个天性好沉思的"好人"都是一个巨大考验,稍不留神就会犯下难悔的过错:面对启蒙——用卢梭的表达,面对"事情的当前状态",孤独的"好人"是否可以或应该有哪怕一丝一毫让步,是否可以说,其实搞哲学启蒙还是多少有点儿道理,从而,在古今之争中即便站在古典立场,仍然可以且应该保留一点儿现代立场。

施特劳斯已经让我们看到,卢梭所谓的"好人"或自然人指的是卢梭本人那样的天性好沉思的人。然而,在卢梭笔下还有另一类"好人"或自然人,这就是"前社会的人或原始人"(the presocial or primitive man):

> [26]这里顺便指出一种稍有误导性的说法:即在卢梭看来德性是积极的品质,而好仅仅是消极的品质。这种说法只适用于一种好,这就是前社会的人或原始人的好,他们是"愚蠢的动物"。

---

① 当说到马基雅维利与启蒙的关系时,施特劳斯也引证过歌德:尽管歌德显得对古典智慧的道理了然于胸,甚至懂得警觉防止自己受到马基雅维利主义的影响,仍然没有妨碍他成为启蒙作家。参见施特劳斯,《关于马基雅维利的思考》,申彤译,译林出版社,2003,页266-267。

卢梭对"前社会的人或原始人"的赞美,我们耳熟能详,在卢梭笔下,他们是"自然人或好人"(the natural or good man)——施特劳斯告诉我们,这是对卢梭的一大误解。因为,卢梭赞美的"自然人或好人"其实仅仅是天性好沉思的人,对"前社会的人或原始人",卢梭并没有由衷地赞美,反倒称之为"愚蠢的动物"(a stupid animal),至多说在自然状态下,人"既不可能好(bons),也不可能坏(méchans),既没有邪恶(vices),又没有德性"("二论",页93)。

> 由自然状态进入公民状态(à l'état civil),人身上便产生了一个非常显著的变化:在他们的行为中,正义代替了本能……使之从一个愚蠢的、受到限制的动物(un animal stupide et borné)变成做一个理智的生灵(un être intelligent)和一个人。("三论",页29-30)

> 孤单,懒散,时时与危险相伴,野蛮人(l'homme Sauvage)肯定喜欢睡觉,但又极易惊醒,像很少思考的动物(les animaux)一样睡觉……("二论"页79)

> 即使不援用这些不确定的历史证据,谁看不到,什么都好像在阻碍野蛮人拥有摆脱其所处状态的企图和手段?例如,他的想象力产生不了任何图画,他的头脑提不出任何问题。他那一丁点儿需要随手即可满足,他还没有那种驱使他获得更多需要所必备的知识。所以,他不可能深谋远虑

(prévoyance),也不可能有什么好奇心。("二论"页83)

如果我们愿意假设,一个野蛮人在思考的技艺(l'art de penser)方面简直就像我们的哲学家们对我们描绘的那样机灵;如果我们也按这些哲学家们的榜样把这个野蛮人打造成一个哲学家,能够独立揭示最崇高的真理,能够通过一系列极为抽象的推理(par des suites de raisonnemens très abstraits),出于对普遍秩序的热爱或对自己的造物主的已知意志,推导出正义和理性的准则;总之,如果我们假设,野蛮人的脑子有理智、有智识(d'intellgence, et de lumiéres),就像他必须具有的那样,而事实上却发现他既呆板又愚蠢(de pesanteur et de stupidité),那么,从那一整套无法传达、随个体灰飞烟灭(periroit avec l'individu)的形而上学中引出的技艺又能获得什么效用(utilité)呢?人类在丛林里散居于群兽之中,会取得什么进步呢?既居无定所,又没有任何对他人的需要,一生也许都难得遇见两次,互不相识,互不交谈,人的交互自我完善和自我启蒙(se perfectionner, et s'éclairer mutuellement)又能达到什么程度呢?("二论",页85)

可见,在卢梭笔下,"自然人或好人"或者"自然的好"(natural goodness)具有双重含义:既指天性好沉思的人又指"前社会的人或原始人"——他们分别代表"人性对立的两极"(the opposite poles of humanity)。如果说天性好沉思的人表征的是"人性的最高可能性",那么,"前社会的人或原始人"表征的就是人性的最低可能性。如卢梭用反话所说,"我几乎敢断言:人的思考状态是一种反自然状态,能思考的动物是一种堕落的动物"("二论",页77)。更为重要的是,施特劳斯看到,在这两极自足的自然人之间,还有"一种中间类型"(an intermediate type),即"公民或社会人"(the citizen or social man)——也就是受社会契约的各种义务或责任约束(duties or obligations)的人。因此,在卢梭那里,人的等级实际上由低到高划分为:前社会的原始人—社会人—爱智慧的人——与此相应,"自由"也有三种:

> 人由于社会契约而丧失的,正是自己自然的自由(liberté naturelle),以及他企图和可以得到一切东西的无限权利(droit illimité);①他获得的乃是公民自由(la liberté civile),以及他对所享有的一切东西的所有权(la propriété)。为了权衡得失时不致出错,必须很好地区分自然的自由即仅以个体力量为限的自由与公民的自由即受公意限制(limitée par la volonté générale)的自由;……我们还应该在公民状态(l'état civil)的收益栏内再加上道德的自由(la liberté morale),唯有这种自由才使人真正成为自己的主人;因为,单纯嗜欲的冲动是奴隶状态,服从自己为自己所定的法律才是自由。不过,关于这一项我已经谈得太多,而且,*自由*这个词([引按]重点为原文所有)的哲学含义也不属于我这里的主题。("三论",页30-31)

---

① [Grimsley笺注按]比较霍布斯《论公民》第一章第十节;斯宾诺莎《政治论》第二章第四节。

可见,在提出具体的共和设计方案时,卢梭心里仍然清楚"自由"的原初"哲学含义"(le sens philosophique),并与前社会的原始人的自然自由和社会人的契约自由区别开来。① 在注释中,施特劳斯为我们进一步提供了卢梭对三者关系的看法:有智慧的"自然人"在卢梭笔下有另一种称呼——"天才"(genius),前社会的自然人则是"常人"。卢梭在《论科学和文艺》中自称"素朴的心灵"或"常人",实际上他心里清楚,自己是个"天才"(施特劳斯建议我们回头看他在第二节第三自然段[10]的论析)。前社会的自然人(="常人")与有智慧的"自然人"(="天才")分别指极低和极高的两类人性。但前社会的自然人不能停留在人性的最低状态,他们必须要么成长为"社会人"即公民,要么成长为"天才"。因此,前社会的自然人可以被比作像爱弥儿那样的"一个孩子",或卢梭所说的"一个想象的学生"(un élève imaginaire,《爱弥儿》上册,页29)——他长大成为有智慧的"自然人",抑或成为"有德"的公民,在卢梭看来取决于教育。

　　由于不得不同自然或社会制度(les institutions sociales)进行斗争,必须在教育成一个人还是教育成一个公民(faire un homme ou un citoyen)之间加以选择,因为我们

---

① 比较"二论"页92:"我要问,是否有人曾听说,一个自由的野蛮人(un Sauvage en liberté)想到过要抱怨生活,想到过自杀?"柏拉图笔下的哲人不抱怨生活,却思考过是否应该自杀——对哲人而言,这是一个逻辑问题。参见奥林匹奥多罗,《苏格拉底的命相》,"讲疏3:苏格拉底论哲人之愿意赴死",宋志润译,上海:华东师范大学出版社,2008。

不能同时教育成这两种人。(《爱弥儿》,上册,页9)

《爱弥儿》谈论的是如何把"愚蠢"的自然人教育成公民,但在说到儿童期的教育时,卢梭就已经告诫,"笨孩子将会成为凡俗之人(les hommes vulgaites)",这是一条再普遍、再确然不过的法则……问题在于,当孩子还小的时候,你很难区分"真正的愚蠢和表面上的愚蠢"(la stupidité reelle de cette apparente),因为这两种极端情形实在太相似。毕竟,"当人还处在没有真正的观念(nulles véritables idées)的年龄时,天才之人(celui qui a du genié)与并非天才之人的差异在于,后者仅接受虚假的观念,而前者能看出它们是假的,因此绝不接受"。所以,对这两类看似一样愚蠢其实有天壤之别的儿童,得采用不同的教育方式。最重要的是,不能轻率地对小孩子们下断语,因为,

> 这类卓越之人(cette excellente)总是不声不响地一天天成熟,突然一下子让人看出自己是个哲学家(tout à coup il s'est montré philosophe),而且我毫不怀疑,嗣后将在自己时代最出色的思想家和最渊博的形而上学家(les meilleurs raisoneurs et les plus profonds métaphysiciens)中给他标出一个令人崇敬的突出位置。(《爱弥儿》,上册,页117-118)

由于"天才"绝非培养出来的,教育就得区别对待不同天性的"孩子"——不能成为"天才"的自然人必须让他们成为"有德"的人……因此,卢梭说,孟德斯鸠这个"天才"在设计共和时把德性当作"共和国的原则"(principe à la République)是何等

正确,毕竟,"如果没有德性",一个道德的社会就"根本无法维持"("三论",页89)。由此看来,卢梭笔下的所谓"前社会的人"与其说指的是原始的野蛮人,不如说指的是个体人的原初自然状态或未成年状态,"有德"的社会人和智慧的自然人则是个体人的两种对立的成年状态。结束这个注释时,施特劳斯提到孟德斯鸠《论法的精神》(第四章第8节)中的一个说法:"推理的科学……使人孤僻"——言下之意,成为智慧的自然人就会与社会人决然不同或不合。

从思想史来看,这个注释最值得注意的是第一句:把聪明的"自然人"与"智慧人"这两个概念连接起来的是"天才"概念。如果聪明的"自然人"就是哲人,那么,哲人就是"天才"。然而,在古希腊,即便哲人天性被说成"像神一样",也不等于说哲人是"天才"。所谓"天才"的原初含义是具有创造发明的才能,哲人认识自然却绝非意味着"创造性地发明"自然。无论在柏拉图还是亚里士多德那里,哲人的认识活动都是"模仿"而非"作"。爱智慧与作诗的区分就是"模仿"与"作"的区分,因此,诗人才会标榜自己的"天才"(参见柏拉图《会饮》中新派肃剧诗人阿伽通的讲辞)。亚里士多德跟从自己的老师把"作诗"解释为"模仿",无异于否定了诗人标榜的"天才"。严格来讲,"天才"概念诞生于文艺复兴时期,并在启蒙运动时期才开始走红,与此相应的是抬高诗人的位置——哲学上的经典表述则是笛卡尔关于"想象力"和"机趣"的说法,以及后来康德提出的作为"一种先天地立法的能力"的"判断力",虽然他们两人都没有用

"天才"这个语词。①

既然在卢梭眼中哲人是"天才",前社会的人—社会人—智慧人三者之间就不会存在平等——既然智慧的自然人是"人性的最高可能性",就存在等级而言自然而然比"社会人"或"公民"更高,尽管从公民社会的角度看,这种人并非"有德"之人。如果与谎称自己是"常人"一样,卢梭称自己为"公民"也是谎称,我们就得说,在卢梭那里有一个从高的存在等级下到低的存在等级的问题。倘若如此,这个"天才"该如何做"有德"的公民或对公民社会"有用的人"呢?换言之,只要卢梭认定自己是个天性好沉思的哲人,他就会面临政治社会对这类人提出的"有德"要求——这恰是苏格拉底当初遭遇到的问题。

接下来施特劳斯就说,卢梭的确在一开始就面临这样的问题:

> [27]回到我们的论证上来,在写作生涯之初,卢梭就以日内瓦公民的身份在《论科学和文艺》中抨击哲学或科学,视之为极端自私地追求愉悦。……

《论科学和文艺》以"日内瓦公民"的名分发表,因此,卢梭在文中激烈抨击哲学生活"极端自私地追求愉悦"(a radically selfish pursuit of pleasure)就完全可以理解了:这种攻击表明卢梭是以公民身份在说话。对公民卢梭来说,献身爱智慧的生活

---

① 参见 Jochen Schmidt, *Die Geschichte des Genie - Gedankens in der deutschen Literatur, Philosophie und Politik*:1750—1945(《德语文学、哲学和政治学中的天才思想史:1750至1945》),卷一,导言,Darmstadt,1985,页31-47。

方式没有存在的理由。政治社会要求每一个成员承担属于共同体的"义务",爱智慧的生活方式则既需要"闲暇",又难免"奢华"(听起来有点儿像士大夫生活),因此是个"无用"之人——可以设想,如果碰巧遇到某个"人民领袖"对自己设计出来的政治社会极有抱负,他就会禁止爱智慧的生活方式,强制改造所有爱智慧的人,无论这些人真的爱智慧还是假的爱智慧,以便打造出一个同心同德的民主共和国。

卢梭没有生活在这样的"人民领袖"时代就已经感到呼吸困难,尤其是以日内瓦公民的名义发表了《论人类不平等的起源和基础》,用本名发表了《爱弥儿》和《社会契约论》之后。在临终之作《孤独漫步者的梦》中卢梭不得不承认,自己"从未真正适应公民社会",从而承认自己天生就是个公民社会的"无用"成员:

> 我确实从来不适合公民社会(je n'ai jamais été vraiment propre à la société civile),这里到处是拘束、义务、责任,而我天性的独立(naturel indépendant)使我实在不能忍受跟人们一起生活(vivre avec les hommes)所必需的服从。只要我自由地行事,我就是好人(j'agis librement je suis bon),做的都是好事;然而,一旦我感受到羁轭(le joug),无论是必然性的羁轭还是人的羁轭,我就要反抗……这时,我等于零(je suis nul)。一旦必须做违反我自己意志的事,我绝不会去做,不管会怎样;我甚至也不照自己的意志行事,因为我软弱。我避免做事,因为我的软弱恰恰就在于行动(l'action);我的力量是消极的,我犯的所有过错都是由于

我的疏忽,很少是因为我的使命(commission)。我从来就认为,人的自由并不在于做想做的事,而在于从不做不想做的事;这就是我一向要求也时常保有的那种自由,唯其如此,我在同代人的心目中成了最荒谬绝伦的人。……他们的过错并不在于把我当无用成员(un membre inutile)排斥于社会之外,而在于把我当有害成员(un membre pernicieux)摈弃于社会之外……("梦",页84)。

似乎与苏格拉底一样,临终前的卢梭觉得自己"有义务在社会的审判面前"为本来属于自己的孤独沉思的生活方式辩解。然而,施特劳斯觉察到,晚年卢梭回到孤独的沉思生活是因"自己的不幸所迫"(the way of life … had been forced upon him by his misfortunes)——遭心怀恶意之人嫉恨,想象力衰退,以及卢梭想起来都心有余悸的种种遭际(参见"梦",页4-8、88、105-106)。换言之,与苏格拉底不同,卢梭并非一直甘做公民社会的"无用"成员,相反,他曾经积极努力做一个"有用"且"有德"的公民社会成员。我们不得不说,虽然卢梭知道自己是应该过另类生活的"智慧人",但他曾认为自己应该尽到公民的"社会义务",而且切实履行了自己的"社会义务"。不仅如此,由于卢梭在天性上是个哲人,他在尽自己的公民义务时,同时尽的是哲人义务——而且是真正的哲人而非启蒙式哲人的义务:

读者诸君,你们要始终记住,同你们讲话的这人既非博学之士,也不是哲学家,而是一个普通人,真理之友(ami de la vérité),既不属什么宗派,也没什么体系;一个孤独者(un solitaire)很少同人们一块儿生活,也就不大会有机会沾染他们的成见,多的是时间思考他与人们交往时的所得。我的推理(mes raisonemens)与其说基于种种原理,不如说基于事实……(《爱弥儿》,上册,页124)

仅仅由于尽"社会义务"给自己平添了种种"不幸",他才不再继续尽自己的"社会义务"。至于已经履行过的"社会义务",卢梭并不认为做错了,他仅仅是"对在自己有生之年把公众争取到自己一边的念头彻底失望"(j'ai perdu pour jamais l'idée de ramener de mon vivant le public sur mon compte)罢了("梦",页4)。

然而,经过长期而无效的求索之后,当我发现,他们都无一例外地坚持由邪恶的思想发明出来的最不公正、最荒谬绝伦的体系;当我发现,他们对待我时脑子里没半点理性,心里没有半点公道;当我看到,一代狂人都听任他们头头们盲目狂怒的支配,扑向从没对任何人使过坏、从不想使坏、也从没有以怨报怨过的一个不幸的人;当我寻求一个公正的人而不可得,最后只好把灯笼吹灭,高叫一声:"这样的人已经不复存在";我这才开始发现,我在这世上孤独一身,我明白我的同代人,对我来说,都是些机械,他们完全靠外力推动,我只能根据物体运动的法则来计算他们的行动。不论我假设他们心里有什么动机,有什么激情,他们都不能以我所能理解的方式来解释他们的所作所为。就这样,对我来说,他们的内心就不再具有什么意义。我在他们身上看到的只是一团团以不同方式运动着的物质,在对待我时

缺乏任何道德观念。("梦",页107-108)

可以看到,卢梭对自己曾置身其中的启蒙知识人群体已经彻底失望,甚至滋生出深恶痛绝的感觉——由于我们自己已经是彻底的启蒙知识人,我们才觉察不到卢梭的厌恶。与此相反,苏格拉底从未主动与启蒙知识人扎堆,与他们说说话都是迫不得已,遑论参与他们的事儿……

施特劳斯在前面已经反复申说卢梭作为哲人与社会生活的矛盾,现在又说这一问题,似乎显得有些重复或啰嗦——可是,施特劳斯从来不会原样重复,更不会啰嗦。如果我们细心的话,就可以看到这段表述有两个新的要点。首先,卢梭的确曾经真心诚意要做"有德"的公民社会成员,尽管他"从未真正适应公民社会"(he has never been truly fit for civil society);反过来说,卢梭毕竟曾一直努力适应甚至追求公民社会——《论科学和文艺》以日内瓦公民的名义发表,施特劳斯现在才提到这一点,堪称恰是时候。第二,施特劳斯说卢梭"觉得有义务在社会的审判面前为自己的生活辩解"(he feels obliged to excuse his life before the tribunal of society),所用言辞虽然让我们想起苏格拉底的受审,实际上在暗示我们认真想这样一个问题:卢梭与苏格拉底一样吗?

回答应该是否定的——决定性的差异在于:苏格拉底从不曾对雅典城邦的民主政制抱以热忱,更不曾有过"把公众争取到自己一边的念头"。没有热忱也就不会有失望,卢梭则是对自己曾经热切投身于实现民主共和而彻底失望……苏格拉底甚至从未觉得自己应该积极主动地尽到公民的"社会义务",尽管在自己的一生中,他多次被迫切实履行自己的"社会义务"——

即便在这样的时候,苏格拉底还积极主动见缝插针过属于自己的生活:在军旅生活中,苏格拉底曾通宵站在野外沉思(参见柏拉图《会饮》,220c2 - 220d5)。与此相反,卢梭则是被迫放弃积极主动地尽到公民的"社会义务"。由此不难理解,施特劳斯在这里为何要重新表述卢梭与公民社会的关系。

同样不难理解的是,施特劳斯显得有些夸张地突显卢梭到晚年才对公民社会的要求采取不妥协立场:"不能再大度地允许社会"(can no longer with propriety allow society)把自己"视为一个有害之人"。在这里,施特劳斯把《论科学和文艺》这部处女作中的观点与《孤独漫步者的梦》这部临终之作中的观点放到一起对比,以便让我们可以看到,卢梭后来"沉浸在植物学研究带来的甘甜淳朴的快乐中"(参见"梦",页 13, 77 - 80, 106)实在是出于迫不得已。不仅如此,施特劳斯的修辞似乎还暗含反讽:卢梭觉得自己委屈、冤枉……苏格拉底面对城邦人民的审判时并没有觉得自己委屈、冤枉。

[27]……卢梭最后要说的话似乎是,科学与公民身份固然不可调和,但社会可以容忍少数几个毫无好处之人生活在它的边缘,只要他们确实无所事事,不用颠覆性的教诲去搅乱社会——换言之,只要社会别去管他们,或别拿他们太当真即可。

这话值得玩味的地方有两点:首先,施特劳斯挑明了科学与"公民身份"(citizenship)不相容,不再是科学与德性或科学与社会不相容的表达;第二,公民社会应该容忍"少数几个毫无好处之人"(a few good-for-nothings)的生活方式。反过来说,这几个"毫无好处之人"也认可了追求民主共和的正当性,不会"用颠覆性的教诲去搅乱"公民社会。换言之,临终时的卢梭既是在为"智慧人"的生活方式求情,也是在为自己正当盛年之时投身自由民主的公民社会建设事业辩护。然而,卢梭积极主动融入公民社会尽哲人的"社会义务",其理据看起来是苏格拉底式的——毕竟,苏格拉底的确尽到了"哲人的社会义务"。于是,一个重大问题浮现出来:由于自己是个"智慧人",卢梭就不会是像一般的公民社会成员那样尽"义务",而是要尽到一个哲人的"社会义务"——哲人的"社会义务"是什么呢? 在卢梭那里,如果说公民社会一般成员的"义务"是守法和"有德",那么,哲人为公民社会尽"义务"就应该是为公民社会立法。从而,卢梭真诚地考虑共和设计中的公民社会难题,并且,为解决这样的难题奉献自己的才智,被他看做是在尽到一个哲人的"社会义务"。这样一来,《论科学和文艺》引用大段苏格拉底的申辩辞时,偏偏删掉苏格拉底对民主政治家的批评,也就完全可以理解了。[1]

---

[1] 在已经实现自由民主的今天,更加需要删除苏格拉底对民主政治的质疑。因为,哲人的"社会义务"如今只能是做一个自由主义者。毕竟,自由主义智识人仅仅需要给人扣上"反自由民主"的帽子,就可以宣称自己在道德和学理上赢了。正因为如此,像奥尔特曼(W. F. H. Altman)这样的美国学者才能神奇地集"犹太人、基督徒、哲学家、柏拉图主义者和自由主义者"为一身,并在二十一世纪担起迈勒图斯的角色。迈勒图斯当初指控苏格拉底完全不信神,按奥尔特曼的逻辑,这无异于指控苏格拉底是个虚无主义者——然而,迈勒图斯的这一指控与他说苏格拉底信某个命相神灵相矛盾,通过指明这一矛盾,苏格拉底在辩护时成功地绕过了自己面临的是否信城邦的神这一具有政治危险的指控。参见施特劳斯,"论柏拉图的《苏格拉底申辩》和《克力同》"(应星译),见《柏拉图式的政治哲学》,张缨等译,北京:华夏出版社,2011,页61。

施特劳斯已经让我们看到,卢梭对自己的公民身份认同非常认真而且真诚——尤其重要的是,在卢梭那里,自然德性与政治德性是截然分离的。基于这一前提,我们才有可能来考虑他的共和设计方案中对公民社会"更为特别的考虑"。也正是基于这一前提,考虑卢梭的公民社会政治哲学,难免会让卢梭的民主理论与苏格拉底对民主政治的质疑对质。

五　卢梭的政治哲学难题

可以理解,施特劳斯说,我们现在才真正面临"完整地理解卢梭的意图"的"最大难题"——让我们首先注意施特劳斯如何表述这个难题：

> [28]……我们已经得出的结论如何与卢梭的自白一致呢——他认为,对卓越的头脑而言,科学与德性是协调的,或者说只有在"全体人民"中间才会不协调？卢梭承认自己一向是无用的社会成员,事实上不适应社会或具有德性和义务的生活,这又如何与他的公共精神和责任感相一致呢？

这里的两个问句是对卢梭的两个自相矛盾的自白的陈述。第一句陈述的矛盾自白是:"对卓越的头脑而言,科学与德性是协调的。"所谓"卓越的头脑"显然指哲人,或者说指卢梭自己,与之对比的是"全体人民"。因此,所谓"科学与德性"相容的"德性"应该指的是公民社会要求的政治"德性"——施特劳斯在前一节刚刚指出,卢梭区分了属于自然人的"好"与属于公民的"德性"(参见[25]自然段)。由此我们可以见到的矛盾是:卢梭既断言科学与德性不相容(通过第三节的论析,我们能够理解这个断言),又断言科学与德性相容(通过上一节的论析,我们能够理解这个断言)。第二句进一步陈述相同的矛盾:卢梭既承认自己在天性上是个对公民社会"无用"之人,又宣称自己富有"公共精神"(public spirit)和"责任感"——这句陈述用选择连词把"社会"与"具有德性和义务的生活"连接起来,无异于说"社会"应该是"具有德性和义务的生活"。其实,既然承认自己天生对公民社会"无用",卢梭本来根本无需具有"公共精神"或对公民社会有"责任感"。

"科学与德性"相容等于科学与公民社会相容,亦即与"具有德性和义务的生活"相容,甚至与"全体人民"的生活相容。在前一节开头,施特劳斯还说,科学与社会不相容和科学与德性不相容是两回事,通过前一节的论析,我们已经看到,所谓"德性"在卢梭那里指的是公民社会的政治德性。因此,问题现在是,我们需要理解卢梭的"公共精神和责任感"——严格来讲,哲人的"公共精神和责任感"是个苏格拉底问题,但在卢梭那里,这个问题是怎样的呢?

施特劳斯说,哲人卢梭的"公共精神和责任感"体现于他的

"政治著作"和"信念"——"政治著作"用的是复数,"他的信念"(his conviction)用的是单数,两者之间却画上了等号。换言之,卢梭的某种"信念"是他的所有政治著作的基础。那么,卢梭的政治信念是什么呢?施特劳斯引用《山中书简》中的一句话来概括卢梭的政治信念,但却与《爱弥儿》中的"萨瓦本堂神父的信仰自白"联系起来——这无异于说,要理解《爱弥儿》中的那个著名的"信仰自白",得以理解卢梭的政治信念为前提。如此连接表明的不仅是卢梭的"公共精神和责任感"与他的政治"信念"的关系,而且揭示了《爱弥儿》的写作意图:如何把前社会的自然人培育成民主社会的公民。教育对任何政治共同体都是头等重大的政治问题,卢梭考虑的是民主共和政体所需要的教育。《山中书简》中的那句话是:"这个有德性且坚定的人敢于用这种方式教导人类(l'homme vertueux et ferme qui ose instruire ainsi les humains)"——按卢梭自己的用法,所谓"有德性且坚定的人"指有政治德性的公民,但"教导人类"又是"智慧人"的事业,因此,这个"有德性且坚定的人"指的是公民哲人卢梭本人。那么,他"敢于用"什么方式教导人类呢?

> 人们可以回答,其实也只能这样回答,科学与社会(或科学与德性)之间的自然敌对性,并没有排除这样的可能:可以靠强力使科学与社会达到某种协调,就是说,哲人可以在社会或作为公民的自己迫使下,用自己的天资服务社会……

施特劳斯用括号把"科学与社会"同"科学与德性"等同起

来,第四节开头作出的区分现在又叠合在一起。很清楚,尽管卢梭懂得,科学[亦即哲学]与社会之间有"自然的敌对性"(the natural antagonism),他仍然"敢于""靠强力"(by violence)的方式让自己使两者达到某种相容——要么是社会"迫使"(be forced by)他这样做,要么是作为"公民"的他"迫使"自己这样做。无论怎样,仅仅因为卢梭是哲人,有常人所没有的"天资"(talents),他才有如此"特权"。施特劳斯用选择连词来连接"社会"和"作为公民的自己",似乎卢梭与其说是受到外在的"社会"迫使,不如说是受到内在的"作为公民的自己"迫使,从而是自己主动迫使自己。可以说,《山中书简》中的这句话表达了卢梭的如下"信念":他不仅有义务"教导全体人民明白自己的义务",而且有义务"教导全体人民要明白自己的权利"(their rights)。这里补充的"权利"一词非常重要,因为我们知道,这是现代民主共和设计中的根本诉求和基础。倘若如此,我们就得说:正是由于这一"信念",哲人的生存品质发生了质变。

我们可以问:苏格拉底有这样的信念吗?苏格拉底的确教导少数人要节制,避免向人民传授哲学,但他曾经教导哲人应该致力于让启蒙雅典人民明白自己的义务甚至"权利"吗?如果是的话,又是怎样教导的呢?要回答这个问题,我们必须首先了解,苏格拉底的政治生存是否也曾受到类似的"迫使"——恰好就在这个地方,施特劳斯下注要我们参看柏拉图笔下的苏格拉底在《王制》(519c4-520b4)中有关这个问题的说法。

施特劳斯的注释指出的这个段落在《王制》第七卷,我们知道,这一卷以著名的洞穴喻开头。洞穴喻的关键是哲人与政治生活的关系:热爱沉思生活的人走出政治生活(洞穴)上升到单纯的自然生活,随后就有是否再回到政治生活的问题,以及如果再回到洞穴又该如何面对洞穴的问题。施特劳斯指引的段落就在洞穴喻后面不远的地方,当时苏格拉底与格劳孔讨论的问题是,应该由什么样的人来治理城邦(或洞穴)最好。苏格拉底首先让我们面临的困难是:没受到过教育、没见过真理(没走出过洞穴)的人不能治理好城邦,因为他们在生活中无论公事私事都没有一种必须依据的目的。这无异于说,按照哲人的观点,城邦生活应该有一个目的。但终身都在自我教育(待在自我沉思的生活中)的人也不能治理好城邦,因为他们不愿意做任何属于城邦的事情,认为自己这样活着就已经获得了终极幸福。要解决这一困难,唯有逼迫那些走出洞穴看到美好真实的本相的人返回洞穴——逼迫他们重新回到被锁链捆绑着的世人中,"和他们一起分享辛劳和荣誉,无论卑微还是崇高(519d6:εἴτε φαυλότεραι εἴτε σπουδαιότεραι)",即便走出洞穴的人一万个不愿意。城邦生活的性质被精炼地概括为"辛劳和荣誉"(πόνων τε καὶ τιμῶν),而且两者都有品质高低之分。这意味着,世人的道德德性大致可以分为两类:平凡的和高尚的。读到这里,我们兴许会想,卢梭是否觉得自己就是苏格拉底在这里说的那种应该被逼回洞穴的人呢?并非如此,因为,逼迫优秀的人回到洞穴的,既非洞穴本身,也非洞穴人自己——不是"社会或者作为公民的自己"……毋宁说,是城邦所要求的"正义"逼迫优秀的人回到城邦。

苏格拉底与格劳孔的谈话接下来就进入这个问题——格劳孔说,逼迫走出洞穴的人回到洞穴无异于强迫他们过自己不愿意过的更差的生活,这岂不是对他们不义吗?苏格拉底对这个问题的回答似乎显得答非所问：

> [519e]法[立法]所关心的根本就不是，城邦中的某类人如何特别突出地过得幸福，而是如何在整个城邦让各类人都过得幸福，用劝服和强制调和邦民们，让他们彼[520a]此分享好处，每个好处都有可能带来共同福祉。礼法在城邦中造就这种人，为的不是让每个人自己想去哪里就去哪里，而是用他们将城邦凝聚起来。①

这段回答虽然针对是否对哲人不义的问题，但这个问题显然受前面的问题制约：什么样的人治理城邦最好。按照施特劳斯的解释，走出洞穴的人治理城邦最好，实际包含着这样一个前提：只有在哲人身上，人的灵魂中的各部分才能在理性的统治下有序运作。从而，哲人生活本身就是正义的，或者说，正义内在地包含在哲人追求正确的生活之中。出于哲人意义上的"爱国主义"（patriotism，参见《苏格拉底的申辩》30a3 – 4），哲人没有理由不参与城邦事务。但是，如果逼迫哲人回到洞穴，他们难免要强制城邦[洞穴]中的各类灵魂也像哲人的灵魂那样有秩序，因为城邦本身"并不内在地"（not intrinsically）或"值得选择地"（choiceworthy）地追求正义。城邦要实现自己的正义，只能是外在"强迫"（compulsion）的结果。可是，按照常识性的观念，正义也意味着不伤害、不强制其他人。②因此，格劳孔说逼迫哲人回

---

① 译文依据 Joe Sachs 译本：Plato, *Republic*, Focus Publishing 2007；参照 James Adam 笺注，*The Republic of Plato*, Cambridge University Press 1929，卷二，页 102。

② 参见施特劳斯，《城邦与人》，前揭，页 127 – 128。

到洞穴无异于强迫他们行"不义",意思其实是说,哲人会把自己所理解的正义强加于城邦。由此可以理解,苏格拉底为何直接用"法所关心的"来回答格劳孔——这意味着告诉格劳孔,哲人应该怎样既治理好城邦又不至于行"不义"。"法"($νόμῳ$)这个语词在这里也包含"立法"的含义(有的抄本写作$νομοθέτῃ$),或者说隐含着"一位立法者"(a legislator)——似乎如果哲人被迫回到洞穴,就应该是个立法者。然而,如果"法"是一种人为设立的制度,需要某类人来设计,那么,这位立法者就必须注意城邦自身的正义目的:不是让"某类人"($τι\ γένος$)过得特别幸福,而是让城邦中的各类灵魂得到各自的幸福,获得对自己有益的东西。为了实现这一正义目的,就需要立法者"用劝服和强制($πειθοῖ\ τε\ καὶ\ ἀνάγκῃ$)调和邦民们",使得他们各自的幸福诉求不至于相互冲突得无法共处,而是求得共同幸福。无论如何,法制必然带有"劝服和强制"的性质,而非放任各类人各自的幸福诉求,甚至让这些诉求变成"自然的"权利。

可以看到,哲人治理城邦的确需要用"强制",但如此强制并非是要实现哲人自己所理解的正义,而是要实现城邦的根本福祉,从而也就避免了格劳孔所说的"不义"。城邦的根本福祉在于两个要点:首先,各类人得到各自的幸福,第二,城邦中的各类人凝聚在一起。显然,这两个目的难免相互冲突——如果城邦中的各类灵魂各自追求各自的幸福,城邦就会分离、瓦解,城邦因此而不复存在。由于城邦基于或要求各类人凝聚在一起,难免限制各类人各自的幸福诉求。从苏格拉底的表述来看,"法"的首要目的是让城邦中的各类人凝聚在一起,或者说这一目的先于各类人得到各自的幸福这一目的,因此需要"用劝服和强制调和邦民们"。由此来看,最后一句非常重要:"法在城邦中造就这种人,为的不是让每个人自己想去哪里就去哪里,而是用他们将城邦凝聚起来。"① 显然,这意味着具有"劝服和强制"性质的"法"不得不限制"每个人"的自由。然而,如果为了实现城邦正义的如此法制是哲人设计的,那么,我们就得说,哲人通过立法行动首先限制的是自己:他绝不会设计出让自己这类人过得特别幸福的法制——哲人—立法者"不会让每个人自己想去哪里就去哪里"(οὐχ ἵνα ἀφιῇ τρέπεσθαι ὅπῃ ἕκαστος βούλεται),是基于城邦的正义(否则城邦就会瓦解),而非自己的利益。既然哲人是天生的自由人,在限制别人想去哪里就去哪里之前,哲人—立法者首先限制的是自己的幸福诉求。

在这个段落中,苏格拉底最后说,强制受过天学教育的人回到城邦充当卫士之所以是正义的,理由就在于,他们的责任和义务是:既看顾好其余各类人,又守护城邦。就卢梭的情形而言,苏格拉底的这段说法有两个特别值得注意的要点。首先,回到城邦的"智慧人"要靠"法"而非"哲学"来治理城邦,要从城邦的正义出发而非从哲人在洞穴之外看到的自然原则出发来立法。

---

① 据说,"近10年来在法学界、政治学界刮起了一股施米特旋风。旋风所到之处,到处播下了国家主义的种子"……因此需要告诫人们:"国家,多少罪恶假汝之名而行!"参见许纪霖,《近十年来中国国家主义思潮之批判》,见《思想》[杂志]第十八期《中国:从革命到崛起》(台北:联经出版公司,2011)。如果论者确实读过柏拉图,就应该说,早在两千多年前,柏拉图笔下的苏格拉底已经在"到处播下国家主义的种子"。如果论者相信自己多少有点儿真才实学,就应该有底气告诫人们:"苏格拉底,多少罪恶假汝之名而行!"……接下来需要做的是把苏格拉底"纳粹化"。相比之下,卢梭在两百多年前写下的预言就还未见得说到了点子上:"在我们之中,的确,苏格拉底也许不会饮鸩而死;但是,他会从一个更苦得多的酒杯里尝到侮辱性的冷嘲热讽和比死还坏百倍的鄙夷。"("一论",第33自然段结尾)

第二,城邦不应该以"自由"为目的,也不应该以"民主"为基础,否则,结果必然是"每个人自己想去哪里就去哪里"。

由此来看施特劳斯在这里以及随后对卢梭的论析,好些表述也就容易理解了。比如,施特劳斯说:"卢梭并没有把自己局限于教导全体人民明白自己的义务;他还教导全体人民要明白自己的权利。"可以说,一旦卢梭认为自己有义务教导人民明白"自己的权利",他就已经与苏格拉底背道而驰了。不仅如此,卢梭的"政治教诲并非通俗的或公民的教诲(civil teaching),毋庸置疑,这是一种哲学的或科学的教诲"(a philosophical or scientific teaching)。这意味着,卢梭的政治—哲学教诲难免把与城邦不相容、在任何情况下都不可以变成社会因素的科学[哲学]引入城邦。卢梭的政治—哲学教诲不仅以自然科学为前提,还给自然科学戴上桂冠,从而成为他的"整个哲学或科学大厦"的基石。① 卢梭"使科学与社会达到某种协调",并非依从苏格拉底的"教诲",而是受"作为公民的自己迫使",或者说出于自己的民主共和"信念"。打个也许并不恰当的比方,苏格拉底的教诲与我们中国古代儒家的做法颇为相似,卢梭的政治—哲学教诲则像是我们熟悉的现代政党之道。用施特劳斯的话说,卢梭的"政治哲学"实际上是一种意在成为"实践性教导"(prac-

---

① 《论科学和文艺》写道:"多么危险啊!科学探究中有多少歧途?错误如此之多,危险成百上千,却比真理有益,不然人们怎能抵达真理呢?"(第38自然段)——卢梭在这里下注说:"笛卡尔不是用空间坐标和漩涡说构造宇宙吗?即便在今天的欧洲,不是还有浅薄的物理学家在大起胆子解释电的深邃奥秘,而这深邃奥秘也许会一直让真正的哲人绝望?"在《社会契约论》第二卷第九章"论人民"倒数第三个自然段,我们则读到:"所有民族都有一种离心力,使他们彼此不断相互作用,并且倾向于损害邻人来扩张自己,有如笛卡尔的漩涡体。"("三论",页64)

tical teaching)的"社会科学"(social science)——施特劳斯用了三个语词来指称同一个东西:"实践性教导"—"社会科学"—"政治哲学"。

"社会科学"这个名称是现代才有的,它的真正创始人是马基雅维利,与此形成对照的是:柏拉图笔下的苏格拉底在《普罗塔戈拉》中明确否定了"社会科学"的可能。展示这一思想史背景之后,施特劳斯才进一步逼近"完整地理解卢梭的意图"所面临的"最大难题":

> [28]……根据卢梭关于科学与社会关系的观点,他本人的政治哲学如何可能呢?

既然在苏格拉底那里已经有一种政治哲学,其中当然包含"关于科学与社会"的关系的观点,那么,卢梭的"政治哲学如何可能"这个问题就意味着,抛弃了苏格拉底的政治智慧的政治哲学如何可能,或者说,一种新的基于"社会科学"的政治哲学如何可能,它所面临的困难是怎样的——我们有必要提醒自己:卢梭的"社会科学"包含立法设计,或者从某种意义上讲就是立法行动本身。

> [29]卢梭承认,在腐败的社会(譬如他生活于其中的社会),惟有科学,甚至是普遍启蒙,才能给人提供解救的尺度。在没有必要、也不应当继续尊重成见的社会里,一个人可以自由地讨论社会的神圣基础,不但可以自由地寻找治病良方,还可以[自由地]寻找解决政治问题的最佳方案。

这段表述展示了卢梭心中的"信念"。首先,卢梭认定自己生活于其中的社会是个腐败的社会。我们应该问,卢梭从什么立场得出这个认定?显然是从科学(亦即自然哲学)的立场得出的这个认定,因为,施特劳斯说,卢梭要用科学或"普遍启蒙"来为社会提供"一种解救的尺度"(a measure of relief)。什么叫做"普遍启蒙"(general enlightenment)?按施特劳斯的表述,这指的是"一个人可以自由地讨论社会的神圣基础",不必、也不应当继续尊重城邦中原有的"成见"。这个表达式的措辞有两处值得注意——首先,施特劳斯说的是"一个人可以"(one may),这一含糊的表述可能指"智慧人"或哲人,也可能指任何人;其次,施特劳斯两次用到"自由地"这个副词。如果我们对前面注释中提到的那段苏格拉底的教诲已经了然于心,卢梭与苏格拉底的巨大差异就会让我们触目惊心:卢梭没有限制哲人自己的"自由",而是自己想去哪里就去哪里。由于哲人是在通过"自由地寻找"(freely seek)解决政治问题的最佳方案,哲人实现自己的"自由"便同时是在把社会引向哲人认为应该去的地方。施特劳斯在这里下注让我们回头看一下第二节倒数第二个自然段——在那里施特劳斯指出,卢梭认定,在腐败的亦即"专制地统治"的社会中,科学是唯一可取的东西,在这样的社会中,传播科学知识或者公开抨击所有的"成见"是正当的。从而,"一个人可以自由地讨论社会的神圣基础",也意味着所有人都"可以自由地讨论"何为最佳的政制。因此,施特劳斯补充说,卢梭的这一论点修正了更为普通的观点,也就是加尔文(1509—1564)和霍布斯所表达的观点:不允许"私人"(private men)就他们所属社会的最佳政治制度展开辩论。显然,禁止这类讨论往往被视为专制统治的表征。从而,这个注释表明,就政治自由而言,卢梭的观点比加尔文和霍布斯更为激进。

我们有必要看一下,加尔文为什么不允许私人讨论最佳政治制度。按施特劳斯的文献指引,我们看到,《基督教要义》卷四第20章第八节讨论的是"各种不同种类的政府",或者说,加尔文自己就在讨论何为最佳政治制度,但却不允许"私人"讨论——所谓"私人"指的是民众:

> 一般完全与政府无关的老百姓,若争辩哪一种政府最适合他们的国家,这显然不过是无所事事地打发时间而已。且这问题不好解决,因为答案完全依靠各国家特殊的状态。你在自己国家特殊的状态之外,将各种政府的形态互相比较,若要决定哪一种最好,是非常困难的事,因为每种形态都有它的优点和缺点。从君主制变成独裁很容易发生;然而,贵族政治变成几个人的派系之争也是常发生的事;而民主制最容易变为叛乱。①

讨论政体问题,就是讨论古典意义上的"立法"问题。加尔文不允许"私人"讨论自己所属国家的政治制度,是因为这类讨论属于少数哲人的事情。毕竟,关心政体的事情既需要闲暇时光,需要掌握大量有关不同政体的知识,更需要智慧,对何谓政

---

① 加尔文,《基督教要义》,钱曜诚等译,北京三联书店,2010年,下册,页1545。

治有精深的了解,尤其是了解"自己国家"的特殊状态,而非不顾"各国家特殊的状态",依据某种简单的普世原则便决定哪一种政体最好——不过,加尔文紧接着说,就哲学家们所说的三种政体而言,贵族制和民主制的混合可能最为稳妥,因为,

> 很少君王能自制到自己的判决与公正毫无冲突,或机智和聪明到能常常做正确的判决。因此,根据人众多的罪和缺点,最好的统治方式是许多人一起统治,好让他们能够彼此帮忙,彼此教导以及劝勉对方;且若一个人想做不公正的决定,另外还有其他的统治者可以约束他的悖逆。(同上,页1546)

如果我们心中还有苏格拉底对格劳孔的教诲的印象,我们就可以看到,加尔文考虑的不是立"法"和国家的根本目的,而是考虑如何弥补统治者作为"人"的缺点。换言之,加尔文更多考虑的是如何"约束"统治者,而非如何"用劝服和强制调和邦民"——需要被"教导"和"劝服"的不是众人,而是按众人的要求"教导"和"劝服"君王。尽管加尔文凭据希伯来圣经(出18:13-26;申1:9-17)说,主"在以色列人身上设立了贵族政治与民主制混合的政府形态,好使他们处在最好的状态,一直到他在大卫身上显明基督的形象",似乎民主的混合政体早就是《圣经》已经规定的最佳政体。实际上,加尔文得出民主共和政体是最佳政体的结论凭靠的是一种新的政治原则:"令众百姓最快乐"和保护"百姓的自由"。

> 我既然完全承认令众百姓最快乐的政府形态是某种以节制约束自由的组织，而这一切都立在稳固的根基之上，所以，我认为，那些在这种政府形态之下的人最快乐；且他们若一直努力保持这形态，这与尽他们的本分毫无冲突。事实上，政府的官员应当尽自己的力，免得百姓的自由（因他们负责保护这自由）在任何方面被减少，更不用说被夺去。（同上）

加尔文不允许民众讨论哪种政体对于自己所属国家最好，自己却得出结论：民主共和政体最好。可见，民主共和论是极少数"智慧人"思考的结果，或者说是少数"智慧人"的"科学"设计——我们应该记得，孟德斯鸠在《论法的精神》的"序言"中充分自信地说过："只有那些幸运地生来就是为了洞悉一国政制的天才（pour pénétrer, d'un coup de génie, toute la Constitution d'un Etat），才配建议改制"（中译本页4）。加尔文是在马基雅维利四十岁那年出生的，我们可以推想，他是读马基雅维利的书长大的。通过阅读和研究新派"哲人们的"说法，作为少数"智慧人"的基督新教神学家加尔文懂得，政体的目的是让人民快乐和葆有自己的自由。

霍布斯在加尔文去世二十多年后出生，《利维坦》刊行于1651年（清顺治八年）。翻开这本书仅看目录就会发现，全书凡47章，各章都很短，数页到十余页不等，唯独施特劳斯指出的第四十二章出奇地长达八十页（按中译本计算）。这一章题为"论教权"，实际上主要在讨论君主制、贵族制和民主制哪一种最好。霍布斯借反驳贝拉敏主教的《论教皇》来展开讨论，因为贝拉敏主教的文章一开始就设问,罗马教皇的教权应该是这三种政体中的哪一种(参见《利维坦》,前揭,页397)。要回答这个问题,贝拉敏首先就得讨论这三种政体中的哪一种是最佳政体。贝拉敏的结论是:没有哪一种政体说得上最佳,只有三者的混合堪称最佳——霍布斯用了近半篇幅来驳斥贝拉敏主教的观点(同上,页443以下)。在结束对贝拉敏的驳斥时,霍布斯说,如果他提出的证据"只是作为一个私人(as a private man)提出,那我便不会去分析讨论,话也就会简单得多"(同上,页473)。这意味着,霍布斯没有把反驳贝拉敏主教视为私人性质的论辩。反过来说,通过严肃认真地反驳贝拉敏,哲人霍布斯公开地详细阐发了限制教权对世俗事务的管辖权、排除《圣经》宗教与政制的关系的主张——施特劳斯的这个注释与其说是在提供文献指引,毋宁说是在揭示欧洲专制时代的政制神圣化基础受到侵蚀的程度。《基督教要义》至少从书名来看是颇为纯粹的教义之书,作者却在其中跟随"哲人们"的见解讨论最佳政体;哲人霍布斯的《利维坦》向来被视为政治之书,却有大半篇幅在讨论《圣经》,以至于更像一本神学之书。不用说,通过这个补充,施特劳斯不仅让我们进一步看到民主共和设计的来龙去脉,而且看到如此设计必须先瓦解既存宗教——当然,除非我们自己跟随施特劳斯的文献指引去阅读,否则也不可能看到他要我们看到的东西。

施特劳斯随后的表述以清晰的言辞揭示了卢梭意在成为实践性教导的"社会科学"具有的哲人立法性质——"以直接的科学的方式提出"(the direct and scientific presentation)解决腐败社会的方案。如果哲人设计出来的方案用不上,不妨"算是一种清白的消遣"(an innocent pastime)。这意味着,哲人"自由地寻找解决政治问题的最佳方案"是哲人的自由生活的内容之一——哲人通过设计这类方案获得的是纯粹智性上的快乐,即便用不上也没关系。然而,卢梭(或者其他民主共和设计师也一样)并非仅仅是为了自己纯粹智性上的快乐而"自由地寻找治病良方",实际上,"自由地寻找"基于一种假定:已然存在针对腐败社会的"革命前景"(a prospect of a revolution)。从而,卢梭的"新政治科学"具有为"公共舆论"(public opinion)做准备的实践性质。正是从这一意义上讲,卢梭的"政治哲学"是一种"实践性教导"(a practical teaching)。这里出现的"新政治科学"(new political science)这个表达式是"社会科学"的代名词,所谓"新"是相对于古典政治科学的"旧"而言:古典政治哲学绝不会以革命前景的假定为前提,遑论为"公共舆论"做准备。换言之,"新政治科学"或"社会科学"具有远大的革命抱负:凭靠"智慧人"的智性和自由建设一个"比过去更完美的社会"(a more perfect society than ever existed before)——比如,难道我们的"智慧人"就不能设想建设一个比周公政制更完美的社会?显然,问题不在于能不能,而在于是否有像卢梭那样"有德性且坚定的人敢于用这种方式教导"我们。

由于"普遍启蒙"还意味着普及科学[或哲学],"一个人可以自由地讨论"和"自由地寻找"就不仅仅指的是少数"优秀天性"的人,而是任何一个愿意寻找"政治问题的最佳方案"的人都可以自由地讨论和寻找……于是就有了"公共舆论"。如我们所知,后来的"公共舆论"已经实现了卢梭的设想:社会上的所有人都可以"自由地讨论社会的神圣基础","自由地寻找政治问题的最佳方案"。

[30] 从卢梭的观点看,除非以彻底的社会批判或对我们前面一直在关注的社会与科学的关系的根本性反思为基础,否则就不可能看清楚社会问题,当然也不可能使其得到真正解决。

"自由地寻找政治问题的最佳方案"基于"彻底的社会批判"(radical criticism of society),或者说,"彻底的社会批判"是建构"社会科学"或"新政治科学"的基础。施特劳斯用选择连词对"彻底的社会批判"作了进一步解释:这意味着从根本上反思(fundamental reflection)社会与科学的关系。施特劳斯还用一个不起眼的定语从句提醒我们,前面一直在讨论科学(亦即哲学)与社会的关系——换言之,既然卢梭非常清楚古典哲人如何看待两者的关系,提出彻底反思两者的关系,便无异于要修改甚至抛弃古典哲人的已有见解。

[30]……这种基础性的反思显示,社会本质上是一种束缚;科学与社会的敌对是自然的自由与人为束缚对峙最重要的例证。人的自然独立性与社会的对抗,决定着政治问题最佳解决方案的一般性质:最佳方案是一个使人尽可能自由的社会。

卢梭通过反思得出的结论是,"社会本质上是一种束缚"——我们知道,这是卢梭非常著名的观点。然而,我们未必清楚，这个著名的观点其实是古典哲人对科学［或哲学］与社会的关系的原初看法。以哲人自己的利益为出发点，或者说对于"自然的自由"来说，社会当然是难以容忍的人为束缚——施特劳斯用"自然的自由"(natural liberty)这个表达式清楚表明了这一点。然而，这仅仅是古典哲人关于科学［或哲学］与社会关系的看法的前一半，后一半看法是：从城邦的正义来看或为了城邦的利益着想，社会具有人为束缚的性质不仅必要，而且应当。卢梭彻底反思的结果是，接受古典哲人的前一半看法：即科学［或哲学］的品质与社会生活决然异质——同时抛弃后一半看法：即哲人必须为了城邦的正义放弃或限制自己的生活利益。不仅如此，凭靠古典哲人的前一半见解，卢梭还由此提出政治问题的最佳解决方案：创建一个让人"尽可能自由"(as free as possible)的社会。这一方案的要点在于，依据"自然的自由"来设计"尽可能自由"的社会，并非要让"城邦中的某类人特别突出地过得幸福"，而是要让城邦中的"各类人"都享有"自然的自由"。既然哲人生活是最高的幸福，智性生活体现了"人性的最高可能性"，那么，设计出一种政制让"各类人"都有可能实现"人性的最高可能性"，听起来当然是"政治问题的最佳解决方案"。与苏格拉底的教诲比较，我们可以说，卢梭既不是要让城邦中的哲人类型的人特别突出地过得幸福，也不是要让城邦中的各类人都按自己的方式过得幸福，而是要让各类人按哲人的生活方式获得幸福，毕竟，各类人按自己的方式生活仅仅是看似过得幸福，其实是生活在"成见"之中，没有实现"人性的最高可能性"。因此，我们断乎不能说，公民哲人卢梭设计出这一"政治问题的最佳解决方案"是出于哲人族的自私自利，毋宁说，这一设计是为了各类人的"真正"幸福作想——从而,"自由"优先就成了富有极高德性的政制原则。

现在我们看到,哲人卢梭被逼迫返回洞穴后,不是与被锁链(亦即"成见")捆绑着的人"一起分享辛劳和荣誉,无论卑微还是崇高",而是要告诉被锁链捆绑着的人,他们生活在"成见"之中,然后告诉"各类人",其实他们本来都有"自然的自由"。这样一来,卢梭就必须不仅取消多数人与少数人在天性上的自然差异(或不平等),还得取消被锁链捆绑着的"各类人"的天性差异,取消低俗和高尚德性的差异。

然而,哲人卢梭能够接受这种取消德性差异的结果吗?可能设想按哲人天性来规定"各类人"的天性吗?难道卢梭不懂得"各类人"中的低俗天性不可能有"自然的自由"或者说不能给他们这种自由吗?智性极高的卢梭断乎不会糊涂到如此地步。施特劳斯接下来就说:

> [31]为发现严谨的解决方案,卢梭推进的方式如下。像霍布斯和洛克一样,他从每个人自我保存的自然欲望中找到了社会的充分自然基础。只要人的能力发展超出一定范围,不靠别人的帮助便没有能力保存自己。可见,社会的基础其实不过是身体需求,是每一个体利己的、最为紧要的需求。正是这些需求直接促动了对自由的关切……

这里出现了决定性的转折:让各类人都"尽可能自由"的社会预设的是实现"人性的最高可能性",但要使得这一"政治问题的最佳方案"切实可行,则必须以"每个人自我保存的自然欲望"(everyone's natural desire for self-preservation)为基础。这意味着,卢梭的思考不仅没有质疑普遍人性这个出自民主共和设计的理智构造,反倒以此为起点①——因为他不得不以此为前提。就科学与社会的关系的古典见解来看,卢梭迈出这一步,似乎仅仅是从以最高的、因此也是极少数"自然的自由"人性为基础猛然跳到了另一边——以最低的、因此也是最为普遍的人性即"自然欲望"为基础,从而看起来就像苏格拉底说的,回到洞穴的哲人转而以城邦为基础。其实不然!因为,苏格拉底告诉格劳孔,哲人回到城邦当以实现城邦的正义为目的,而非以实现最为普遍的人性即"自然欲望"为目的。不仅如此,为了实现城邦的正义,苏格拉底还告诫格劳孔,必须通过立法来"劝服和强制""每个人自我保存的自然欲望"。

施特劳斯的这段表述中出现的形容词"自然的"显得非常刺眼,因为,我们刚刚在前面还看到,"自然的自由"是"人性的最高可能性"。我们显然不能说,"每个人自我保存的自然欲

---

① 人的生活遵循最初的准则,是"为了自身的利益和安全"(参见"二论",页108)。卢梭虽然拒绝霍布斯对自然人的定义(人生来就凶残,需要公民秩序来驯化),却没有拒绝自然人这个理智假设本身——至于人人相残,卢梭相信,"按照贤明的洛克的公理(l'axiome du sage Locke),没有私有制,就不会有不义"(参见"二论",页112-113)。洛克的原话是:"'没有私有制,就不会有不义(Where there is no property there is no injustice)',这个命题与欧几里得的任何证明一样确然。"见洛克,《人类理解论》,卷四第三章第18节(中译本,前揭,页540)。

在第一节里,施特劳斯说到卢梭的问题意识的前提时,仅提到马基雅维利、霍布斯、斯宾诺莎和孟德斯鸠,没有提到洛克,这里增加了洛克(1632—1704)。就现代民主共和设计与自然人性论的关系而言,洛克显得更为重要和直接(参见施特劳斯,《自然权利与历史》,前揭,页206-256)。这里值得关注的是,施特劳斯勾勒出普遍人性论与自由主义政制理想之间的逻辑关系。

望"是"人性的最高可能性",否则卢梭就成了今天意义上的"自由主义者"。事实上,卢梭仅仅把这种普遍的"自然欲望"视为"社会的充分自然基础"(the sufficient natural basis)而已。这样一来,"自然的"含义就从"人性的最高可能性"变成了人性的最低现实性——毕竟,"身体需求"(the needs of the body)才是"每个个体最为切身、最为紧要的需求"(the selfish and most pressing needs of each individual),因而也才堪称普遍的人性。然而,正是从"身体需求"这种最低的现实性中"直接促动了对自由的关切"(immediately motivate the concern with freedom)——我们能说,这里的所谓"自由"是那种只有天生好沉思的极少数人才有的"自然的自由"吗?显然不能。既然是"身体需求""直接促动了对自由的关切",既然"不能设想任何更高的东西"(no superior can be presumed)会像身体个体那样关切自己的"身体需求",那么,如此"对自由的关切"就不会是对只有极少数天性才有的"自然的自由"的关切,只会是对人人都有的"自然欲望"的权利及其自由的关切。

卢梭很清楚,"自由"本来仅仅是某类极少数人的生活品质,这种生活意味着对"身体需求"一无所求——在第二节中,施特劳斯提到过卢梭在《论科学和文艺》第九自然段的著名说法:对于常人来说,身体需求是首要的"需求",社会就建立在这种"需求"之上。但热爱智识的人并非如此,所以,卢梭会暗示,含有极端"自由"的智识人生活虽然比以"身体需求"为基础的社会生活有更高的尊严,却"不适合常人"。如果说这种观点称得上是一种"自由主义",就必须加上"古典的"这个限定词。现在我们看到,卢梭谈论的是现代民主共和论设计出来的自由主义,这种"主义"关切的是体现"身体需求"的"自然欲望"的"自由"——既然"身体需求"是社会的基础,实现"自然欲望"的"自由"就应该成为公民社会的标尺,由此就会引出"自然欲望"的"权利"诉求。城邦的福祉不再是"各类人"如何既紧密地聚集在一起又能实现各自的幸福,而是实现"每个人"的"自然欲望"的"自由"和权利——基于这一欲望的权利诉求来建立一个"好"社会,就是民主的"自由社会"。倘若如此,我们就得说,民主共和设计对城邦福祉的理解与古典政治哲人的理解完全不同,从而,寻求到的"政治问题的最佳方案"自然也就完全不同。我们认可哪一种对城邦福祉的理解及其最佳方案,看来取决于每个读书人自己的"信念"。然而,无论我们持有何种"信念",都无法把自我保存这一最低的"自然"欲望说成"人性的最高可能性"。如果说对城邦福祉的古典理解及其实现方案暗中保存了"人性的最高可能性",那么,现代民主共和设计就彻底剪灭了这种可能性。

由此我们需要更好地理解西方思想史上的两个重大问题。首先,自由"主义"有古典与现代两种含义。古典含义是苏格拉底式的自由"主义",这种"主义"虽然基于极少数热爱智识的人的自由生活,却要求首先限制智识人的"自由",从而听起来根本就不是一种自由"主义"。与此相反,现代含义的自由"主义"尽管出自少数几个智识人的设计,却要实现的是所有人的自然欲望的自由和权利,从而根本就不是古典哲人所理解的"自由"。倘若如此,我们就不得不说:真正"自然的自由人"一旦经过苏格拉底式的启蒙,就难免与现代自由主义为敌。反过来说,现代的自由主义者要么是民主共和"之父",要么是"普遍启蒙"培育出来的公共知识人:前者是拒绝苏格拉底式启蒙的"自然的自由人",后者则是公民社会哲学的产物。第二,霍布斯哲学在西方思想史上具有决定性意义,因为它决定了其后直到如今甚至后现代哲学的基本特征,包括海德格尔的"亲在"哲学。①如果我们以为,"亲在"哲学就叫做回到洞穴——回到古典政治哲学,可能就搞错了。政治哲学的关键问题并非仅仅在于回到洞穴,毋宁说更在于如何看待哲学与洞穴的关系(亦即哲学与社会的关系)。

在说到卢梭"发现严谨的解决方案"时,施特劳斯仅仅提到他以霍布斯和洛克的普遍人性论为出发点,从而与第一节首先提到马基雅维利不同——可以理解的是,马基雅维利毕竟很少谈到所谓纯哲学。然而,我们会感到困惑不解的是:既然卢梭清楚地知道"自然的自由"与常人的"自然欲望"不同,他何以又会"像霍布斯和洛克那样"以自然欲望为社会的基础去寻找政治问题的最佳方案呢?施特劳斯给出的答案完全出乎我们的意料:卢梭采纳近似霍布斯—洛克的自然状态假定竟然是出于他的古典哲学信念:"自然的自由"需求与社会人的需求决然不同,哲人不应该以自己"自然的自由"去破坏、瓦解社会。因此,

---

① 施特劳斯在1931写下的研究大纲"霍布斯的政治学(自然权利导论)"中写道:"问题的关键不在于使得霍布斯的观念具有历史影响的是什么,而在于这种观念包含着什么,在于这种观念是不是真实的观念。"……这时,施特劳斯针对马克思主义写道:"霍布斯的观念是马克思主义的观念。"下面这句似乎指向海德格尔:"放任与被抛(Geworfenheit):霍布斯哲学停留在死亡前,霍布斯哲学是削平的哲学。"——我们知道,"放任与被抛"是《存在与时间》中的重要概念,这无异于说,海德格尔哲学也以霍布斯哲学为前提。随后施特劳斯又写道:"国家和死亡取代上帝……从而什么也没有解释:参梅德格尔的良知解释"(见施特劳斯,《霍布斯的宗教批判》,前揭,页9)。

在考虑公民社会的"政治问题"时,卢梭便相信自己应该从纯粹社会的角度来考虑"政治问题的最佳解决方案"。可是,深谙古典政治哲学智慧的卢梭又懂得,常人的"自然欲望"是人性的最低可能性,以此为基础来建立的公民社会不可能是具有德性的好社会,或者说不可能实现人的最高可能性。于是,卢梭便产生出有关公民社会的"几个更为特别的考虑"——正是这些"特别的考虑"使得卢梭的自由主义与霍布斯或洛克的自由主义在相同的出发点上分道扬镳。

> [31]……为了享有社会的好处,人人必须接受社会的负担;每个人必须让其以自己的好为取向的属己意志服从于以共同的好为取向的公意。只有在这些限制下,社会中的自由才可能。

虽然"从每个人自我保存的自然欲望中找到了社会的充分自然基础",相当信服古典智慧的卢梭仍然清楚,所谓"每个人"仍然是各类人,这必然意味着各类人有各自"属己的意志"(his own will)。如果各类人各自追求"属于自己的好"(his own good),就不能实现公民"社会中的自由"(freedom in society)。因此,卢梭设想,必须劝服和强制每个人接受社会这个"负担",让自己的私己意志服从"普遍意志"(the general will)——也就是所谓的"公意"。这样一来,每个人都有的属己的"自然欲望"的自由就得转变为一种"政治意义上的自由"(free in the political sense),其具体含义是:每个人都服从"社会意志"(will of society),而非任何"个人的或私己的意志"(the personal or private will),哪怕这种私己意志体现的是某个社会"团体"的意志。这里我们可以看到苏格拉底对格劳孔的那段教诲的痕迹:社会共同体(对苏格拉底来说就是"城邦")的目的和利益高于私己的目的和利益。

卢梭用"社会中的自由"取消了每个人都有的属己的"自然欲望"的自由,"政治意义上的自由"在我们听起来就显得不再像是个人的属己"自由"。然而,卢梭为什么会提出这种"政治意义上的自由"呢?我们必须注意前面关于"意志"的界定:所谓"意志"指的是"以好为取向"(is directed toward good)的意愿——"属己的意志"以"私己的好"为取向,"社会的意志"以"共同的好"(the common good)为取向。这样一来,卢梭就得以用自己设计出来的"公意"观来改造霍布斯—洛克的"每个人自我保存的自然欲望"。这里我们有必要回想起,施特劳斯在上一节开头提到,卢梭明确区分了"好"(goodness)和"德性":"好"属于自然人(热爱智慧生活的少数人),"德性"或道德属于公民人,因为"德性"而非"好"以社会契约为前提。好人"之好仅仅是为了自己"(is only good for himself),从而无需以社会契约为前提。反过来说,好人之"好"(good)也不适合于社会(参见[25]自然段)。现在,卢梭在他的公民社会理论中又说,"属己的意志"以"属己的好"为取向,岂不是将前社会的人与"好人"混淆起来了吗?并非如此。因为,施特劳斯随后就指出,卢梭所谓的"好"有两个含义,前社会的自然"好人"不同于"既好同时也智慧的人"(the man who is good and the same time wise)。换言之,停留在"自我保存的自然欲望"的"属己意志"中的"好人"是"愚蠢的动物",必须把他们培育为社会人(参见[26]自然段)。

[31]……为避免任何类型的人身依附或"私有政府"（private government），一切人与事都必须服从社会意志，而社会意志只能以普适性法律的形式体现自身，对于这种法律的创立，每个人本应能够用自己的一票为其做出贡献。

显然，为了实现公民社会，必须靠法律的劝服和强制——在少数人那里属于天性的自由并非是一种政治意义上的自由，从而是"自然的自由"，这种"自由"的含义才是服从自己。"政治意义上的自由"是"社会中的自由"，这种"自由"意味着个人放弃自己私己的亦即前社会的"好"，服从公民社会的"共同的好"。从而，"政治意义上的自由"无异于受到公民社会或"共同的好"束缚的"自由"。① 由此就引出了立法问题，因为，"社会意志只能以普适性法律的形式"（in the form of general laws）来体现自己。然而，既然公民社会的意志指向的是"共同的好"或"社会的好"（good of society），"普适性法律"的订立就得杜绝任何私己的意志。这时，就得设想像苏格拉底对格劳孔的教诲所说的那样，由某个天性优秀的人来立法，只不过，对于"这种法律的创立"（to the establishment of which）还需要洞穴中每个人（everyone）属于"自己的一票"（by his vote）的批准，否则就谈不

---

① 在今天的流俗自由主义观点看来，这就不能叫做"自由"主义——然而，这的确就是现代含义的自由主义，即便洛克也说："'没有政府可以允许绝对的自由'，我确知这个命题的真实性，一如我确知数学中的任何命题的真实性。因为，政府这个观念指建立在规则和法律之上的社会，这些规则需要强制人们服从，而绝对自由的观念则指人的任意行事。"洛克，《人类理解论》，前揭，页541。

上体现社会意志、谈不上民主。有智慧的卢梭自然会看到,既然前社会的人只会在意自己"愚蠢的动物"式的"意志",何以可能指望他们"将其所有权利全部让渡于整个共同体"(all his rights to the whole community)?洞穴中每个人属于"自己的一票"无疑能够体现或实现公民社会的民主,然而,除非能够设想洞穴中的每个前社会的人能够放弃自己"愚蠢的动物"性的"意志",民主的公民社会只会是一个"愚蠢的动物"性自由社会。正是在这个关键点上,施特劳斯看到了卢梭设计的民主的公民社会的根本难题。

[31]……公意总是以社会的好为取向,从而总是有着良好意图,何以才能假定,公意总是被启蒙为社会的好?完全受私己意志左右的自然人,何以才能实现向总是把公意置于私己意志之上的公民的转变?

我们值得看看卢梭的原话怎么说:

公意总归是公正的,而且总归指向公共效用(l'utilité publique);然而,不能由此推论,人民的商议(les délibérations)总归同样正确(la même rectitude)。人总归愿意自己的好(son bien),却未必总归能看到好。人民虽不会被腐蚀,却往往会被欺骗,而且恰恰就在这样的时候,人民显得要不好的东西。众意(la volonté de tous)与公意往往有很大差别;公意只着眼于共同利益(l'intérêt commun),众意着眼于私利,因此不过是个别意志(volontés particulières)的总和。("三论",页39）

这段话表明,卢梭其实很清楚苏格拉底不信任民主政制的理由之一:人民很难以共同的好为目的,与其说是因为缺乏意愿,不如说是因为缺乏理智的辨识能力（参见 Grimsley 笺注）。既然如此,就不可能指望"愚蠢的动物"自觉地完成从"自然人转变为公民"(the transformation of natural man …into the citizen)的文明化转变,必须得有某个天性优秀的人出来事先订立普适性法律,并要求"愚蠢的动物"在"这些限制中"（within these limits)让渡自己的自然欲望的自由和权利——这就需要普遍的"启蒙",亦即让"愚蠢的动物"在理智上明白公意就是社会的好(to be always enlightened about the good of society)。建立民主的公民社会的根本难题难就难在这个"启蒙",可是,这个难题之所以会出现——或者说,能够认识到这个难题,取决于卢梭的古典政治哲学修养,具体地说,取决于他对两类"自然人"的区分,也就是少数"既好同时也智慧的人"与"愚蠢的动物"的区分。按照苏格拉底对格劳孔的教诲,"好同时也智慧的人"才有资格为城邦立法。因为,只有这类极少数人才知道,什么是"共同的好",而且有智慧懂得,仅仅基于"每个人自我保存的自然欲望"断无可能建立起有德性的民主的公民社会。施特劳斯引用《社会契约论》第二卷第 6 章最后那个自然段的结尾一句,证明卢梭明白这一点……我们不妨读一下整段原文:

确切说来,法律只不过是公民组成社会(l'association civile)的条件。服从法律的人民应当是法律的作者;规定社会条件的,只能是组成社会的人们。然而,这些人该怎样来规定呢?靠突然灵机一动达成共识吗?政治体(le corps politique)具备一个表达自己意志的机构吗?谁给政治体以必要的预见力以便事先想出这些行为并公之于众呢?或者,在必要时又怎样宣告呢?既然盲目的杂众(une multitude aveugle)并不知道自己愿意要什么,因为,什么东西对于自己好(qui lui est bon),他们知道得太少,他们又怎么能亲自执行立法体制这一既重大又困难的事业呢?人民总是愿望好(le bien),但人民自己并不总看到什么对自己好。公意总是正确的,但引导公意的判断并不总是明澈的(éclairé)。必须使它看到对象的真相,有时还得看到对象应该对它呈现的假象;必须为它指出一条他们在寻求的美好道路,保障它不至于受个别意志的诱惑,看清地点和时间,以遥远的隐患来平衡当前的可见好处的引诱。个别人看得到好,他们[公众]却不要它;公众意愿好,却看不到它。两者同等地需要引导。必须使前者能以自己的意志顺从自己的理性;必须使后者学会认识自己所愿望的东西。这时,公共智慧的结果便形成理智与意志在社会体中的结合,由此才有各个部分的密切合作,以及最后才有全体的最大力量。因此,才必须产生出一个立法者。("三论",页52)

所谓"个别人"(les particuliers)也可以理解为"特别的人",或者理解为少数"既好同时也智慧的人",他们看到的"好"(le bien),"公众"(le public)或者说正在成为公民的"原始人"却"不要"(rejettent);"公众意愿"的"好"理应是"社会的好",但他们却"看不到"这种"好"——这话难道不会让我们想起卢梭对两类"自然人"以及两种"好"的区分？由此可见，卢梭关于公民社会的政治哲学还带有古典政治哲学的烙印，或者说以古典政治哲学的智慧为前提。随后一句"正因如此，才必须产生出一位立法者"（naît la nécessité du législateur）证实了这一点。

施特劳斯指出的这个难题明显是对卢梭在《社会契约论》中提出的著名主张的精炼归纳，但卢梭在《社会契约论》中又对这个难题给出了自己的解答。关于《社会契约论》，我们值得记住两个要点：第一，卢梭的整个论述框架是，从"论原初社会"（卷一第2章）开始，以"论公民宗教"（卷四第八章）结束；第二，中间部分是著名的人民主权论——宪法应该基于人民制宪权，或者说基于明确的或隐含的人民意志，政府仅仅是实施这种意志的形式。换言之，采用君主制、贵族制还是代议民主制的政体形式倒在其次，关键在于人民始终拥有主权。按照这种主张，没有体现人民意志的国家不会是真正的政治统一体，只会是一台没有理性的暴力机器（暴政）。尽管卢梭并没有明确讨论一种特殊的人民制宪权，却讨论了政治法（lois politiques）或根本法（lois fondamentales），进而规定了主权者（人民）与政府的关系（第二卷）——人民主权意志是绝对的，由此派生出具有相对性质的实定法律。只要这些法律出自人民的普遍意志，就建立起了一个公民社会。① 因此，卢梭需要论证或解决的问题便是：如何使得涣散的人民形成统一的人民意志——于是，卢梭就有了

---

① 参见吉尔丁，《设计论证：〈社会契约论〉的结构》，尚新建、王凌云译，北京：华夏出版社，2006；戴维斯，"《社会契约论》开篇指要"（曹聪译），见刘小枫编，《古典诗文绎读·西学卷[现代编]》，上册，前揭，页646-651。

自己的"社会契约"（Contrat social）设计。然而，《社会契约论》又为何以讨论"公民宗教"结尾呢？这岂不是说，仅仅保障人民始终拥有主权还不足以建立起良好的公民社会吗？

> [32]以卢梭之见，这个难题如今只能用政治哲学来表述；它不能用政治哲学来解决；或者更确切地说，它的解决恰恰受到导致这一难题的这种政治哲学的威胁。

施特劳斯的这一表述从字面上看颇为费解：公民社会的"难题"何以是由"这种政治哲学"（by the very political philosophy）"导致"（leads up to it）的？解决这个"难题"何以又会受到"这种政治哲学"的威胁？显然，理解这句表述的关键在于，"这种政治哲学"指从霍布斯到洛克的公民社会哲学——"以卢梭之见"这个表达式表明，卢梭看到，民主共和设计的根本"难题"是这种公民社会哲学自己"导致"的，而解决这一"难题"又恰恰受到这种公民社会哲学自身的"威胁"……说到底，问题都出在"这种政治哲学"自身。"以卢梭之见"这个表达式还表明，卢梭把共和设计中的这一公民社会的"难题"变成了自己要解决的难题，并认识到要解决这一难题的"难题"究竟何在：

> [32]……难题的解决是这个立法者或一个民族之"父"的行动，那是一个智力超群者的行动，他为自己设计出的一部法典注入神圣起源，或者以自己的智慧来敬奉诸神，以便劝诱公民体自由地服从他的法典。

这个句子有点儿长,蕴含的意思很多,让我们加倍放慢速度用心识读。为了把在霍布斯和洛克那里具有私己意志的原初自然人改塑为服从社会"公意"的公民,卢梭设想的是,"这个立法者"在"设计出一部法典"(a code which he has devised)之后,必须进一步采取"行动"(the action),给这部法典"注入神圣起源"(ascribing divine origin),以便"劝诱公民体自由地服从他的法典"(induces the citizen body to submit freely to his code)。可见,公民社会的根本难题是如何使得具有私己意志的原初自然人变成"自由地服从"公民社会法典的公民。然而,我们有必要问:这个难题是怎么来的,或者具有私己意志的原初自然人是怎么来的?洞穴状态中的人并非具有私己意志的原初自然人,而是"被捆绑"的人!……什么被捆绑?"私己意志"被捆绑——"私己意志"被什么捆绑?被具有神圣起源的传统礼法捆绑。从而,洞穴中人只能被称为宗法制度中的各品人。一旦解开宗法的捆绑,洞穴状态中的人才会成为具有私己意志的原初自然人。倘若如此,我们有必要进一步问:谁给"被捆绑"的各品人解开礼法的捆绑,或者谁把各品人从具有神圣起源的传统礼法的捆绑中解放出来?回答只能是:恰恰是"这个"给自己设计的法典"注入神圣起源"的"立法者"——更确切地说,恰恰是从马基雅维利—霍布斯—斯宾诺莎—洛克到孟德斯鸠的启蒙"政治哲学",尤其是其中的自然状态设计。因此,正是"这种[公民社会]政治哲学导致"了公民社会的根本难题。对古典政治哲学来说,根本没有如何使得原初自然人变成"自由地服从"法典的公民这样的难题,"自然状态"设计以及"原初自然人"设计纯然是现代启蒙哲人的政治哲学(确切地说应该是"社会科学")构造。比如,经过启蒙的我们会把生活在"民国"之前的中国人说成生活在"封建专制"之下,然后告诉"民国"之后的中国人:其实我们个个都是"原初自然人",如若不信就请看"科学的"达尔文证明……于是,中山先生开始惊呼:何以中国人总是"一盘散沙"……于是,教会中国人"自由地服从"民主共和法典的问题就来了……

为了更好地体会"原初自然人"设计的理智构造性质,我们值得阅读卢梭在《论人类不平等的起源和基础》中的两段话。在"序言"中卢梭写道:

> 在我看来,对如下问题给出好的解答,就不会不配是我们这个世纪的亚里士多德和普林尼:为了获得对自然人的认识(pour parvenir à connoître l'homme naturel),必须做怎样的实验(expériences),要在社会之中进行这些实验得用怎样的方法(les moyens)?虽然我远未解答这些问题,但我相信,我已经就问题的对象作了足够的深思,因此敢于先这样来回答:最伟大的哲学家再怎么优秀也指导不了这种实验;最有权力的主权者(les plus puissants souverains)再怎么贤明也做不了这样的实验;尤其是,要指望这两方面以必不可少的坚韧不拔(la perseverance),或者甚至以智识与良好意志的连接(la succession de lumiéres et de bonne volonté)形成结合以求得成功,几乎无法用理性来设想。("二论",页63-64)

可见,卢梭既清楚"原初自然人"是一种理智设计的"实验",也清楚这种设计的理智困难,但他不是干脆拒绝这种设计,反倒是迎着困难而上——这段话的意思不是说,搞这种"实验"不需要哲学,恰恰相反,"这需要一种超乎人们所能设想的哲学"(il faudroit même plus de philosophie qu'on ne pense;同上,页63),同时还需要一种超乎人们所能设想的"权力"。既然如此,仅仅"用理性来设想"(raisonnable)搞这种"实验"当然几乎是天方夜谭。① 尽管如此,卢梭还是用理性搞出了自己的"原初自然人"设计。在即将结束关于自然人的描述时,卢梭又说:

> 如果我用了如此长的篇幅来详细描述这种原始状态的推想(la supposition),那是因为,我必须摧毁古老的谬误和根深蒂固的成见(d'anciennes erreurs et des préjuges invétérés à détruire),我因此认为,必须挖到根子(creuser jusqu'à la racine),用一幅自然状态的真实图画来表明,在这种状态下,即便自然的不平等,也远没有我们的作家们(nos Ecrivains)所说的那样真实,那样有影响。其实很容易看到……自然状态下人与人之间的差别比社会状态下人与人之间的差别必定要小得多,人为的不平等必定会使自然的不平等大大加深。("二论",页102)

---

① 反过来讲,如果历史上真的出现过这样的"实验",那么,把好几代人的区区智识加起来,也未必能指望能理解这一"实验"的历史含义。笔者想到一件我们的共和轶闻:梁漱溟先生在抗战期间访问延安时,曾与毛泽东同志就如何改造旧中国论辩了整整三天……回到陪都后随即向熊十力先生通报了论辩大要。梁先生是哲学家,且兼通中西印哲学,难免敢于认为自己更懂中国和应该如何改造旧中国,非要证明自己的"实验"更高明,结果证明自己的哲学还远远不够……

《论人类不平等的起源和基础》的第二部分对公民社会提出了著名的批判,我们对卢梭提出的基本论点耳熟能详:公民社会(或 Sociétés politiques[政治社会])是人类不平等产生的根源和日益扩大的基础(参见"二论",页138)。然而,我们往往忘记,卢梭的公民社会批判是理智设计式的批判。因为,这一迄今让人振聋发聩的批判(尤其对私有制的批判)基于自然状态下的人人平等,而正如上面这段话所表明的那样,自然的平等本身不过是卢梭的理智"推想"。为了设想这种假设,卢梭"必须摧毁古老的谬误和根深蒂固的成见"——反过来说也一样:提出"这种原始状态的推想"之后,更有利于"摧毁古老的谬误和根深蒂固的成见"。卢梭不是清楚知道,人与人之间有自然的不平等吗?的确如此,然而,为了完成自己的共和设计,他不得不依据"自然状态"这一假设说,"在这种状态下,即便自然的不平等,也远没有我们的作家们所说的那样真实,那样有影响"——所谓"我们的作家"八成指的是古典哲人。"作家"无不善于虚构,言下之意,近代哲学家和法学家们提出的"自然状态"假设反倒不是虚构,而是一幅科学的"真实图画"(le tableau du veritable)。通过与早前的种种"自然状态"假设辩驳,卢梭确信,自己关于自然人的哲学"反思"(mes réflexions)取得了成功,因为他已经表明,自己的"某些假说(certaines hypothéses)并无可靠的事实基础,何以又能显得无懈可击"(参见"二论",页104)。

由此可以理解,当卢梭把立法者等同于"一个民族(a nation)之'父'"时,他具体提到的是马基雅维利、加尔文、孟德斯鸠这样的哲人(参见"三论",页53-54,55-56)。这里的所谓"民族"指的是现代的"民族国家",换言之,"这个立法者"是依据"自然状态"设计重新建立"民族—国家"的创建者,或者现代民主共和政体的"国父"。施特劳斯随后补充说,这位"国父"也是"一个智力超群的人"(a man of superior intelligence)——卢梭的原话是:这位"立法者在一切方面都是国家中的一个超凡人物(un homme extraordinaire)。如果说他由于自己的天才(son génie)当为立法者的话,那么,由于自己的角色,他也同样当为立法者"("三论",页55)。说到底,民主共和政体的"国父"应该且必须是个"智力超群"的哲人。由于卢梭也为科西嘉设计了宪制,他很可能把自己也看做这样的"天才"。

为了使得普遍启蒙制造出来的原初自然人重新成为"自由地服从"共和国法典的公民,这位民主共和国之"父"作为立法者不得不给自己的法典注入"神圣起源"——施特劳斯用选择连词"或"进一步说,这等于哲人"用自己的智慧来敬奉诸神"……"诸神"是古希腊宗教的特征,从而这个表达式听起来颇像柏拉图《法义》中的那个雅典客人或者匿名的苏格拉底,似乎共和设计师们与匿名的苏格拉底的做法一样。可是,在柏拉图笔下的雅典客人的立法意图中,有让"公民体自由地服从"法典这样的问题吗?

那么,"这种政治哲学"在解决自己导致的政治难题时何以又受到自身的威胁呢?其实,民主共和国之"父"给自己的法典注入"神圣起源"等于"用自己的智慧来敬奉诸神"一句已经给出了解释,但要理解这句解释,我们得先读卢梭在《社会契约论》第二卷第7章写下的一段要言:

> 为了使新生的人民(un peuple naissant)能够品尝到健

全的政治准则,并遵循国家理性(la raison d'État)的根本法则,必须倒果为因,使本应为制度之作的社会精神(l'esprit social)转而支配制度本身;而且,要使人们先于法律成为他们凭靠法律应该成为的那种人。因此,立法者既不能使用强制也不能使用说理(le raisonnement),这就有必要求助于另一等级的权威([引按]指宗教),它不施强力就能约束、不用说服就能劝服。

所以,在所有时代,各民族的父老们都不得不求助于上天的干预,以他们固有的智慧来敬奉诸神(les dieux),目的是让全体人民服从国家的法有如服从自然法,并且在认识到人的形成以及城邦的形成中的这同一个权力时,让全体人民能够自由地服从(obéissent avec liberté),并驯顺地承担起公共幸福的羁轭。

这一崇高的理性,常人(des hommes vulgaires)望尘莫及,正是出于这一理性,立法者把自己的决定托于神之口,①以便靠神圣的权威来约束那些连人的审慎也打动不

---

① 何译本译作"托之于神道设教",如此译法等于预设中国的古圣人并非真的信神。钱锺书先生从英国史家吉朋书中得知:"众人(the people)视各教皆真,哲人视各教皆妄,官人视各教皆有用"——不禁感叹此言"直凑单微矣",进而联想到《周易》中有"圣人以神道设教,而天下服矣"之言,《礼记·祭义》中有"因物之精,制为之极,明命鬼神,以为黔首则,百众以畏,万民以服"之言,感叹此二句乃"古人政理之要言也"⋯⋯在随后摘引的西方古今证言中,未见钱先生提到卢梭,也未见提到柏拉图。参见钱锺书,《管锥编》,第一册,中华书局,1979,页 18 - 22;《管锥编增订》,中华书局 1982,页 3 - 4。

据说,耶稣会士已经让十七世纪的欧洲读书人惊讶地得知,中国古代的读书人虽然骨子里都是"无神论者",但他们懂得内传和外传说教的区分,个个装得很敬神。Jean Baptiste Barbeyrac 在普芬多夫的《自然权利与民族权利》(Right of Nature and of

了的人们。可是，并非任何人都可以代诸神立言，也不是只要有谁自称诸神的传言者，人们就会信他。立法者的伟大灵魂才真正堪称奇迹，它才必定会证明自己的使命。谁都可以刻石版，或者贿买神谕，或者瞎编与某个神灵秘密往

Nations)的法文本前言中写道：有个中国哲人的感情在当今颇受青睐，"他的门徒们有一种只对人民宣讲的外传说教（external doctrine），他们说，持守这一说教是为了尽到自己的职责。这种说教教诲的是，善与恶、正义与不义有实实在在的差异，人人都会有来世，在那里，每个人都会为在今世的作为获得奖赏或惩罚。但是，还有一种只对门内人的对内说教，这种说教可归纳为一种斯宾诺莎主义，也就是彻底清除宗教和道德"。洛克在说到上帝观念不是"天赋观念"时引证说，"驻华的传教士们，甚至耶稣会士们，一面赞美中国，一面又异口同声告诉我们：中国的统治阶级即士大夫们（the sect of the litterati）都固守中国的旧教，其实他们都是纯粹的无神论者。"见洛克，《人类理解论》，前揭，上册，页50。由于"内传说教"早在毕达哥拉斯那里就有了，有些欧洲读书人便认为，两种说教的区分从欧洲传入了中国。卢梭对这个问题的看法是："内传说教"并非从欧洲传入中国，毋宁说，在中国与在欧洲一样，自有哲学之日起，哲人就发明了两种说教，中国的"这样一群无神论者或哲人"（cette foule d'athées ou de philosophes）一直受惠于这种区分。言下之意，区分内传和外传说教是中西方古老哲人不约而同的智慧。参见卢梭为回应对《论科学和文艺》的批评而写的《几点评析》（第39自然段注释1）及古热维奇笺注（页334 - 335）。

按我们的文史方家之言，中国古代的"内学""外学"之分在不同历史时期有不同含义：起初《六经》为内学，史书为外学；东汉时《七纬》及道家言（如《道德经》）为内学，《六经》为外学；南北朝时，又以佛书为内学，儒书（甚至道书）为外学⋯⋯但按"教有深浅"划分，则儒书为内学，佛道为外学。参见钱锺书，《管锥编》，第一册，前揭，页381 - 382。钱锺书先生谈及"内学""外学"时似乎特别克制，未按自己的惯例博引西人相关说法，我们无法得知，是否可以说，儒道释无不是"视各教皆妄"的秘密 leçons d'athéisme[无神论教诲]，对国家所奉宗教无不"'貌敬'（external reverence）而'腹诽'（inward contempt）"。唯有从《老子》所谓：'和其光，同其尘'，与夫释氏所谓'权实双行法'"得知，"于此等言教，当不少见多怪"（《管锥编增订》，同上，页3 - 4）。由此看来，兴许可以说，至少道释两家是 leçons d'athéisme。倘若如此，"窃吾道之名以用于夷狄之世，借儒者之言以盖其佛老之真，其得罪於圣门甚矣"（谢铎《伊洛渊源续录》"前序"，引自张林川、周春健编，《中国学术史著作序跋辑录》，崇文书局，2005，页12）。

来,或者训练一只鸟儿在他耳边说话,或者找出其他种种下作手段来欺骗人民。只会搞这套的人甚至偶尔也能聚合起一堆蠢人(une troupe d'insensés);但是,他绝建立不起一个帝国,他的荒唐之作会很快随他自己一起完蛋。空洞的威信只能形成一时的维系,唯有智慧才能让维系持久。犹太法律仍然尚存,十个世纪以来统治着半个世界的伊斯美(Ismaël,[引按]《古兰经》中的先知易卜拉欣的长子伊斯玛仪,即《圣经·创世记》中亚伯拉罕与夏甲之子以实玛利,被奉为阿拉伯人的祖先)子孙们的法律迄今还在昭示订立这些法律的伟人们;当然,虚骄的哲学或瞎眼的宗派精神([引按]指伏尔泰)把这些人看成不过是些侥幸的江湖骗子,真正的政治家则会赞美他们的制度所展现出的伟大而强有力的天才,正是这种天才主导着持久的功业。("三论",页 57 – 58)

这段话来自马基雅维利的启发,因为,当说到"立法者把自己的决定托之于诸神之口"时,卢梭在注释中引用了《李维史论》卷一第 11 章"关于罗马人的宗教"中的下面这段话:

> 罗穆卢斯在组建元老院以及制定其他民事和军事制度的时候,不需要借助神的权威,但这对努马来说却很有必要:他假装与一位仙女相识,后者就他将要向人民建议的事情向他提出建议;而这一切全都是因为他希望在那个城邦设置新的不同寻常的体制,却又怀疑自己的权威可能还不够。确实,从来没有哪一个给民族创建不平常的法律的人

> 是不求助于神的,因为否则的话,这些法律就不能得到接受。有许多好处是一个审慎的人所知晓的,但它们本身没有明显的道理能够使其他人来信服它们。不过,智者如果希望排除这种困难就会求助于神。(《李维史论》,前揭,页182 – 183)

现在我们应该马上回想起,哲学的根本品质之一恰恰在于拒不承认"神圣起源"(回想[18]自然段注释二关于所有哲人都不承认上帝创世)。既然立法者是"一个智力超群"的哲人,他自己都不信"神圣起源"(否则他就不会搞启蒙把洞穴人变成原初自然人),何以可能让公民们"坚信他的神圣使命或他的法律得到了神的批准"而采用他的说法——施特劳斯在这里下注提到卢梭在《山中书简》第二书和第三书对奇迹问题的长篇讨论,意在提示我们,哲人卢梭自己都不相信"神圣起源"。如果我们这时回想本节开头第二个自然段([29])说到卢梭要通过启蒙实现"一个人可以自由地讨论社会的神圣基础","自由地寻找解决政治问题的最佳方案",就会明白,他自己的公民社会哲学导致的政治难题同样受到自身的威胁。

施特劳斯接下来提了一个假设性问题:

> 有人可能会想:一旦这部法典得到认可,"社会精神"得以形成,这部智慧的立法凭据其业已得到证实的智慧而非凭据其捏造的起源被接受下来,也就不再需要对这部法典的神圣起源的信仰。

我们值得想,"有人可能会想"(one might think)的"有人"指谁……值得推想指的是那些民主共和国"之父"、甚至卢梭这位"立法者"本人。因为,这部公民社会的"法典"是他凭靠自己的哲人智慧订立的,人们接受这部"智慧的立法"(the wise legislation)是由于哲人—立法者的智慧,他们并不知道这位哲人—立法者的智慧其实尤其体现于"捏造[神圣的]起源"(the pretended origin)。从而,这位哲人—立法者就与自己在搞启蒙时揭露古人"捏造[神圣的]起源"没有二致。但是,古人即便"捏造[神圣的]起源",毕竟为的是让人们真的信仰,民主共和国"之父"却认为,一旦公民社会凭此法典形成自己的"社会精神"(l'esprit social),公民就根本不再需要"对法典神圣起源的信仰"——打了引号的"社会精神"是卢梭在《社会契约论》中的表述,①当理解为宗教信仰的替代品,而非具有"普适性法律形式"的"公意"。换言之,公民宗教是公民社会法典的必要补充,但它并非是一种真正的宗教信仰。

施特劳斯随之对这一假设的反驳应该看成卢梭自己提出的反驳——如此笔法似乎意在让我们看到,卢梭如何自己反驳自己,因为,凭靠自己深厚的古典政治哲学素养,卢梭心里完全应该明白:

> 古老的法律亦即"古代的成见"对于社会的健康不可或缺,公开"揭穿"涉及这些法律的[神圣]起源的阐述,才

---

① "三论",页57:"使本来应该是制度产物的社会精神转而凌驾于制度本身之上。"

会使得对这些法律的既存敬重难以为继。换言之,自然人向公民的转变是一个与社会本身同时并存的难题,因此,社会至少一直需要立法者神秘且令人敬畏的行动的等值品。

公民社会哲学是"普遍启蒙"的哲学,为了构建公民社会,"这种政治哲学"首先必须把"古老的法律"说成"古代成见",通过启蒙论述"公开'揭穿'"古老法律的神圣起源不过是"捏造",从而扫除人们对这些法律的"既存尊重"(the living respect)。可是,公民社会哲学又清楚地懂得,为了"[公民]社会的健康",需要人们信奉公民社会"法典",否则,自然人就不可能真的转变为公民——孟德斯鸠《论法的精神》已经面临这样的问题。从而,构建"[公民]社会"的难题与"自然人向公民的转变"这一难题"同时并存"(a problem coeval)意味着,公民社会的政治哲学通过启蒙"公开'揭穿'"习传宗教才能造就出"自然状态"中的"自然人",但构建公民社会并非根本就不需要"对法典神圣起源的信仰",否则自己造就出来的"自然人"不可能成为公民。因此,构建公民社会的根本困难就在于:既然公民社会的政治哲学通过启蒙摧毁了洞穴人对古老法律的"既存敬重",就不再有值得敬重的古老的东西,但公民社会实际上又"一直需要"(has a continuous need)立法者"神秘且令人敬畏的行动"(the mysterious and awe-inspiring action),否则,"法典"仅仅是外在的约束。

可以设想,古典哲人同样有"神秘且令人敬畏的行动",那就是阐述古老法律的"神圣起源"。然而,民主共和的设计师已经不可能再像古典哲人那样"捏造"公民社会法律的"神圣起源"。现在我们就可以问:清楚地看到这一"难题"的卢梭会怎么办呢?他的"解决方案"是"捏造""传统和情感"(traditions and sentiments)——我们知道,强调"传统和情感"是卢梭政治哲学的所谓"浪漫主义"特征。我们以为,卢梭大谈"传统和情感"是因为他看重"传统",看重未受文明污染的"自然情感"。施特劳斯引用卢梭自己的一句话来证明,其实,这位哲人大谈"传统和情感"的"目的"不过在于:"以一个[整体之一]部分的、道德的人"(a partial and moral existence)取代自然状态中的自然人——以便最终实现原始人向公民的转变……卢梭的原话是:

> 任何敢于着手创建人民(instituer un peuple)的人,必须自己觉得有能力做到所谓的改变人性(changer la nature humaine),把凭自己已是一个完美且孤立的整体的每一个体(chaque individu)转化为一个更大整体的一部分,从中这一个体才以某种方式获得自己的生命和存在;改变人的素质(la constitution de l'humme)以增强素质;用[整体之一]部分的道德的实存(une existence partielle et morale)取代我们人人得之于自然(de la nature)的生理的独立的实存。总之,[人民的创建者]必须抽掉人自己的固有力量(ses forces propres),以便赋予外在于他的力量,而且,没有他人帮助,人根本无法运用这种力量。("三论",页54)

这段话非常有名,因为这被看做卢梭式专制主义的铁证——经历过"大革命"的我们对于卢梭的这段颇为抽象的论述会有历史的具体体会,难免咬牙切齿……然而,我们必须理解卢梭的意图或者说他面临的要解决的问题。首先,卢梭要强制改造的"自然人"本身就是自由民主共和论设计出来的。第二,如此强制改造为的是使人人成为享有自由平等的"人民"。如果说这是一种专制论,那么,它也仅仅是出于自由平等且为了实现自由平等的专制,或者说是出于自由主义且为了实现自由主义的专制,总之没法否认这是一种自由主义。施特劳斯的表述用了"目的"(the purpose)这个语词,旨在突显卢梭这位哲人立法的意图,从而兑现了文章标题的承诺。我们看到,如此意图与这个哲人的立法本身相矛盾:公民哲人的立法要求清除旧的法律或"成见",这必然意味着彻底"清除"旧的宗法情感——但要使得公民社会既"稳定且健康",又必须打造出"一种社会精神",也就是公民社会的"种种意见或情感"(the opinions or sentiments),这又需要公民社会先"克服而且仿佛是在绝灭"因清除既有的宗法情感而导致的"种种自然情感"(the natural sentiments)。卢梭的原话是:"这些自然的力量消灭得越多,则所获得的力量也就越大、越持久,制度也就越巩固、越完美"(见"三论",页54)。这段颇为费解的辨析告诉我们:卢梭的公民社会政治哲学大肆宣扬"传统和情感",看起来是激烈反现代性的"神秘且令人敬畏的行动",其实是地道的现代性行动。因为,宣扬"传统和情感"不过是在打造公民社会的"意见或情感",这些由哲人卢梭所打造的情感既克服了"愚蠢的动物"式的"自然情感",又是填补被启蒙彻底"清除"了的宗法情感的"等值品"(equivalents)。

施特劳斯这样来总结卢梭的公民政治哲学所面临的难题:

[32]……社会必须尽一切可能让公民忘掉那些事实，而政治哲学恰恰把那些事实作为社会的基础纳入自己关注的焦点。社会的成或败端赖于一种特别的蒙昧，哲学必然造反蒙昧。要想政治哲学提出的解决方案得以生效，就必须忘掉政治哲学提出的问题。

按照前面的论析，这段话的意思是说：政治哲学把"一种特别的蒙昧"（a specific obfuscation）视为"社会的基础"，并作为"自己关注的焦点"，以至于可以说，政治哲学就是"一种特别的蒙昧"哲学。公民社会哲学以清除这种"特别的蒙昧"为前提，但深谙何谓洞穴的卢梭懂得，即便公民社会也需要"一种特别的蒙昧"。于是，卢梭的公民社会哲学最终也不得不把"一种特别的蒙昧"视为公民"社会的基础"，这就必然与自己的前提相矛盾。因此，公民社会哲学并非真正意义上的"政治哲学"——施特劳斯的表述是："哲学必然造反蒙昧"（obfuscation against which philosophy necessarily revolts），而非"政治哲学必然造反蒙昧"。启蒙哲学造反"蒙昧"，结果不过是想方设法让公民忘掉启蒙哲学自己造就的"蒙昧"，从这一意义上讲，启蒙哲学制造的是双重蒙昧。

在结束论析卢梭的解决方案之后和给出这段总结之前，施特劳斯下了一个不长但内容明显分为两个部分的注释。施特劳斯首先提到《社会契约论》卷二第6和第7章（"论法律"和"论立法者"）及卷三第2和第11章（"论各种不同政府形式的建制原则"和"论政治体的死亡"），为正文中扼要概述的卢梭的解决方案提供了文献指引。施特劳斯专门指出,在"论立法者"一章中,卢梭提到的立法者有古人摩西和穆罕默德(参见前引《社会契约论》卷二第 7 章对犹太法律和伊斯兰法律的立法者的赞美),也有现代人马基雅维利和加尔文——实际上,"论立法者"一开始还提到柏拉图及其《治邦者》(216d 和 265d)中有关立法者的说法(参见"三论",页 53)。施特劳斯在注释中明言,卢梭通过盛赞马基雅维利和加尔文"是一流的政治家"摆明了自己的立场:宁愿效法现代的哲人式立法者,也不愿效法古代的宗法式立法者。但施特劳斯并没有明言卢梭依傍柏拉图的说法该如何解释,仅仅在注释的第二部分让我们参看柏拉图和亚里士多德的观点——显然,施特劳斯让我们自己去对比:现代哲人与古典政治哲人对待宗法式立法的态度究竟有何不同。

施特劳斯建议我们参看柏拉图《法义》中的三处,亚里士多德《政治学》中的一处和《形而上学》中的两处。《法义》中的第一处段落不长,雅典客人说:

> 至于是否有谁可以无论正确与否地挑剔拉刻[634d5]岱蒙或克里特的政制,恐怕是另一回事。不过,我也许更有能耐谈谈出自民众的说法而非你们两人的说法。毕竟,尽管你们的法律已恰当地制定下来,然而,最好的法律之一恐怕应该是,绝不允许任何年轻人去探究这些法律哪些制定得好[634e]哪些不好,而是命令所有人异口同声、众口一词地说,所有法律都规定得好,因为这是诸神的规定;如果有谁表达异议,绝不允许去听。当然,如果某位老人注意到你们的法律中有什么问题,他应在[e5]执政官和同龄老人

面前说,年轻人不可在场。①

这个段落出现在《法义》第一卷,或者说出现在这场关于立法问题的长程讨论的开头,而且恰好就在雅典客人应邀即将开始他关于立法的教诲之前。施特劳斯指引的段落从 634d7 开始,但如果我们不从前面两句看起,就没法理解这段话的话头,即是否允许有人訾议现存政制——"无论正确与否"(ὀρθῶς ἢ μή)的说法暗示了议政的资格,因为,追求知识和智慧的人才凡事讲究"正确"。雅典客人将要与两位熟悉当地政制法律的长者讨论立法问题,他却首先表示,自己更看重当地"出自民众的说法"(λεγόμενα πρὸς τῶν πολλῶν)——也就是随后他将要提出尖锐批评的说法(参见 635b 以下)。难道雅典客人会认为,当地民众比这两位长者更有知识和智慧吗?然而,雅典客人紧接着就大肆称赞当地禁止"所有人"(πάντας)议论法典、维护既存法律的神圣来源的相关法规——尤其赞同当地禁止年轻人訾议政制的规定(关于年轻人与政制法律的关系,比较《社会契约论》卷二第 8 章"论人民",中译本,页 61)。人们可以理解雅典客人为何特别强调禁止年轻人訾议政制,因为年轻人处于青春期,血气旺盛却又涉世未深,对政治问题的复杂性缺乏经验,訾议政制恰恰既需要稳健也需要经验……我们会感到奇怪的

---

① 中译依据 Klaus Schöpsdau 译本:Platon, Gesetze Buch I–VI,希德对照,Darmstadt 1977;义疏参见施特劳斯,《柏拉图〈法义〉中的论辩和情节》,程志敏、方旭译,北京:华夏出版社,2011,页 15–16;笺释参见 Edwin B. England, The Laws of Plato, Vol. I, Manchester University Press, 1921;Klaus Schöpsdau 译笺,Platon, Nomoi, Buch I–III(《法义》卷一至卷三),Göttingen 1994,页 199。

是,既然当地有如此严厉的法律规定,为何还会有"出自民众的说法"?雅典客人与两位长者就政制问题展开思想交流不奇怪,为何他却显得更看重"出自民众的说法"?看来,雅典客人已经与后来的卢梭(或如今的我们)一样面临民主诉求的巨大压力——倘若如此,我们就不能说,雅典客人与我们现代人面临的"事情的当前状态"不相干……

当地禁止"所有人"訾议法律的理由是:法律是诸神订立的。经过启蒙的我们自然会认为,这条法规毫无道理——难道法律真的是"诸神"所订?我们同样可以设想,如果雅典客人就是一个被逼回洞穴的"智力超群者",①他当然清楚,法律未必真的就是"诸神所订"——基于哲人的习性,质疑既存法律的神圣来源太自然不过……然而,这位雅典客人赞美禁止所有人议论法典的法规,表明他从一开始就否定了"出自民众的说法"的合法性,尽管他被迫得面对"出自民众的说法"。我们不得不考虑,为何雅典客人没有像现代哲人那样告诉"所有人",这条法规是一种蒙昧,进而呼吁革除这一法规,让每个人"用自己的一票"为立法作出贡献——当然,干脆说柏拉图思想"反动",可以轻易打发掉这个问题,但同时打发掉的也还有我们自己的未经审视的信念。

---

① 施特劳斯的义疏在这里提到了《王制》与《法义》的一个根本异同:"人们可以说,《王制》的完美城邦和《法义》的完美会饮都是乌托邦——亦即人们会希望或祈求的蓝图,同时也是可能的蓝图——与此相应,《法义》就模糊了一个'理式'与一个'乌托邦'之间的区别。《王制》与《法义》的这种区别,相当于'克勒尼阿斯-墨吉卢斯'与'格劳孔—阿德曼托斯'的区别,也就是哲学的明显缺席与明显在场之间的区别。"施特劳斯,《柏拉图〈法义〉中的论辩和情节》,前揭,页16。

雅典客人并没有真的禁止"所有人"对"诸神制定的"法律提出异议，他建议允许"注意到"（συννοεῖ）政制问题的老人在指定场合议论法律——从雅典客人只提到执政官和同龄老人来看，这个场合似乎只会是由长老们组成的议事会。换言之，雅典客人区分了"民众"议政与少数"老人"议政，赞同禁止"所有人"议论政制的法规仅仅针对的是"民众"。"老人"意味着稳健、经验和传统，允许某些老人在指定的封闭场合议政已经表明，把法律视为诸神所订并禁止民众议论的法规本身维护的是一种蒙昧。雅典客人不仅没有公开"揭穿"这个蒙昧，反而积极维护这种蒙昧，因为他懂得，把城邦政制开放给"所有人"讨论，对于城邦的"稳定和健康"绝非正确之举。议政需要特别的资格——实践智慧，并非"所有人"都拥有这种难得的秉性。从卢梭在《社会契约论》中关于立法者的论述可以看到，他完全懂得这个道理，既然如此，他何以又会主张所有人都可以"自由地讨论……自由地寻找政治问题的最佳方案"，的确令人匪夷所思。

雅典客人说过这番话后，来自克里特的长老克勒尼阿斯热情邀请他对当地政制提出批评，还说他"简直就像个先知"（καθάπερ μάντις；634e7）——对于发政制议论的人，我们有理由期待他是个非同寻常的智慧之人，甚至有特别的眼力，而非像今天那样，谁都可以发政制议论，似乎谁都自以为是"先知"。如果雅典客人不仅"智力超群"，而且真的"简直就像个先知"，我们就值得期待他对既存政制的评议。施特劳斯用括号补充了两个《法义》的段落，前一个段落见于卷六（757d-e）——与另两个段落均指明 Burnet 行码不同，施特劳斯仅给出这个段落相对含糊的斯特凡页码。一旦找到《法义》的相关段落，我们就发现,要看明白施特劳斯提到的这个段落,还得从这个段落的起点(757a)读起。[1] 我们会感到兴奋,雅典客人现在谈的是设计选举制度时遇到的"平等"问题,或者说是否应该给予少数人和多数人平等的政治权利的问题——用雅典客人的说法,也就是君主制与民主制如何折中（μέσον ἂν ἔχοι μοναρχικῆς καὶ δημοκρατικῆς πολιτείας）的问题。由此我们得知,政治平等虽然是现代民主共和设计中的重大课题,却绝非现代的立法者才面临的大问题……雅典客人说:

> [757a]奴隶恐怕与主人无论怎么都不会成为朋友吧,低俗之人与高尚之人也不会成为朋友,即便分配给他们平等的荣誉。让不平等的人有平等就会成了不平等,如果缺乏标准的话,这两种情形都使得政制[a5]充满内讧。有一句古老且真实的谚语,大意说"平等产生友谊",尽管说得十分正确也颇为贴切,可是,究竟哪一种平等会起到这样一种作用啊? 由于这一点并不[757b]十分清楚,我们才陷入切实的困扰。

"奴隶与主人"是政治身份的区分,可以被看做政治不平等的标志——"主人"（δεσπόται）这个语词就是后来的"专制暴君"的词源。"低俗之人与高尚之人"（φαῦλοι καὶ σπουδαῖοι）是道德德性的区分,近乎常言所谓"坏人"与"好人"的区分,并非政治不

---

[1] 义疏参见施特劳斯,《柏拉图〈法义〉中的论辩和情节》,前揭,页88-89;笺释参见 Klaus Schöpsdau 译笺,Platon, Nomoi, Buch IV - VII（《法义》,卷四至卷七）,Göttingen 2003,页386-393;Edwin B. England, The Laws of Plato, Vol. I,前揭。

平等的标志,除非立法时规定,道德德性高的有权统治道德德性低的。一旦做出这样的立法设计,固然可以保障法律秩序的道德品质,但的确就否定了形式上的政治平等。反过来说,如果依据"奴隶与主人"应该有平等的亦即相等的政治权利,道德德性的高低区分也就最终站不住脚,除非立法时明确区分政治平等与道德德性的不平等——但这样一来,政治秩序与道德秩序就会分离:如果政治的等于公共的,道德的等于私人的,那么,公共的可以就是不道德的,道德的就不可以是公共的……尽管这种情形在自由主义宪政中可能成为现实,却肯定不是城邦正义的实现。如果主奴之分就是君主制的标志(奴隶总会是多数人),赋予"低俗之人与高尚之人"平等的政治权利是民主制的标志,那么,这两种政制都不仅不能实现城邦的正义,还持续地引发政制"内讧"($στάσεων$)。

用来实现政治平等的是"荣誉",这种东西显然属于政治资财(比较第一节提到的孟德斯鸠关于政治德性的观点),应该被给予道德德性高的人。按照君主制,主人有"荣誉"而奴隶没有;按照民主制,"低俗之人与高尚之人"当获得"平等的荣誉"——君主制是明显的政治不平等,民主制虽然是明显的政治平等,却取消了德性上的不平等,实际上同时也在制造另一种政治不平等:让本来在德性上不平等的"低俗之人与高尚之人"在政治上平等,就是在制造一种政治不平等。

在说到这个问题时,为何雅典客人要以不平等的人"绝不会成为朋友"作为比喻?按照荷马以来的传统,最优秀的人之间才有"友谊"或者才能成为朋友——所谓"优秀"指的是道德德性尤其理智德性上的出类拔萃。"平等产生友谊"这句古谚出自毕达哥拉斯,他的原话是 φιλία ἰσότης [友谊即平等](参见第欧根尼·拉尔修,《名哲言行录》,卷八,10)——主词是"友谊",雅典客人改为"友谊"是"平等"的结果。通过高度赞赏这句出自自然哲人的古谚,雅典客人引出了自己属意的"平等"观:真正的平等意味着理智德性上相同的出类拔萃之间的平等(ἰσότης [平等]的意思首先是"相同")。在《尼各马可伦理学》中,恰恰是在谈到理智德性的最高德性"智慧"时,亚里士多德两次引用了这句古谚(卷八,1157b36、1159b2;亦参《优太谟伦理学》卷七,1240b2)。[①] 显然,智性相当的人之间,才可能相互欣赏对方身上的智识。由于世上"所有人"不可能在"智慧"上都相同地出类拔萃,这种平等实际上就基于"所有人"的自然不平等。如果从不同德性的人之间的不平等推导出德性高的具有统治德性低的正当法权,就是通常所谓贤良政制(Aristo - cracy 译作"贵族政制"难免会被误解为世袭的、基于财富的贵族制)。这一要求否定了"奴隶与主人"的政治不平等,也否定了给予"低俗之人与高尚之人"平等荣誉的政治平等,因为,政治上平等地对待低俗与高贵,结果必然是不平等地对待道德德性的高低差异。如果从多数人的德性品质着眼,就应该以道德德性的最低点为平等的衡量尺度,这样才能顾及绝大多数人的共同之处——既然如此,民主政制不得不是低俗道德的政制。如果"人人生而不平等"的主张与"人人生而平等"的主张都同样是一种理智的观点,那么,这两种相互对立的主张的差异就不在其理智性质,而在其道德性质。毕竟,无论自然平等的主张有怎样的规定,都

[①] 参见 Klaus Schöpsdau 笺释,前揭书,页389。

难免彻底否定掉道德德性的高低秩序。

尽管在雅典客人看来,贤良政制可能是政治问题的最佳方案,他发出的"究竟哪一种平等"($ποτε\ ἰσότης\ ἡ\ τοῦτο\ αὐτο$)会起到实际作用的这句感叹表明,他已经意识到,这种方案实行起来仍然会困难重重。困难主要来自民主政治的诉求。于是,起初的君主政制原则与民主政制原则的折中难题,现在变成了贤良政制与民主政制的折中难题:

> 有两种平等,名称相同,实际作用却在诸多方面几乎完全相反。每个城邦和每位立法者都愿按照其中一种来分配荣誉,也就是依据平等的标准、度量[b5]和计数,具体分配时采用抽签实现这种平等。可是,最真实且最好的平等绝非是每个人都那么容易看到的($ἰδεῖν$)。因为,这种平等毕竟是宙斯的裁断,对常人($τοῖς\ ἀνθρώποις$)的帮助始终微乎其微;然而,这种平等给予的一切无论对城邦[757c]还是个人,的确样样是好东西($ἀγαθά$):通过给较伟大的人多些,给平常人少些,这种平等依据各人各自的天性($τὴν\ αὑτῶν\ φύσιν\ ἑκατέρῳ$)给予其合宜之物;而且,更大的荣誉总是给予德性更伟大的人,对于在德性和教养上正好相反的人[c5]按各自的比例恰如其分地给予相应的东西。因为很明显,城邦技艺的实质对我们而言恰恰总是这样一种正义。就眼下我们的情形而言,必须努力追求这种平等,克勒尼阿斯啊,[757d]我们建立眼下正在形成的城邦时,必须牢牢盯住它。

雅典客人区分了两种不同的政治平等,尽管它们都有政治平等这个名称,实际上含义完全不同。第一种是民主制原则的平等(靠选举票数、举手表决等等来实现),可以设想,"每个城邦和每位立法者都愿"通过法律规定来实现这种政治平等,是迫于多数人的要求或者为了平息多数人的不满。由于"平等的标准、度量和计数"往往最终无法决出一个结果,民主地决定平等分配政治资财的最佳办法最后还得靠抽签来决定。至于另一种政治平等,看起来是雅典客人自己在前面说过的那种依据德性高低来分配政治权利的平等,也就是"最真实且最好的平等",其实不然。首先,现在雅典客人把这种政治平等说成是具有神圣来源的平等——既然这种平等由城邦的父神来裁断,我们也就不知道如此裁断依据的是什么标准。其实,从随后的详细描述来看,政治资财分配的原则仍然是贤良政制原则,不同的地方在于,除了依据德性,雅典客人还增加了"教养"($\pi\alpha\iota\delta\varepsilon\iota\alpha\varsigma$)这个标准。换言之,通过诉诸"宙斯的裁断",雅典客人给贤良政制原则注入了神圣来源。第二,前面的说法依据的实际上是智性优异的原则("平等产生友谊"),现在则是"依据每个人自己的天性给予其合宜之物",从而无异于用政治平等原则替代了智性平等原则。不用说,这种政治平等在"常人们"($\tau o\tilde{\iota}\varsigma\ \dot{\alpha}\nu\vartheta\rho\dot{\omega}\pi o\iota\varsigma$)眼里就是政治不平等,但每个人依据自己的天性"看不到"这其实是"最真实且最好的平等",实在不奇怪,也毫无办法,因为,总不能将就"常人们"的视力,进而平等地重新分配真理。毕竟,"依据每个人自己的天性给予其合宜之物"是城邦的"正义",我们不能因为"常人们"的视力看不到这种"正义",就说它根本不是"正义"。我们看到,在这段话的结尾,雅典客人直接把城邦应该追求的"正义"或"城邦技艺的实质"（τὸ πολιτικὸν）等同于这种"最真实和最好的平等"，还着重强调，如此平等"恰恰总是这样一种正义"（τοῦτ' αὐτὸ τὸ δίκαιον）。

接下来是施特劳斯要我们参看的段落：

> 如果有朝一日某人要创建一个城邦，他在立法时就应该牢牢盯住这一点，而非盯住极少数僭主或一个僭主或者甚至盯住什么民人的权力（κράτος δήμου τι），应该始终盯住刚才说过的那种正义：[d5]对平等的人依据其各自的天性给予平等。当然，整个城邦必须被迫有时要对这[种平等]有所损益，如果城邦不愿自己的某一部分与自身陷入内讧的话；[757e]因为，无论何时一旦顾及公平和体谅，难免会减损恰切的正确（δίκην τὴν ὀρθήν）之完美和明晰；所以，由于民众的不满，得被迫采用抽签的平等，不过，这样做时就得祈助于神明和好运，[e5]以便引导抽签朝向最大的正义。因此，就得被迫[758a]两种平等都用，当然，尽可能少用第二种，即取决于机遇那种。由于这些原因，两位朋友，一个城邦要想长久，就得被迫这样做。

这段说法涉及具体的政治实践，至少有如下四个要点值得注意。首先，雅典客人既否定了君主制原则及其反面寡头制原则，也否定了民主制原则。这意味着，无论少数僭主的统治还是人民主权，都不能实现城邦的正义。然而，由于最值得警惕的是寡头制原则与民主制原则的结合……因此，第二，雅典客人"被迫"对民主原则作出让步，这意味着对"民众的不满"

($δυσκολίας\ τῶν\ πολλῶν$)作出让步,进而"被迫"采用体现民主原则的"抽签的平等"($τῷ\ τοῦ\ κλήρου\ ἴσῳ$)——在这个段落里,"被迫"这个语词出现之多(757d5 [$ἀναγκαῖον$], e3 [$ἀνάγκη$], e6 [$ἀναηκαίως$], 758a3 [$ἀναγκαῖον$])绝非偶然……尽管如此,第三,这种让步需要一种高超的城邦技艺——当"被迫两种平等都用"时,就得"祈助于神明和好运"($θεὸν\ καὶ\ ἀγαθὴν\ τύχην$),以免城邦沦为实质上的不正义。可是,第四,高超的技艺与"祈助于神明和好运"明显相抵牾,技艺有所不逮,才会"被迫"指望运气——抽签靠的不就是一种运气?①

施特劳斯通过《法义》中的这两个段落让我们看到两点。首先,如果哲人被逼回洞穴,他应该承继和维护洞穴中既有的法律,尤其是有关维护法律的神圣来源的法规,而非跟从"来自民众的说法"。第二,如果被逼回洞穴的哲人有机会"创建一个城邦",那么,他应该追求实现城邦的正义或者说"最真实且最好的平等"……如果与前面所引《王制》中苏格拉底对格劳孔说的话对起来看,我们不难看到,两处说的是一回事,尽管《法义》的说法比《王制》更明晰,更具实践意味。尤其是提到,城邦生活的"必然性"使得"恰切的正确"即"最真实且最好的平等"不可

---

① 所谓"最大的正义"($τὸ\ δικαιότατον$),雅典客人先前已经有明确说法(参见卷三690a3–690c7)——他在那里谈的是,哪些人应该自然地拥有统治权力。首先,过理智生活的人(追求智慧的人)应该统治"无知"的人,父母应该统治子女,出身高贵的应该统治出身低贱的,长辈应该统治年轻辈,主人应该统治奴隶,强者应该统治弱者。最重要的是,聪明人应该统治无知者,这都是自然的法则——然而,某个聪明人是否获得统治权力还要靠抽签,如果抽中了就"享受众神的恩赐和命运的祝福",没有抽中就接受被统治。关于政治的必然性,参见施特劳斯,《城邦与人》中讨论修昔底德的一章(页139以下)。

能得到"完美和明晰"的实现,必须有所损益。民主的平等必然损害"恰切的正确"(自然的正确),即便作出让步也并非没有底线,而且让步必须是一种政治技艺……①

卢梭肯定知道雅典客人的看法,然而在《社会契约论》卷一第9章结尾,卢梭却这样来概括他建构"全部社会制度的基础":

> 社会制度(le système social)并没有摧毁自然平等(l'égalité naturelle),反而是以道德和法律的平等(égalité morale et légitime)来代替自然所造成的人与人之间身体上的不平等(inégalité physique);从而,人们尽可以在力量和天资(génie)上不一样,但是,根据约定和权利却是人人一样。("三论",页34)②

可以看到,卢梭明明清楚,雅典客人说得不错,人在能力和天资方面的确不一样,这种不平等是"自然所造成的"。然而,他并没有据此来设计实现"最真实且最好的平等"的公民社会制度,反倒承继民主理论的"自然平等"观,致力于设计平等主义的社会制度——所谓"平等主义"的意思就是:通过实现"道德和法律的平等"来实现"自然平等"。我们难免想要知道,雅

---

① 《法义》与《王制》看似非常不同,其实两者有着深刻而又隐秘的内在一致——这里说到的抽签的平等,会让我们想起苏格拉底在《王制》最后所讲的"俄尔神话"。关于苏格拉底的"俄尔神话",参见张文涛,《哲学之诗:柏拉图〈王制〉卷十义疏》,华东师范大学出版社,2012。

② 施特劳斯在解读《法义》的这段经文时提到卢梭的这段话,参见施特劳斯,《柏拉图〈法义〉中的论辩和情节》,前揭,页89。

典客人又会如何看待"道德和法律的平等"呢？

施特劳斯放在括弧中让我们对观的第二个《法义》段落篇幅较长（875a1-d5），出自《法义》卷九，这时雅典客人正谈到具体的立法（尤其刑法）问题。在雅典客人看来，立法不外乎涉及两个方面。首先是积极性的立法，即订立"关于养育和教化活的灵魂"（τροφήν τε ζώσης ψυχῆς καὶ παιδείαν）的法律。因为，只有当人的灵魂经过养育和教化，对人来说，"生活才值得过（τιμωρίας γίγνεσθαι）"（874d2-4）。然而，仅有积极性的立法并不足以实现人世间的良好秩序，还必须有消极性的立法，即订立惩罚各种自愿或非自愿情形下伤害他人的犯罪行为的法律。这意味着，无论有怎样良好的教化制度，人身上种种偶然的任性和弱点仍然在所难免。我们今天即便不看"法制频道"的节目也可以想象得到，人世间的犯罪行为五花八门、无奇不有。立法不可能巨细靡遗到针对每一个别犯罪行为，必须对犯罪行为加以归类，才能"正确地订立［相关］法律（ὀρθῶς ἂν νομοθετοῖτο）"（874e2）。在论及犯罪的类型之前，雅典客人就制定这类消极性法律的必要性谈了自己的看法，施特劳斯让我们参看的就是这段话。在阅读这段经文之前，我们值得回想民主共和设计师建议的所谓"人道主义"立法原则，比如，孟德斯鸠要求立法者

应该限制政府的刑法法权,以便尽量体谅人的"任性和弱点"①——雅典客人说:

> [874e8]对所有这类情形,必须先作如下说明:必须为人制定法律并要人按[875a]法律生活,否则,人就与最野蛮的动物没有任何差别。理由(αἰτία)在于:没有哪个人的天性(φύσις)会天生具有这样一种能力(ἱκανὴ φύεται),即不仅认识到(γνῶναι),对人来说,什么东西对城邦政体

---

① 一个最近的例子是:2008年,中国警方逮捕了在中国境内贩毒的英籍巴基斯坦人阿克毛·谢赫(Akmal Shaikh),司法机关依我国刑法第四十八条、第三百四十七条判处其死刑,成为50年来首个被中国司法机关处决的欧洲国家公民。让某些公共智识人感到欣慰的是,不仅有英国公民举着烛光在中国驻英使馆前为贩毒分子获得"体谅"彻夜祈祷,连英国首相也出面要求中国政府"体谅"这位罪犯。英国驻华使馆领事官员和英国某缓刑组织通过律师要求中国司法机关对阿克毛进行司法精神病鉴定——把十恶不赦的犯罪解释为精神病发作,是现代西方法学的一大发明。我国最高司法机关顺从了这一发明,由于英方提供的材料不足以证明阿克毛有精神病以及阿克毛家族成员曾经患有精神病,阿克毛本人也没有提供相关证明,我们的司法机关才维持死刑判决。尽管如此,英国政府仍然呼吁中国政府展现仁慈,敦促北京"做正确的事情"——严惩犯罪竟然算不正确,对犯罪"仁慈"才算"正确"……时任英国外交大臣的戴维·米利班德发表声明说:"英国坚决反对在任何情况下动用死刑。不过,我同时深感遗憾的是,尽管首相、内阁同僚和我本人多次呼吁,但我们对涉案人士的特别关注并未得到重视。"——注意这位大臣说的是"坚决反对在任何情况下"处死犯罪分子。为什么呢?因为人权要求对罪犯和良民一视同仁。所以,即便中国司法机关惩戒的是贩毒罪犯,前工党国务大臣、外交特别委员会委员吉塞拉·斯图尔特也会说,"中国的人权问题仍然存在非常非常大的差距"——反过来理解,英国的人权状况良好,尤其体现在对贩毒分子仁慈。执行死刑之后,英国首相随即发表声明称:"我对阿克毛·谢赫被处死刑一事表示最强烈的谴责。我们一再请求宽大处理却未得到应许,对此我感到震惊和失望。"可以看到,从首相到大臣和国务委员,英国政府官员非常符合孟德斯鸠提出的政府应该"节制"的要求……需要提到的是,不少英网民支持中国处决贩毒罪犯:道德常识与孟德斯鸠提的要求形成鲜明对照。

(εἰς πολιτείαν)有益,并且在认识到这点后,有能力和愿意去[a5]实现[对城邦]最好的东西。

可见,法律的必要性基于对人性的普遍不信任。人并非天生就会"认识"到什么是"好",尤其共同体的"好",即便通过教化让人"认识"到共同体的"好",人也未必有实践能力和意愿。因此,不能仅仅信任教化,订立惩罚性的法律仍然十分必要。我们可能会说,雅典客人对人性的看法过于悲观,甚至说得上是一种普遍的"性恶论"……如果我们这样说,不过意味着我们自以为比雅典客人对人性的看法更为深刻。

首先,人们很难认识到,城邦技艺亦即真正的技艺(ἀληθεῖ τέχνῃ)必须考虑的并非是个人利益,而是共同利益,因为,共同利益使城邦结为一体(συνδεῖ),个人利益则撕裂城邦(διασπᾷ τὰς πόλεις);人们也很难认识到,无论对共同体还是[875b]个人都有益的是,首先求得共同利益而非个人利益。

"城邦技艺"(πολιτικῇ,或译"政治术")以实现城邦的"共同利益"为目的,由于这里的语境是在谈法律的必要性,我们可以把"政治术"恰当地理解为法艺。从而,法律维护的是共同利益,而非个人利益。① 根据前面我们读过的《社会契约论》第二卷第6章最后那个自然段,可以肯定,卢梭会认同雅典客人的上述看法:人就其本性而言不可能知道什么样的政治安排对共同福祉有益,也不会知道什么是最"好"的,因此才需要立法者……雅典客人进一步设想:

> 第二,即便确有某人在这一技艺方面有足够的能力知道,从[人的]天性来看,事情就是如此,而且不承担任何责任完全凭靠自己的权力($ἀνυπεύθυνός\ τε\ καὶ\ αὐτοκράτωρ$)统治城邦,他恐怕也绝不会[b5]有这样的力量,忠实地持守这一基本信条($τῷ\ δόγματι$),终其一生把城邦的共同利益摆在首位,让属己的利益遵从共同利益($ἐπὶ\ πλεονεξίαν\ καὶ\ ἰδιοπραγίαν$;参见卷三 691c5 以下,卷四 713c5 以下),必死的天性($ἡ\ θνητὴ\ φύσις$)始终会驱使他贪得无厌,寻求满足自己的个人利益,因为,这种天性非理性地逃避痛苦,追求快乐(参见卷一 634b4 以下,636d7 以下;卷七 792c8 以下),从而[875c]会更顾及($προστήσεται$)趋乐和避苦而非更为正义和更好。这样一来,如此天性就自己产生出黑暗,结果便是,这天性本身和整个城邦都会恶贯满盈。②

---

① 英国外交特别委员会委员肯·珀蔡斯称,中国司法机关判处贩毒分子的行动"绝对令人遗憾",还说中国正试图让自己进入国际事务的主流,却坚持"野蛮的行为"——如果这位官员读过柏拉图的话,他就应该知道,这无异于说,雅典客人主张"野蛮的行为"。

② 译文依据 Klaus Schöpsdau 译本:Platon, *Gesetze Buch VII – XII*,希德对照,Darmstadt 1977;笺释参见 Edwin B. England, *The Laws of Plato*, Vol. II, Manchester University Press, 1921。

这话表明,不仅被统治者必须受立法者订立的法律约束,治国者阶层也必须受体现共同利益的法律约束。理由在于,即便治国者的理智和才干都在常人之上,也不能指望他们终生都能做到"把城邦的共同利益摆在首位"——由于雅典客人明确表明不信任"必死的天性"(即人的天性),我们的确可以说,雅典客人显得主张"性恶论"。

> 不过,假若由于神圣的命数(θεία ποίρα),[875c5]某个天生有那种能力的人(φύσει ίκανός)降生,并假若他有能力取得这样的权力地位(γεννηθείς;参见卷四711d6以下),那他当然就不需要任何应该支配他的那些法律了。毕竟,没有任何法律或秩序高于知识(έπιστήμης);何况,如果理智服从某个比它更低的东西[875d]并成了它的奴隶,神律绝对不许(ούδε θέμις);毋宁说,只要理智就其本性而言(κατα φύσιν)确实是真确的和自由的(άληθινός έλεύθερος),理智就理应支配一切(参见卷一644e以下,卷四713e)。可是,这样一种能力从来就不曾有过,哪怕是在极小程度上;正因为如此,必须选择那种次佳的东西(τὸ δεύτερον),即秩序和法律,尽管它们只能盯住和注意到最为[d5]常见的情形,并不能面面俱到。

这段说法几乎就是在用理性来设想卢梭曾经说"几乎无法用理性来设想"("二论",页63-64)的情形:这个"某人"不仅有最伟大的哲学天赋,也有千年难遇的实践才干,不仅有坚韧不拔的毅力,还能够把极高的智识与革命的意志集于一身,简直可以说是天降圣人,按理说他当有权凌驾于法律之上——用我们的歇后语说,"和尚打伞,无法无天"。然而,雅典客人断然否定了这种可能性,因为,并非五百年或一千年才会出现一个这样的圣人,而是根本就不会出现这样的圣人。通过这一说法,雅典客人彻底堵死了任何超越法律秩序的些微可能性,转而肯定"秩序和法律"(τάξιν τε καὶ νόμον)的常态性质。①

再看施特劳斯让我们参看的亚里士多德《政治学》中的段落,这个段落出自第二卷,讲的是稳定的礼法(与道德秩序结合在一起的法律)对城邦生活的安宁和健康的重要性。

> [1269a13]从这些考虑来看,十分清楚,有时必须改变某些法律。但是,从另一个方面来考虑问题的话,就应当极为小心谨慎。因为,如果变法的[15]好处微不足道,让人们惯于暂时废止法律就是错的,显然,我们必须允许立法者和统治者的一些过错。如果变法使得人丧失服从统治者的习惯(τοῖς ἄρχουσιν ἀπειθεῖν ἐθισθείς),人们得到的就还不如失去的多。把变法比作技艺上的事情是错的,因为技艺是一回事,[20]法律是另一回事。法律没有力量强制人们服从,只有靠习惯(παρὰ τὸ ἔθος),这得靠相当长的时间才能养成。所以,订立法律后贸然变旧法为新法,会削弱法律的力量。再说,[25]即使法律确实应有所变革,是否所有法律

---

① 雅典客人这样说,在西方会被视为"法律至上论",在我们这里则会被视为基于冷峻理智的法家思想。比较《韩非子·难势》,亦参拙著《共和与经纶》,北京:三联书店,2011,页192-199。

而且是每一政制（*ἐν πάσῃ πολιτείᾳ*）中的法律都需要变革呢？①

如果单单看亚里士多德的这段教诲，我们难免有些不得要领，尤其是要人养成"服从统治者的习惯"的说法，听起来就让人感到不顺耳。我们应该注意到，施特劳斯提到亚里士多德的这段话，是作为对前引柏拉图《法义》中的三个段落的补充。事实上，这段话出现的语境，恰好是亚里士多德说到柏拉图的《法义》的段落（参见 1266b5 和 1269a29）——换言之，这段说法的前提与雅典客人关于立法的积极和消极含义的说法相一致：立法者和统治者都必须关心共同体的道德德性（比较《尼各马可伦理学》，1129b14—25），法律应该具有培育和巩固城邦的道德德性的目的和效用。所谓"服从统治者的习惯"，实际上指的是服从城邦的道德德性的习惯。事实上，要充分理解这段话，必须搞清楚这里的"习惯"一词的具体含义及其与法律的关系。亚里士多德在《尼各马可伦理学》结尾谈到立法问题时，对此有相当清晰的阐述，值得认真细读，由此我们才能很好地理解随后施特劳斯对卢梭关于立法目的的论述。亚里士多德说：

> [1179b20] 有人认为，成为好人（*γίνεσθαι δ' ἀγαθούς*）靠的是天性（*φύσει*），另一些人认为靠的是习惯（*ἔθει*），还有些人则认为靠的是教训（*διδαχῇ*）。来自天性的东西，显然非我

---

① 中译见《亚里士多德选集·政治学卷》，颜一、秦典华译，中国人民大学出版社，1999；凡有改动依据 Franz Susemihl / R. D. Hicks, *The Politics of Aristotle*, New York 1894，页 279；Trevor J. Sauders 译笺：Aristotle, *Politics, Books I and II*，前揭。

们所能及,而是靠某种神性的原因($διά$ $τινας$ $θείας$ $αἰτίας$),这属于那些真正的幸运人。至于道理($ὁ$ $δὲ$ $λόγος$)和教训,恐怕并不对所有人都有效力,毋宁说,必须[b25]靠习惯($ἔθεσι$)来预先培养这些个听者的灵魂养成好的爱好和厌恶($τὸ$ $καλῶς$ $χαίρειν$ $καὶ$ $μισεῖν$),正如土地开垦后才播种。

我们看到,立法的根本目的或法律的根本作用在于让人"成为好人"。可以设想,何谓"好人"已经有确定的规定,但人的自然秉性却各种各样。通过提到常识认为如何让人"成为好人"的三种观点,亚里士多德划分了三种人的类型:自然"天性"就好的人,这种人不用教他也会是好人;再就是可教和不可教的两类人。不用教的人是"真正幸运的人",换言之,这种人虽然有,但仅仅是偶然地有,而且极为罕见,立法者显然不能以这类人为预设来立法——或者说,预设所有人都是自然的好人,就根本无需立法。亚里士多德断然否定了这种可能性,在他看来,大多数人成为"好人",靠的是"习惯"使然。这意味着,必须服从"成为好人"的规定,大多数人才可能"成为好人",前提是他们能懂道理、接受训导。很清楚,这里的所谓"习惯"指的是"养成好的爱好和厌恶"的习性,也就是俗话说的"爱憎分明"。显然,养成"爱憎分明"的习性,首先得学会分辨什么是好、什么是坏、什么是对、什么是错,什么是应该、什么是不应该——懂得爱民主、爱自由,绝非等于懂得什么是道德意义上的好坏、对错、应该或不应该。

接下来亚里士多德就说道,有的人不可教或者很难教他养成"爱憎分明"的习性:

> 凭情感生活的人(ὁ κατὰ πάθος ζῶν)恐怕不会因听从道理而改变自己,毋宁说他甚至可能根本懂不了道理,这样秉性的人(οἷον)靠劝说怎么可能改变呢?一般而言,对情感讲道理似乎没用,只有靠强制(βία)。所以,对这种性情(τὸ ἦθος),必须[b30]先用某种习得德性的方式让他热望美好的东西(τὸ καλὸν)、厌恶丑恶的东西。

这里的所谓"强制"指的就是法律——经过启蒙的我们一看到"强制"就会起反感,从而很难注意到,亚里士多德的意思是,让人养成"爱憎分明"的习性,往往离不了"强制"。亚里士多德所理解的"法律强制"具有道德目的:"强制"人们"热望美好的东西、厌恶丑恶的东西"。与自由主义法学要求法律保障人的自然欲望的权利对比,我们不得不说,自由主义法学革除的是对人的道德规定。我们已经知道,这种法学主张基于对人性的一种理智构想。然而,亚里士多德的法学主张同样基于对人性的一种理智观点:

> 可是,一个人如果不是在这样一些[爱憎分明]的法律下养大的(ὑπὸ τοιούτοις τραφέντα νόμοις),要让他从年轻时起就适应朝向德性的正确训练,非常之难。毕竟,多数人并不喜欢节制、忍耐地生活(τὸ γὰρ σωφρόνως καὶ καρτερικῶς ζῆν),尤其青年人。所以,必须用法律来安排[b35]养育和训练,一旦青年人养成习惯,就不会再痛苦了。[1180a]然而,只是当人年轻时正确地哺育和训练还不够,成人之后(ἀνδρωθέντας),

他们还得继续践行这些[爱憎分明的]事情(ἐπιτηδεύειν αὐτά),并养成习惯(ἐθίζεσθαι)。因此,我们仍然需要关于这些[爱憎分明]的法律(περὶ ταῦτα νόμων),而且一般说来,人的整个一生都得需要。毕竟,多数人宁愿服从强制,[a5]也不服从道理,他们靠惩罚而非劝说才接受美好的东西(τῷ καλῷ)。

这段话有两个值得注意的要点。首先,在说到法律时,亚里士多德两次与前面说到的养成"爱憎分明"的习惯联系在一起,从而表明,法律或立法的目的是让人成德。第二,养成"爱憎分明"的习惯不仅需要从小训练,还需要人终生践行,无论从小训练还是人终生践行,都需要法律制度的支撑,否则"爱憎分明"的习惯就既很难养成也很难保持——但愿我们不会从最后一句话推论说:亚里士多德是个"性恶论"者……

因此,有人认为,立法者(τούς νομοθετοῦντας)应该勉励人趋向德性,激励人热爱美好的东西(τοῦ καλοῦ χάριν)。那些已经养成习惯受到正派指引的人,自会积极向德,对那些不服从以及天性有欠缺的人(ἀφυεστέροις),就得动用惩罚和处罚,并干脆把不可救药者(ἀνιάτους)从他们中间[a10]赶出去。

可以看到,亚里士多德对立法和法律的理解,与柏拉图笔下的雅典客人的看法一致:法律在本质上应该是伦理性的。这意味着既要有助于天性纯良的人成德,又要严厉惩罚违忤道德规范的人——法律的目的说到底就是惩恶扬善。所谓"习惯"在这里明显指的是德性秩序,这种秩序并不认可"人性的任性和弱点"有什么自然权利。

与雅典客人的最大不同在于,亚里士多德在《政治学》中没有谈到立法乃至习惯与神的关系。但是,施特劳斯在括号里面补充的两段亚里士多德《形而上学》中的说法,恰恰涉及法律与习惯乃至习传神话的关系。第一段(995a3 - 6)说的是语言与习惯的关系。亚里士多德说,讲课如果要讲究效果,就必须顾及听者的"习惯"（*τὰ ἔθη*）,谁都愿意听到自己熟悉的言语,不合人们习惯的语言,人们就难以理解。可以理解的是,形而上学的语言只会是一小撮人习惯的语言,仅适合一小撮人的习惯。这时亚里士多德顺口就说,法律其实是一种习惯的力量,因积习而成,"其中神话以及幼稚的成分（*τὰ μυθώδη καὶ παιδαριώδη*）往往比认知的成分占优势"(995a4 - 5)。可见,在哲人亚里士多德眼里,既存的法律并非那么合乎纯然的理知。尽管如此,他并没有因此就认为应该改革法律,而是肯定"迷信"有其政治实践意义。

第二段(1074b1 - 14)明确说到神话：

[b1]遥远时代的古人和父辈们用神话传给后代的是,天体就是诸神,神性的东西（*τὸ θεῖον*）包裹着整个自然（*τὴν ὅλην φύσιν*）。这种神话后来又以传说形式（*μυθικῶς*）不断增添,以便说服多数人（*πρὸς τὴν πειθὼ τῶν πολλῶν*）,并[b5]用于法律和达成一致（*πρὸς τὴν εἰς τοὺς νόμους καὶ τὸ συμφέρον χρῆσιν*）,这些神都被说成世人的样子,或者与其他

活物相像。如果仅仅把最初的部分抽取出来,也就是把最初的实体[b10]看成诸神,当然就会从中找到神样的东西($\vartheta\varepsilon\acute{\iota}\omega\varsigma$),于是,每种技艺和热爱智慧似乎曾多次达到可能高度,然后又消失了。①

这段话出现的语境是,亚里士多德说道,认识自然宇宙有两种方式:一种是自然哲人的天体学方式,一种是神话式的方式,比如给各种星体按上诸神(宙斯、阿热斯、阿佛洛狄忒、赫尔墨斯等等)的名称。对于亚里士多德来说,前一种认识方式才是理性心智的思想活动,但他并没有因此而把神话式的认识方式判为"迷信"。事实上,亚里士多德并不相信这些编造出来的诸神都是人形的说法($\pi o\iota o\tilde{\upsilon}\nu\tau\varepsilon\varsigma\ \tau o\tilde{\iota}\varsigma\ \vartheta\varepsilon o\grave{\upsilon}\varsigma\ \mu\grave{\varepsilon}\nu\ \varepsilon\tilde{\iota}\nu\alpha\iota\ \varphi\acute{\alpha}\sigma\kappa o\upsilon\sigma\iota\nu\ \dot{\alpha}\nu\vartheta\varrho\omega\pi o\varepsilon\iota\delta\varepsilon\tilde{\iota}\varsigma\ \delta\acute{\varepsilon}$):这些杜撰出来的神不过是"永恒的世人"($\dot{\alpha}\nu\vartheta\varrho\acute{\omega}\pi o\upsilon\varsigma\ \dot{\alpha}\iota\delta\acute{\iota}o\upsilon\varsigma$)而已(《形而上学》,997b10)。这两段说法让我们看到,即便在对内讲授自然学的时候,亚里士多德也教诲学习哲学的学生要正确看待"神话"的政治作用:"说服多数人,并用于法律和达成一致。"

施特劳斯在注释中让我们参看的这些柏拉图和亚里士多德的文字,应该说卢梭都清楚,而且肯定比我们理解得透彻——在说到"国家的生存绝非是依靠法律,而是依靠立法权(le pouvoir législatif)"时,卢梭如此赞美古代的法律:

---

① 从最后一句来看,亚里士多德似乎认为,哲学的自然观起初与古老的天体神话相一致(亦参 1072b26 – 30);笺释参见 W. D. Ross 前揭书,卷二,页 395 – 396。

人们为何会那么敬重古代的法律？原因正在于此。人们愿意相信，唯有古老意志的卓越（l'excellence des volontés antiques）才使得那些法律保存得如此悠久；如果主权者没有不断承认这些法律有益的话，他早就已经上千次地废除过它们了。在所有具有良好体制（bien constitué）的国家里，法律不但没有削弱，反而不断获得新的力量，原因就在于此；古老的成见（le préjugé de l'antiquité）使得这些法律越来越受到尊敬。反之，凡是法律愈老愈被削弱的地方，恰好证明，那里不再有立法权，甚至国家也不再活着。（"三论"，页118）

这就是卢梭在《论科学和文艺》中提到的"世世代代的经验"，现代的大立法者恰恰罔顾这样的一些"经验"。回想施特劳斯让我们参看的那段亚里士多德反对轻易改变法律的话，我们不难体会到，卢梭深切地懂得亚里士多德所讲的那段话背后所蕴含的道理：并非谁都可以成为立法者！既然卢梭不仅非常有智慧，而且相当了解并懂得古典政治哲学的道理，何以还会接受人民主权论，参与民主共和设计，并在遇到明知难以克服的困难时仍然要提出自己的解决方案呢？施特劳斯给出的暂时答案是：

[33]这种立场在理智上说得通，虽然不太舒服，却可以满足卢梭，他有"善于谋划的头脑，对于这颗头脑来说，怀疑是个好靠垫"。

这个打了引号的句子要么出自卢梭本人,要么是施特劳斯化用蒙田在随笔"论经验"中赞美"无知"时的一句话来描述卢梭本人——蒙田的原话是:"啊!无知和不好奇是供一个善于谋划的头脑(une tête bien faite)休息的何等柔软舒适的枕头(un doux et mol chevet)!"①卢梭在《论科学和文艺》中引用得最多的是蒙田,如果这个打了引号的句子的确是施特劳斯化用蒙田的句子,这句表述就具有深刻的反讽意味。倘若如此,要理解这句反讽的深刻含义,就得从蒙田这句话的起头看起:

> 哲学探索和沉思(les inquisitions et contemplations philosophiques)只会给我们的好奇心(curiosité)提供养料。哲人们用大道理(grande raison)要我们返回自然法则(renvoient aux règles de nature),然而,这样做其实并不需要如此高深的学问(si sublime connaissance)。哲人们篡改(falsifient)自然法则,把自然的面目描绘得色彩过分浓艳、过分智术化(trop sophistiqué),以至于如此单一的主题却生出五花八门的图画(divers portraits)。正如自然赋予我们双脚用以走路,自然也明智地(de prudence)引导我们生活。这种

---

① 见《蒙田随笔全集》,下卷,陆秉慧、刘方译,广西师范大学出版社,1996,页350(译文改动据 Montaigne, *Essais*, E. Naya/D. Reguig-Naya/A. Tarrête 编,卷三,Paris, Gallimard, 1999,页415)。蒙田的这一说法意在告诫智性出众的人要懂得节制自己的智性天赋,在启蒙哲人看来,蒙田的告诫应该得到的是嘲讽。狄德罗在《哲学随想录》中用蒙田的话来挖苦蒙田,"无知和不好奇(l'ignorance et l'incuriosité)是两个柔软的枕头;不过,要感觉到如此柔软,必须得有与蒙田一样善于谋划的头脑"(见《狄德罗哲学选集》,前揭,页15;译文改动依据 *Oeuvres complètes de Diderot*, Philosophie I,前揭)。

明智不如哲人们创造发明(invention)的明智那么机巧,那么强劲,那么夸张,而是既浅显又有益健康。对有幸懂得质朴而又合序地(naïvement et ordonnément)劳作亦即顺乎自然地(naturellement)劳作者,哲人们发明的智慧(la sagesse que les philosophes ont inventée)说:这做得不错啊。最为单纯地依靠自然,就是最智慧地依靠自然。(《蒙田随笔集》,前揭,页350)

蒙田这篇随笔的标题恰好是"论经验",如果我们把蒙田所谓的"善于谋划的头脑"用到现代的民主共和设计师们身上,不是再恰当不过吗?他们设想出"自然状态"论不就是"篡改自然法则"吗?不就是卢梭所说的"罔顾世世代代的经验"吗?蒙田懂得,"篡改自然法则"同时意味着篡改政治生活的法则,因为,蒙田说这段话的由来其实是立法问题:

既然涉及每一个人的自身义务的伦理性法律(les lois éthiques)很难制订,如我们已经看到的那样,那么,制订治理众多个人的法律更难,就一点不奇怪……(同上,页346)

换言之,古人顺乎自然地生活,就是在伦理性法律的约束下生活。经过西方几个"善于谋划的头脑"启蒙之后的我们难免会怀疑:古代真有这种"有幸懂得质朴而又合序地"生活的国家吗?蒙田说,当然有啊……无独有偶,他提到的例子恰好是古代的中国:

中国的政体(la police)和艺术与我们从无交流,从无认识,但这个王国(royaume)在许多方面比我们的样板要远为卓越(excellence)得多。这个王国的历史告诉我,世界宽广得多,多样得多(plus divers),无论我们的古人抑或同时代人都对此知之甚少。在中国,君王派遣到各省巡视的大员,可以惩罚利用职权贪赃枉法的官吏,也可以极慷慨地奖励忠于职守为官清廉的官吏,而且奖惩都可以逾越一般方式及职责义务规定的范围。(同上,页348)

由于已经相信西方几个"善于谋划的头脑""创造发明"的新自然法则,我们才学会了怀疑古代中国曾有这种景象。奇妙的是,死记硬背地学新自然法则学得最好的恰是我们如今的历史学家——尤其研究制度史的学人。他们要么怀疑,要么断然否认,数百年前的传教士带给蒙田的中国历史(duquel l'histoire)是一幅真实的图景。可以理解的是,我们的历史学家已经习惯于把今天中国与古代中国相反的景象搬到中国的古代,然后把今天的罪过归咎于古代中国的"伦理性法律"。

施特劳斯所谓的"善于谋划的头脑"(the well-contrived head)明确指的是卢梭——言下之意,如果卢梭真的有古典心性,如果他真的彻底信服古典智慧,他就不会跟随自己在《论人类不平等的起源和基础》"序言"中提到的那些"现代人",去"篡改自然法则",进而提出自己的自然人设计方案。可以设想,施特劳斯把"柔软舒适的枕头"改作"怀疑是个好靠垫",依据的是蒙田说"哲人们篡改自然法则,把自然的面目描绘得色彩过分浓艳、过分智术化"——我们随后就会看到,所谓"智术化"与哲学的怀疑精神相关。由于卢梭并非不懂古典智慧,也并非没有读到过蒙田说,"亚里士多德之所以写作,为的是让人领会,倘若他本人都达不到这一目的,比他更为逊色的作家和评论亚里士多德思想的第三者就更达不到"(同上,页342)。因此,当卢梭参与"篡改自然法则"的伟大历史"实验"时,他会感到"不舒服"(uncomfortable)……然而,卢梭的解决方案"理智上说得通"(intelligible),而且是一个极富智性的方案,其中的理智成分可以满足他自己"善于谋划的头脑"。凡颇有理智天赋的人都有这样的头脑。不仅如此,还应该说,任何时代都会天降这样的头脑,虽然为数不多。在当今时代,我们甚至还不得不说,自以为有这类头脑的人越来越多。① 这类头脑大多有个"好靠垫"(a good cushion),这就是"怀疑"……然而,这里的所谓"怀疑"指向什么呢?习传宗教吗?显然不是,因为"善于谋划的头脑"从来就没有真正相信过宗教。毋宁说,这里的"怀疑"指向古典政治哲学的道理:怀疑古典哲人的看法是否正确。因此,与其说清楚了解古典智慧的卢梭"忘掉"了古典哲人所提出的问题,倒不如说这是他自恃聪明才智的"怀疑"。

---

① 如何教育这类头脑,是个亘古不移的重大问题——比如柏拉图的《王制》或我们的《论语》就包含对这类人的教育。然而,即便有这样的教育,并不意味着所有"善于谋划的头脑"都会转过弯来。无论苏格拉底还是孔子都心里清楚,不可能把所有这类"头脑"教过来,因为他们天性上的某个偶然成分是顽梗的自负……这类青年天资聪颖,受过很好的教育,对自己的才智自许颇高,但天性谈不上纯良端正。要教育这类年轻人颇为不易,他们自以为才智超群,到了青春才智焕发的时候往往听不进劝导,不再有改变自己的求知欲望,尽管他们一直有一肚子求知欲。参见色诺芬《回忆苏格拉底》,卷四,2.5,吴永泉译,北京:商务印书馆,1985。

在第一节里,施特劳斯已经指出卢梭并不全然忠实于苏格拉底,尽管他引用了大段苏格拉底的言辞;在这里,通过化用蒙田的一句话,施特劳斯悄然告诉我们,在《论科学和文艺》中随时引用蒙田的卢梭其实也未必忠实于蒙田。

卢梭的解决方案不仅让自己获得了智性上的愉悦,也给"下一代"思考者提供了一个"兴许不得不选择"(could not help choosing)的出路,或者说,"下一代"(比如康德)"不得不"接受卢梭"最后的实践性解决方案"(practical solution)。本来,"下一代"思考者与卢梭一样,仍然面临古典政治哲学与现代民主共和设计之间的选择,由于卢梭"善于谋划的头脑","下一代"就"兴许不得不选择"卢梭的方案。既然是"兴许",就并非是一定得如此,是否选择卢梭的方案,取决于"下一代"思考者是否还听得进古典政治哲人的教诲,是否还能注意到古典哲学提出的问题。反过来说,卢梭的解决方案使得"下一代"思考者被迫更加远离古典政治哲人的教诲。如我们所看到的那样,在当今的启蒙哲学看来,不仅传统的古代政制充满"蒙昧"成见,甚至古典学问本身就是"蒙昧"成见。"下一代"会把卢梭的公民社会哲学提出的解决方案作为自己思考的理所当然的出发点,也就是把卢梭对"共同体的再发现",以及他的公意概念、良知或情感或传统的优先性等等作为思考的出发点,却不会记得,卢梭的公民社会哲学具有理智哲学的前提(自然状态、自然平等、绝对个体、理智德性优先等)。于是,要解决卢梭的问题,最简便的就是"浪漫主义的"方案。换言之,卢梭的解决方案本身并非"浪漫主义的",因为它以相当理智主义的哲学为前提。但是,如果"下一代"思考者仅仅考虑的是卢梭提出的问题,其结果就会得出公民社会的"浪漫主义"解决方案。我们知道,甚至二十世纪晚期还曾一度热兴一种自以为新颖的公民社会哲学,以强调共同体、公意、良知或情感或传统来对抗"原子个人主义式"的公民社会观。①

不过,既然卢梭本人的确要求"接下来的纪元"(the era following)是建立或恢复"一个真正的社会"(a true society),我们就不能说,公民社会的"浪漫主义"解决方案不符合卢梭本人的意愿。然而,问题并非在于这一解决方案是否符合卢梭的民主共和设计,而在于卢梭的设计是基于真正的哲学与社会绝不相容这个古典政治哲学的原理。所谓忘掉"个人主义的"前提意味着,忘掉回到洞穴之前时哲人的前提,或者说忘掉苏格拉底意义上的"自由主义",让"所有个人的思想和愿望"(all one's thoughts and wishes)都接受公民社会的规范——这里的"所有个人的思想"显然包括哲人自己。用卢梭的说法:

> 公民人(L'homme civil)只不过是一个依赖于分母的分子(une unité fractionnaire),从而其价值在于他与总体(l'entier)即社会体(le corps social)的关系。好的社会制度是这样的制度:它知道如何最好地改变人的天性(dénaturer l'homme),剥夺(ôter)他的绝对存在以便使之成为相对的存在,把"我"转移到共同的统一体中去;这样一来,每一个别的人就不再把自己看作单单一个,而是统一体

---

① 上个世纪末一度流行的社群主义论以回到卢梭的浪漫主义作为自己批判现代性的后盾,却闭口不提卢梭的古典"自由主义"前提。参见拙文"平等地重新分配真理?"刊于《二十一世纪》,1997年,12月号(总第44期),页132–137。

的一个部分,仅仅感觉自己在大家(le tout)之中。(《爱弥儿》,上册,页9-10)。

我们很难设想卢梭会同意说,"好的社会制度"(les bonnes institutions sociales)就在于,能改变像他自己那样的"自然的好人"的天性。然而,既然天生爱好智识的人也应该成为公民,那么,卢梭这样的人也应该成为一个"分子"。这样一来,古典政治哲学所强调的哲学与社会的原初紧张就消失了,其直接结果是哲学本身的变质:"让哲学屈从于社会"(the subordination of philosophy to society)。"浪漫主义"公民社会哲学的首要问题并非在于,强调共同体、公意、良知或情感或传统等等是否有利于建设"真正的"公民社会,而在于这种社会哲学已然彻底丧失"哲学"本有的自由品质——哲学被"整合"(integration)到"文化"中去了。由此我们可以理解,随浪漫主义之后出现的是一个又一个文化世界的设计,种种文化哲学或文化理论蜂拥而至,迄今我们的思考和学问都仍然在这些文化—哲学和理论中游思。如果说启蒙哲学的结果是在自然洞穴中人为地再挖出一个第二洞穴,那么,由文化—哲学和理论打造的这个文化世界就堪称第二洞穴。在这个人为挖出来的第二洞穴中,热爱哲学思考的无数"下一代"不仅忘却了哲学与社会(洞穴)的原初关系,也忘却了哲人回到自然洞穴后应该身处的原初位置。反过来说,要回到哲人与自然洞穴的原初关系,如今的我们首先就得走出启蒙哲学挖出来的这个第二洞穴——走出启蒙哲学营构的种种文化哲学或文化理论……然而,由于我们已经在第二洞穴安家落户而且待惯了,也就没有可能再去理解古典政治哲学的"成见"及其关于"蒙昧"的教诲,否则就太没悬念,更缺乏"公共理性"论辩的快乐……

> [34]其实,卢梭的立法者学说是要昭示社会的基本问题,而不是为现代欧洲提供实践的解决之道,除非这一学说暗藏着卢梭本人的职责。他为何必须超越立法者的古典概念,其确切的原因是:这一概念易于模糊人民主权,也就是说,实际上,它易于导致用法律至上取代人民主权至上。

这段表述把我们引向卢梭影响"下一代"的另一非常著名的学说——"人民主权论",它与卢梭引出的"浪漫主义"公民社会哲学显得并不全然协调。"人民主权论"是卢梭的"立法者学说"(doctrine of the legislator)的要核,但是,这一著名主张并非全然或仅仅是出于"事情的当前状态"而"为现代欧洲提供"的实践解决之道。毋宁说,哲人卢梭的这一主张首先针对的是"社会的基本问题"(the fundamental problem of society)或者人世政治的基本问题。毕竟,真正的大哲之思绝非仅仅想的是解决当前的实际政治问题,而是首先考虑自己在世的"基本问题"——苏格拉底问题乃是这一问题的永恒表征。

卢梭的"人民主权论"明显背离了"古典的立法者概念"(the classical notion of the legislator),或者说,主张"人民主权论"就不得不抛弃古典哲学对立法者的理解。正是在这一意义上讲,卢梭属于现代的民主共和派阵营。从而,施特劳斯在这一自然段所辨析的问题与文章第一节接上了线索。按施特劳斯的表述,卢梭抛弃"古典的立法者概念"的"确切理由"是:立法者的古典理解"易于导致用法律至上(the supremacy of the law)取代充分的人民主权(the full sovereignty of the people)"——反过来讲,古典政治哲学绝不可能主张"充分的人民主权"。既然卢梭清楚古典政治哲学不赞同民主政体的理由,他"如此强烈地要求"(the demand, so strongly)基于人民的主权意志来建立"整个法律的和宪政的秩序",的确让人匪夷所思。让我们不妨按施特劳斯提供的文献指引看看卢梭的原话——在《社会契约论》第三卷第18章"防止政府篡权的方法"的结尾,卢梭说道:

> 我在这里的假设,乃是我相信已经证明过的东西,那就是:在国家之中,并没有任何根本法(loi fondamentale)不能予以废除,即便社会公约(paste social)也不例外;因为,如果全体公民集合起来一致同意终止这个公约,就不能怀疑,终止非常正当(très légitimement)。格劳秀斯甚至认为,每个人都可退出自己身为其成员的国家,并在离开国土时重新获得自己自然的自由和自己的财富(sa liberté naturelle et ses biens)。集合在一起的全体公民竟不能做他们每个人单独时所能做的事,未免荒谬。("三论",页134;亦参"二论",页129-130)

何其激进,又何其让人心潮澎湃!这岂不是最终肯定原初的自然权利吗?的确如此……然而,公民退出国家或退出公民社会之后,仍然得重新成为公民。因为,按照民主共和设计的要求,"自然的自由人"必须成为公民社会的一员,废除根本法只能是为了重新订立根本法。从而,卢梭相信自己已经证明过的东西,最终看来是一种我们可以称之为"不断革命"的正当性。就这段话说的是"全体公民"(tous les citoyens)来看,所谓"重新获得自己自然的自由",当指的是"愚蠢的动物"式的原初自然人的自由,否则,这段话的意思岂不是说,自由民主的共和国是由哲人意义上的"自然的自由人"组成的吗?为了实现充分的人民主权原则,卢梭"要求整个法律和宪政秩序定期诉诸人民的主权意志",这意味着原初自然人有不断革命的自然权利。如此权利的正当性来自原初的自由,因此,"人民主权"原则才堪称真正的自由主义原则,这一原则才能赋予"人民最大可能的自由度"(the highest possible degree of freedom of the people)。从实践上讲,"定期诉诸人民的主权意志"听起来难免有些抽象,但一旦设想"上一代人的意志定期诉诸当下一代人的意志",马上就变得具有具体的历史感。①

不过,与我们短视的头脑不同,睿哲卢梭在考虑共和设计问题时想到,如果赋予人民不断革命的自然权利,立法者即便订立了最佳的根本法也无法保障不会被废除,即便废除根本法是由于官僚体制的腐败所致也罢。毕竟,重新诉诸革命必然破坏立法者所受的"原初委托"(originally entrusted)——把原初自然人转变为公民。换言之,即便旨在针对腐败的官僚体制的革命,也难免变成一场野蛮人针对公民秩序的暴乱。说到底,其实卢梭骨子里并不信任人民最终能够懂得何为"真正的自由",毕竟,

---

① 施特劳斯在这里下注除指出卢梭文献外,还提醒我们参看潘恩(Paine)的《论人权》和《联邦党人文集》中的十一页文字。言下之意,卢梭的人民主权论并非没有"实践性作用"。据勒赛克尔说,《人权宣言》"从卢梭那里汲取的思想比从所有其他启蒙思想家那里汲取的思想都要多"。见"二论"[导言],页24。

> 一旦人民习惯于主子们(accoutumés à des Maîtres),就再也离不开。如果人民想摆脱这个枷锁,他们就会更加远离自由。因为,人民会把与自由截然对立的无节制的放任(une licence effrenée)误认为自由,人民的革命(leurs revolutions)几乎总是把人民出卖给蛊惑者(à des seducteurs),这些蛊惑者只会使他们的枷锁更加沉重。("二论",页53)

何其深刻的洞察!基于这样的洞见,卢梭想到一个解决办法:如果自由民主共和要想长治久安,就不应该以"危险的"公民权利为最后的基础,而应该以公民宗教垫底。

> 这种危险的权利(ce dangereux pouvoir)必然会引起可怕的纷争和无穷的混乱(les dissentions affreuses, les désordres infinis),这些远比所有其他事情足以表明,人的治理(les Gouvernements humains)多么需要一个比单纯的理性更为坚固的基础,对公共安宁来说,神性意志的干预(la volonté divine intervint)何其必要,以便赋予至高权威以一种神性的、不可损害的性质,从而剥夺掉臣属者处置至高权威的这种有害的权利(le funeste Droit)。即便宗教只为人做了这一件好事,也足以让所有人不得不珍惜(chérir)它、接纳它,甚至包括它的弊端,因为,宗教使人少流的血,也多于宗教狂热让人多流的血。("二论",页131)

出于这一考虑,卢梭在《社会契约论》中最后建议,应该建立公民宗教,以代行把原初自然人转变为公民这一"原初委托给立法者的最基本的职能"——在论析卢梭的公民宗教设计之前,施特劳斯下了一个注释,再次回到立法者要履行自己"最基本的职能"就必须"对公意进行启蒙"(the enlightening of the general will)这一问题。施特劳斯已经在前面多次论析过这个问题,为何现在再提这个问题?显然,这与随后要论析的公民宗教相关。何况,这里是就"一个复杂的社会"而言的,不难设想,在一个简单的社会中,"对公意进行启蒙"要简单得多。

施特劳斯下的这个注释本身就显得有些复杂,不仅提到卢梭的一项重要的具体政制设计,还提到两段古典哲学文献——为了理解施特劳斯随后对卢梭设计的公民宗教的论析,我们必须细看这段并不太长的注释文字。

> 卢梭似乎已然相信,在一个复杂的社会里,不是这个问题的解决方案而是其前提来自一种政治制度,这种制度有利于富人和乡村居民,与"无赖"针锋相对。这种政治要求把他的公意说中的平等主义含义转化为类似古典政治学中的"智辩"的东西。([34]注释)

这段表述只有两句,前一句比较容易理解,意思是:"在一个复杂的社会里",为了"对公意进行启蒙",立法者必须事先建立起一种具有平等主义性质的"政治制度"(political system),以便对"富人和乡村居民"(the wealthy and the rural population)一视同仁。因为,如此启蒙必须涵盖所有社会成员,而"复杂的社会"(a complex society)意味着,各色人纷然杂陈:既有经济上的贫富差异(或不平等),又有道德德性上的差异(或不平等)。①此外,既然目的是要让所有社会成员懂得公共的"好","对公意进行启蒙"实际上意味着施行政治教育,从而,预先需要建立的平等主义政治制度具体指的是教育制度。不过,卢梭看到,这种教育制度的"平等主义含义"(the egalitarian implication)只能取消贫富差异(不平等),却不能取消道德德性上的差异(不平等)。我们可以理解,不可能启蒙"无赖"懂得公共的"好",否则他就不是"无赖"了。因此,政治平等实际上仍然有限制,不可能也不应该让"无赖"享有同等教育的政治平等。至于要求取消贫富差异则很好理解,因为,只有这样才便于本来在经济上不平等的人都有可能受到政治教育,懂得公共的"好"。

不好理解的是注释的第二句——为何卢梭要把"这种政治要求"中的平等主义含义"转变成"(transforms)"类似古典政治学中的'智辩'(sophisms)"呢?这句表述并非字面上不好理解,因为,"智辩"这个语词提醒我们想到,当说到教育制度的"平等主义含义"时,施特劳斯没有提到针对人的智性上的差异。在"一个复杂的社会"中,社会成员显然也有智性上的不平等。把教育制度的平等主义含义"转变成""类似古典政治学中的'智

---

① 关于"政治社会的起源问题"的假说,或者关于"自然平等"何以被打破的假说,卢梭不认为是由于人的强弱之分,而是由于人的贫富(la pauvreté et la richesse)之分。所谓人的强弱(fort et foible)差异的真实含义,在卢梭看来其实是贫富差异(参见"二论",页119-123)。因此,社会及其法律的起源是,"给弱者(foible[引按]等于穷人 pauvre)新的桎梏,给富人(riche)新的力量,无可挽回地摧毁了自然的自由(la liberté naturelle),永远确立了私有财产和不平等的法律……"(同上,页121)。因此,如果要贯彻教育的平等主义理念,就应当"与其教穷人发财致富,不如教育富人变得贫穷"(《爱弥儿》,上册,页32)。

辩'",意味着立法者为"对公意进行启蒙"而设计的平等主义的教育制度不得不放弃基于抹去贫富差距的平等,转而寻求基于智性上的平等。我们难以理解的是:为什么要如此?

应该注意到,施特劳斯开始说的是,卢梭"似乎已然相信"(seem to have believed),"对公意进行启蒙"必须依赖基于消除贫富差距的教育制度。换言之,卢梭恐怕未必真的这样"相信"——注释的最后一句表明了这一点。倘若如此,卢梭为什么对基于消除贫富差距的教育制度心存疑虑呢?施特劳斯放在括号里要我们参看的两段古典哲学文献为我们解开了困惑。

第一段文献出自亚里士多德的《政治学》,这个段落(1297a14以下)说的是寡头政体如何欺骗公民——虽然全体公民都可以参加公民大会、担任法庭陪审职司等,但富人不参加就得罚款、穷人则不会……显然,这种政制规定实现了富人和穷人的政治平等,然而,这种平等其实是一种欺骗。亚里士多德接下来还说,民主政体则有相反的欺骗方式:穷人参加公民大会、担任法庭陪审职司等可以领津贴,但富人不参加也不会罚款(1297a35-40)。无论寡头政体还是民主政体,以不平等的政治措施让经济上不平等的人获得政治平等,为什么亚里士多德会说都是欺骗?因为,这类政制举措掩盖了一个重大的实质性问题:谁在德性上有资格参与公共事务(比如担任官职)。① 寡头政体和民主政体都可以在公民参政上做到某种程度的政治平

---

① 比较亚里士多德《政治学》1267a37-1267b1:"平均财富(τὰς οὐσίας ἴσας εἶναι)是防止城邦民相互争斗的有效方式之一,当然,话说回来,收效未必就很大。因为,有教养的雅士们(οἱ χαρίεντες)兴许会不满,理由是不应该讲究平等,何况,好些强夺(ἐπιτιθέμενοι)和争斗,明显是由此引起的。"

等,却抹去了是否应该由德性优秀的人来管理公共事务的问题。

施特劳斯指引的第二个文献——色诺芬的《居鲁士的教育》卷一第二章第15节证明了这一点。这个段落说的是:波斯政制如何把一个波斯人培育成可以享有公共权利和政治荣誉的人。按照法律,贵族子弟才有权利获得荣誉或官职。为此,每个波斯贵族家庭首先得把自己的孩子送到研习公正的公共学校去学习。从而,公共教育是贵族子弟获得享有公共权利和荣誉的条件。受过教育的贵族子弟步入公职行列后,如果在自己的政治生涯中没有犯过什么过错,年老退官后就可以成为长老。在波斯政制中,这些既受过教育又经受过政治考验的长老会形成一个议事院。波斯人认为,只有这样,波斯王国的整体素质才可能不断提高。[①] 我们切不可把这里所说的贵族子弟理解为"富家子弟",因为,所谓"贵族政制"的含义是"贤良政制",亦即由优秀的人施行统治,而非由"富家子弟"施行统治。所谓"每个贵族家庭"的含义当是指每个有优秀子弟的家庭,因为所谓"贵族"指的是品质高尚的一族,他们的德性能够把公共利益置于个人利益之上。《社会契约论》中的一段话可以证明,卢梭懂得这一点:"由于罗马的所有声名卓著之士都生活在乡村并耕种土地,人们就习惯于只在那里去寻找共和国的栋梁。由于最尊贵的贵族(plus dignes patriciens)的情况就是如此,也就受到所有人的敬重……"("三论",页148)——在乡村生活意味着过

[①] 参见 Xenophon, *The Education of Cyrus*, Wayne Ambler 译注, Cornell University Press, 2001, 页23-28。我们会想起中国的儒家传统政制, 差别主要在于: 第一, 儒家政制不是贵族世袭制, 平民出身的人通过公共教育考试也可以获得享有公共权利和荣誉的权利; 第二, 退官后的儒生长者并没有形成一个议事院。

日子质朴而不奢华,紧贴土地,"最尊贵的贵族"就这样生活。

　　如果把亚里士多德说到的情形与色诺芬说到的情形联系起来看,意思就很清楚:好的政制当培育优秀的子弟成人后担任公职,而非靠平等的教育制度启蒙公意,让所有社会成员无论贫富都有机会担任公职。倘若如此,共和设计中的平等主义启蒙教育有什么意义呢,民主政体预设启蒙公意有什么作用呢?无论亚里士多德还是色诺芬的书中说到的情形,卢梭都非常熟悉……不仅熟悉,更重要的是卢梭还信服其中所讲的道理:良好的政制取决于参与政治事务的人的道德品质,这是政治的根本问题——马基雅维利、霍布斯、孟德斯鸠都熟悉无论亚里士多德还是色诺芬的书,但他们已经不信服其中所讲的道理。① 基于平

---

　　① 卢梭在《论科学和文艺》第 51 自然段下了一个长注,其中引述了色诺芬在《居鲁士的教育》卷一中的一段记叙(3.16 - 17),说的正是关于贵族子弟在学校学习何谓公正的例子:学校里有个大个子孩子,却穿一件小外套,当他见到有个穿件大外套的小个子同学时,就强行扒下他的外套与他交换。先生要学生居鲁士裁断这场纠纷,居鲁士说,这似乎对双方都更合适,就这样吧……先生对学生说:错啦! 不应该只考虑是否合适,首先应该考虑正义:"正义就是要使每个人在属于自己的事情上不受任何强制"——如果把这段教诲与苏格拉底对格劳孔说的那段话对观,学生(居鲁士)的回答可以说基于理智上的自然正确,先生要求的却是城邦的合法正义优先。在《自然权利与历史》中,施特劳斯以"苏格拉底—柏拉图式的"自然正确论的名义引述了这段故事,并解释说:"明智的统治者因而就会从小个子孩子那儿把大外套拿走,给了大个子孩子,丝毫不考虑什么合法所有权的问题。我们至少得说,公正的所有权与合法的所有权是完全不同的两回事。如若真有正义存在的话,明智的统治者就必须给每个人分派他真正应得的东西,或者依据自然对他而言是好的东西。他们只会给每个人他能够很好利用的东西,而且会从每个人那里拿走他不能很好利用的东西。这样,正义与一般所认为的私有权就不相容了。"(中译本,前揭,页 149 - 150)

　　卢梭还告诉我们,色诺芬的这段记叙最后说,学生居鲁士因回答不正确挨了一顿鞭挞,"就像我们在乡下念书忘了 τύπτω[我打]的不定过去时第一人称时受罚一样"——这无异于提醒我们,即便对优秀子弟施行教育,也必须采用威权式的褒贬法训导学生。相比之下,平等主义的教育制度必然取消威权式教育(比如当今大学普遍实行的学生给老师打分的制度性规定)。

等主义的教育制度不可能实现贤良统治,因为很难设想靠平等主义的启蒙教育就可以让所有城邦民都能超出自己的个人利益为整个城邦的利益着想:一人一票的民主能够保障人民主权,却未必能保障卢梭所说的"公意"。施特劳斯特别提到,在卢梭看来,政治平等不能包括"无赖"(la canaille),已经暗示了这一点:对待"无赖"必须"针锋相对"(over against)。① 平等主义的教育原则可以且应该取消穷人与富人的划分,却即便可能也不应该取消"无赖"与正派人的划分,否则就会制造出一种"不义的平等"(injuste égalité)。毕竟,"从未存在这种社会,人们会堕落到对恶人和好人不作任何区分(aucune différence des méchans et des gens de bien)的地步"("二论",页175)。当卢梭说,民主政体必须反对奢侈,"因为奢侈要么是财富的结果,要么使财富成为必需,它会同时腐蚀富人和穷人"之后,他随即就说到,孟德斯鸠把德性视为共和国的原则完全正确,但"这位优秀的天才没有能够做出必要的区分……"("三论",页89)——这很可能指的是,孟德斯鸠没有能够看到共和政体的政治德性并不充足,

---

① 凭常识我们也知道,"无赖"不分贫富,富人穷人中都有。"无赖"这个语词用的是斜体,既可能是在强调这种类型的人,亦可能指诞生于1865年的一首名为"无赖曲"的革命歌曲(由Alexis Bouvier作词,Joseph Darcier作曲,起初名为La chanson des gueux[乞丐之歌],后来才叫"无赖曲"。在法文中,gueux[乞丐]与canaille是同义词。巴黎公社时期,这首小曲成为革命者干事时喜欢哼的流行曲)。《社会契约论》在1862年出版,显然不可能针对"无赖曲"。我们当然不能说,"公民辩论"难免会产生canaille,甚至公共知识人中就有canaille,但的确很难杜绝这类人混进公共知识人队伍。卢梭曾说,在"今天各国国王的军队里"有数不清的"乞丐队伍"(Troupes de gueux),把他们视为"自由卫士"(les défenseurs de liberté)明显荒谬(参见"三论",页149)——同样,如果有某个canaille成了著名公共知识人,把他捧为"自由卫士"明显荒谬。

也就是施特劳斯在第一节所指出的孟德斯鸠的困难:政治德性毕竟不是道德德性。可以说,正因为卢梭看到,民主共和的政治德性在德性上有严重欠缺,他才诉诸公民宗教。从而,这位"立法者"为民主的公民社会立法最终在两个方面需要求助于宗教要素:首先,立法者需要给自己设计的法典注入神圣的(亦即宗教性)的起源,第二,需要一种公民宗教来型塑"公民精神"。

然而,由于卢梭意识到平等主义在道德德性上的困难,但又接受了孟德斯鸠的"公意"(普遍意志)说,为了实现这一政治要求,他就只能把其中的平等主义政治原则"转化为类似古典政治学中的'智辩'(sophisms)"——所谓"智辩"[富有智慧的论辩]是古希腊的智术师们首倡的一种教育方式:通过智性论辩的方式启发学生获得某种知识。严格来讲,这种教育方式必须预设教育者与被教育者在智性上的平等,因此是适合少数智识人的一种具有平等的自由思考性质的教育方式。不过。与后来的基督教经院学不同,①古希腊的智术师们并没有打算把这种平等的自由思考性质的教育方式限制在少数人中间,而是要推而广之成为普遍的公民教育的基础。既然"智辩"以人的智性平等为前提,如果对公意进行的启蒙是一种"智辩"式的教育,那么,就可以实现平等主义的政治诉求。

我们应该注意到,"类似古典政治学中的'智辩'"并非卢梭自己的说法,而是施特劳斯的说法。如果悉心体味,这种说法似乎暗含反讽。首先,在古典政治学中,"智辩"是个让人丢脸的

---

① 在中世纪的基督教经院内部,仍然可以见到这种教育方式,参见拙文"平等的自由思想习性",见拙著,《西学断章》,华东师范大学版,2013。

教育方式——在柏拉图的《普罗塔戈拉》中,我们可以看到,对于智术师们来说,"智辩"是"富有智慧的论辩",通过这种方式,智术师可以教会学生各个方面的知识——但在苏格拉底甚至常人眼里,"智辩"则是"诡辩"或"古怪的论辩"。卢梭熟悉柏拉图的《普罗塔戈拉》,他懂得"智辩"就是"诡辩"或"古怪的论辩":

> 这些自负而又一无用处的好辩家们(ces vains et futiles déclamateurs)从四面八方走来,以致命的吊诡之论(funestes paradoxes)为武器,挖信仰基础的墙角,诋毁德性。他们鄙夷地讪笑祖国、宗教这些古老字眼,用自己的天资(talents)和哲学来诋毁和贬抑人世间所有神圣的东西。("一论",第40自然段)

> 如果说科学教化对于战士品质有害,对于道德品质那就更有害。从我们的最初年龄起,愚蠢的教育就在矫饰我们的心灵、败坏我们的判断。我看到,到处都有大型教学机构在耗费巨资教育年轻人,教他们种种事情,惟独不教他们懂得自己的义务(ses devoirs)。……他们不会分辨谬误和真理,却拥有一种技艺,这就是靠古怪的论辩(arguments spécieux)让别人搞不清对错……("一论",第51自然段)①

绝妙的是,紧接这个注释之后,施特劳斯就说到卢梭关于如

---

① 比较"二论"页124:"政治家们论及热爱自由就搞智辩术(sophismes),与哲学家们论及自然状态就搞智辩术别无二致。"所谓"政治家们"(les politiques)实际上指的是政治作家,相当于如今的政治学者(参见 Meier 笺注)。

何实现公民宗教的设想——《爱弥儿》卷四是卢梭谈及宗教问题的关键性文本:通过一位虚构的本堂神父对爱弥儿的长篇教诲,卢梭表达了他关于宗教教育的看法(参见《爱弥儿》,下册,页 424 - 457)。在此之前,卢梭让这位萨瓦省的本堂神父有过一段"信仰表白"(Profession de foi du vicaire Savoyars),也就是著名的所谓"萨瓦本堂神父的信仰表白"(《爱弥儿》,下册,页 377 - 423)。然而,卢梭让人们看到的与其说是这位本堂神父在表白信仰,不如说是在表白自己的形而上学思辨。① 更为恰切地说,由于这位本堂神父天生爱好形而上学思考,自己难免会因哲学思辨而滋生对上帝信仰的怀疑。② 在"信仰自白"中我们读到,这位本堂神父的"良心终于反叛,对上帝发出怨言,它沉痛地喊道:'你欺骗了我!'"《爱弥儿》,下册,页 404)。我们凭常识都可以想到,既然这位本堂神父自己在内心中都如此怀疑上帝信仰,又何以可能指望他教给爱弥儿虔敬的基督教信仰?让人匪夷所思的是,卢梭先让我们看到这位本堂神父在内心中已经反叛上帝,再让我们看到他给爱弥儿传授宗教信仰。如今我们无不为卢梭因《爱弥儿》中的"萨瓦本堂神父的信仰表白"而

---

① 关于解读"萨瓦本堂神父的信仰表白"的各种观点,参见 David Lay Williams, *Roussea's Platonic Enlightenment*(《卢梭的柏拉图式启蒙》),第三章"形而上学与道德:萨瓦本堂神父的柏拉图主义", The Pennsylvania State Uni. Press 2007,页 61 - 92。

② 卢梭后来为此而写的长篇辩护尤其涉及神迹问题(《山中书简》第二书至第五书),同样无异于以哲学的理性思辨在讨论基督教信仰问题。施特劳斯在《斯宾诺莎的宗教批判》中说,斯宾诺莎"根据自己对'人的脆弱'的洞见,确实不愿假定存在神迹,宁愿悬置判断"。在后来写下的眉批中,施特劳斯两次提到卢梭的《山中书简》。参见施特劳斯,《斯宾诺莎的宗教批判》,李永晶译,北京:华夏出版社,2012,页 190,194。

受到宗教机关迫害抱不平,却对卢梭通过如此笔法质疑甚至颠覆上帝信仰的言论本身忽略不计——可以理解的是,经过启蒙的我们当然会觉得,瓦解上帝信仰是正确的行为。不过,我们同样应该理解的是,通过"萨瓦本堂神父的信仰表白"及其对爱弥儿的宗教教育,卢梭已经让我们看到,他所设想的公民宗教以哲学的思辨教育为前提,毕竟,只有思辨(或"智辩")才能保障公民教育具有平等主义性质。事实上,在用萨瓦本堂神父的信仰经历来教育爱弥儿之前,卢梭已经再清楚不过地表明,在公民社会中,宗教信仰当基于个人的理性选择:

> 我看到这里遇到的是一个怎样的困难啊!不过,这个困难之大,与其说是由于事情本身,不如说是由于人们面对这个困难时的懦弱(pusillanimité),不敢去解决它。让我们从敢于提出这个困难来开始吧。一个孩子应该由自己父辈的宗教来养育,一直以来,人们都向孩子充分证明(prouve toujours très bien),父辈的宗教不管是怎样的宗教,都是唯一真正的宗教(la seule véritable),其他所有宗教都既荒唐又无稽(extravagance et absurdité)。这些说法的分量当然得看人们站在哪个国家说。一个土耳其人如果在君士坦丁堡说基督教十分可笑,那就让他到巴黎来看看人们对回教怎么评说!尤其在宗教的事情上,意见就大行其道(l'opinion triomphe)。可是,既然我们要在任何事情上摆脱羁轭(secouer son joug en toute chose),既然我们丝毫不愿意屈从权威,既然我们一点儿都不想拿整个国家(tout pays)都没法让爱弥儿自己搞懂的东西去给他上课,那么,我们又该

教育他信什么宗教呢？我们该让这个自然之人(l'homme de la nature)加入哪个教派呢？在我看来，回答非常简单：我们既不要他加入这一派，也不要他加入那一派，而是让他去选择(mettrons en état de choisir)，只要他出色地运用自己的理性，理性当会引导他选择。(《爱弥儿》，上册，参见页364–368，引文见页368)

既然如此，卢梭的公民宗教设想便面临一个无法克服的困难：

> [34]……按照卢梭对知识、信仰与"人民"的关系的明确看法，公民体对这种宗教或任何宗教的真理，都只能持有意见而已。

这意味着，本质上是一种哲学教育的公民教育成了公民宗教的死敌。因为，为了培育人民的公民宗教信仰，必须先教会人民学会哲理思辨，而哲理思辨必然会把任何宗教视为审视对象。从本质上讲，哲学思辨与所有的宗教"真理"都不相容，而非仅仅与某些宗教(比如传统宗教)的"真理"不相容，与某些宗教(比如"公民宗教")相容。因此，卢梭的公民宗教构想实际上包含着两个相互矛盾的东西：一方面，公民宗教的职能是代替立法者把自然人教育为公民，另一方面，这种公民教育得以平等主义政治原则为基础，也就是必须预设启蒙者[教育者]与被启蒙者[受教育者]在智性和德性上的平等，从而必然是没有权威的"智辩式"教育。公民教育建立在哲学的"智辩"基础之上，意味着没有"任何人"(any human being)能在公民宗教方面宣称自己拥有权威性的"真正的知识"。这样一来,经过公民教育(等于"对公意的启蒙")所培育起来的"公民体"(the citizen body)获得的就仅仅是关于"公民精神"的"意见"而非信仰。由于"智辩"教育的性质是破除迷信、摆脱意见,以便求得真知,公民教育就不得不培育人民动辄就怀疑一切的精神品质。倘或如此,平等主义的启蒙教育又何以可能把自然人教育成具有公民宗教"信仰"的公民呢?至于人民何以才能更好地表达公意,卢梭已经设想过:

> 如果人民充分了解情况并进行商讨,公民彼此之间没有任何暗中串通(communication entre eux),那么,从大量的小分歧中总会得出公意,商议总会是好的。但是,一旦拉帮结派,形成以牺牲大集团为代价的小集团(associations partielles),每一个这样的集团的意志对其成员来说就成了公意,对国家来说则成了个别意志;这时候就可以说,投票者的数目不再与人数相等,仅仅与集团的数目相等。分歧在数量上固然减少了,所得的结果却更缺乏公意。最后,当这些集团中有一个如此之大,以致超过了其他所有集团时,结果就是,你不再有许多小分歧的总和,而是只有一个唯一的分歧;这时,就不再有公意,占优势的意见不过是一个个别意见。因此,为了很好地表达公意,最重要的是国家之内不能有小团伙(société partielle),并且每个公民只能表示自己的意见。("三论",页38)

这段说法表明,卢梭宁可信任个人,也不信任人民的集合。然而,众多的个人意见何以可能形成公意?信任"充分了解情况"的"商讨"吗?的确,"商议总会是好的",但前提是每个公民都能够被启蒙懂得何谓"公意"而且愿意接受公民宗教的约束。卢梭自己都没有意识到的自相矛盾在于:无论是他设想的启蒙教育还是要打造的公民宗教,都将受到"危险的质疑作派"的威胁。"质疑作派"一旦变成公民习性,其结果不可避免地是,无论关于公意还是公民宗教都将处于永无休止的公民论辩之中,尽管这样一来公共知识人就有了用武之地,却绝对没法通过这类论辩最终找到公民一致认同的公意和公民宗教。卢梭对于如此后果其实早就了然于心——他在《论科学和文艺》中曾这样痛斥哲学式的启蒙教育:

> 在这种被大肆夸赞的从我们时代的启蒙中得来的客套的背后,总隐藏着猜疑、提防、提心吊胆、冷漠、留一手、怨恨、背叛。人们不再用赌咒来辱没创世主之名,却会以亵渎来侮辱创世主之名,我们精审的耳朵居然不感到无法容忍。人们不会夸耀自己的固有优点,却抹杀别人的固有长处。人们不再粗鲁地凌辱自己的敌人,却会巧妙地中伤敌人。民族仇恨将会消退,但随之消失的是对祖国的爱。无知遭受轻蔑,取而代之的是一种危险的质疑做派(un dangereux

pyrrhonisme)。① 有些过分行为会受到禁止,有些恶行臭名远扬,但另一些恶行却被冠以德性之名,人们还不得不具备或者热心于这些恶行。("一论",第14自然段)②

由于卢梭的共和设计的立法者自己就是启蒙哲人,当他出于平等主义的政治诉求来立法和打造公民宗教时,就会把本来仅仅是培养哲学或科学人才所要求的质疑作派变成公民的普遍品质,结果必然使得无论政治德性还是公民宗教都难免受到"各种无法解决的异议"的困扰。施特劳斯在注释中还建议我

---

① "质疑作派"来自古希腊哲人皮绒(Pyrrho,旧译"皮浪",约前365—前275,伯罗奔半岛的厄利斯人),此人凡事喜欢质疑,伊壁鸠鲁也听过他的课。参见第欧根尼·拉尔修,《名哲言行录》,9.69-9,71,徐开来、溥林译,广西师范大学出版社,2010。后来皮绒的名字成了好质疑论辩却又不持守恒定立场的代名词。

② 卢梭在这里下注引用蒙田的话:"我爱争辩,爱交谈,但只与少数人(peu d'hommes),且只为我自己。因为,无论供贵人观赏,还是卖弄自己的才智和饶舌,我认为,都是与一个高尚的人极不相称的行当。"——卢梭紧接着说说:"我们所有的美妙才智(tous nos beaux esprits)干的就是这,唯有一个人除外。"所谓"唯有一个人除外"其实是反话,意思是甚至狄德罗也不除外。因为,狄德罗却敢于和善于怀疑视为启蒙精神的基点:"怀疑论者(sceptique)是谁? 就是哲学家,他曾怀疑过自己所信过的一切(un philosophe qui a douté de tout ce qu'il croit),亦即信自己的理性和感觉的合法应用(un usage légitime)向他指明为真的东西。你还要什么更确切些的定义吗? 让皮绒派(le pyrrhonien)认真起来,你就会看到怀疑论者了。""半怀疑论是心智软弱(un esprit faible)的标志;他显得是怯懦的推理者(un raisonneur pusillanime),让推论出的结论把自己吓倒;他是迷信之人,以为束缚自己的理性就等于尊崇了他的上帝;他是无信仰之人,怕对自己撕破假面具……"狄德罗甚至希望,"一种普遍的怀疑洒遍整个大地(un doute universel se répandit sur la surface de la terre),所有民族都乐意质疑自己的宗教真理(mettre en question la vérité de leurs religions)。"见《狄德罗哲学选集》,前揭,页17-19(凡有改动依据 Oeuvres complètes de Diderot, Philosophie I,前揭)。据勒赛克尔说,"马克思主义的奠基者们与狄德罗及其朋友们的唯物主义的关系,较之他们与卢梭唯灵论的关系,要更接近一些。"见"二论"[导言]页14。

们参看哲人莱布尼兹在《神义论》导论中以谴责口吻罗列的针对宗教的哲学"异议"(节24－27)[①]——莱布尼茨说,有些哲人"不再满足于以必然性为借口证明美德与恶行既不成善也不为恶,他们甚至肆无忌惮,将上帝看成是他们伤风败俗行为的责任者,并步古代异教徒的后尘,将他们犯罪的原因归结到众神身上,似乎有一个神在推动他们为非作歹"……这一说法表明,当时的哲人诋毁基督教信仰与古希腊智术师诋毁城邦神的做法没有二致,起因都是宗教对世间何以会有善恶的解释不能让哲人感到满意。尽管基督教哲学"比古代哲学更清楚地认识到事物对第一创造者(premier auteur)的依附性和第一创造者对创造物一切行为的参与",仍然不能让哲人感到满意……莱布尼茨说的是"基督教哲学",言下之意,圣经信仰即便千方百计顺从哲学,也不可能填满哲学的怀疑精神这个无底洞。

随之莱布尼茨就提到"当代几位聪慧的人物",也就是无意之中为普遍启蒙的兴起做了准备的那些哲人,比如以《历史批判词典》留名青史的培尔(Pierre Bayle),他竟然要恢复已被遗忘的善神与恶神并存的二元论异教学说,以此来解决恶之来源的难题。培尔当然知道自己的思考对既存信仰的危害,他要求自己的读者"不可因此而动摇甚至放弃对启示教义的信仰"。然而,读者有自己的脑筋,既然培尔通过充分辩驳让许多读者看到哲学的"非议不容辩驳",他也就不可能阻止年轻的读者"由

[①] 参见莱布尼茨,《神义论》,朱雁冰译,北京:三联书店,2007,页12－15。蒙田则早就"在德国看到,路德听任大家就怀疑(sur le doute)他的意见而分裂、争辩(altercation),这比他引起的对《圣经》的争辩更为激烈"。《蒙田随笔全集》,下册,前揭,页345。

此得出危险的结论"。莱布尼茨紧接着就提到,甚至有些神学家也否认上帝对事物的细节的认知,可以设想,这些神学家八成是培尔的书教出来的。接受了哲学异议的神学家们"虽然深信,如果没有上帝的意志和力量,什么都不会发生……实际上放弃了关于上帝的正义和慈善的信条"。他们在自己所写的书中宣称,"至高的主能够既造成罪而又无损于他的神圣,只是因为他乐于为此,或者乐于享受随后惩罚的乐趣;上帝能够怀着极大兴致宣布对无辜者的永恒惩罚却又不致犯下不正义之过,是因为没有人有权或者有力量监督他的行动……"于是,这些神学家们就成了新的教诲师,他们可能培育出更为激进的下一代哲人,比如从圣经宗教批判引出极端的政制改革结论的霍布斯。①

我们会以为,莱布尼茨列举的哲人或神学家对上帝正义(神义论)的异议似乎与政制问题没什么关系,可是,在紧接下来反驳这些"异议"时,莱布尼茨就提到柏拉图的《王制》,说持有这些异议的人对正义的看法与柏拉图笔下的忒拉绪马霍斯别无二致,他们把义务建立在强迫之上,将权力作为公理尺度,"不自觉地回到了忒拉绪马霍斯提出的原则"——不难设想,按照萨瓦本堂神父式的宗教教育,要培育出忒拉绪马霍斯一类的

---

① 莱布尼茨提到十六至十七世纪的著名新派神学家,如意大利神学家索齐尼(Faustus Socinus,1539—1604)、荷兰神学家弗尔斯修(Conrad Vorstius,1569—1622)和英国耶稣会士波拿特(Thomas Bonartes,？—1681)——其中的索齐尼对霍布斯的圣经批判有直接影响。霍布斯"首先接受了索齐尼派的核心思想,即认为基督教的本质是宣告并确保了永生,却'根本不考虑赎罪,或者说,只认为赎罪是永生中的一个瞬间'。……霍布斯批判传统时所依据的圣经原则,是索齐尼派的原则,根据这个原则,他抛弃了教会的传统,尤其是否认圣灵的内在见证是理解圣经的条件"。参见施特劳斯,《霍布斯的宗教批判》,前揭,页133–136。

现代智术师并非难事。

> [34]……因此,说到底,任何公民宗教似乎都与立法者对其法典的[神圣]来源的阐述具有相同的性质,就此而言,两者从本质上讲都受到"危险的质疑作派"的威胁,而这种怀疑主义恰恰是哲学或科学的严格要求培养出来的……

在《论科学和文艺》中,卢梭极度关注哲学的怀疑品质对社会的不良影响甚至颠覆性的作用,为何在以后的著述中他不再考虑这个问题,反而让哲学的怀疑品质成为公民教育的基础呢?我们从理论上可以想到的原因是:唯有如此,卢梭才能与民主理论的平等主义原则相一致。因为,唯有理智的平等才能算得上真正的平等——然而,施特劳斯在这里的解释则诉诸个人天性上的某些偶然的道德性情:卢梭"对不宽容的切身恐惧以及焦躁"(personal horror, and impatience, of intolerance)导致了这一后果(关于卢梭的恐惧和焦躁,参见"梦",页4)。这种解释看似缺乏理论说服力,却具有坚实的常识基础——在日常生活中我们经常看到,有些人的行为看起来不可思议,的确只能归咎于这个人的个体性情——所谓"性格就是命运"。如果说"对不宽容的切身恐惧"是卢梭因《论科学和文艺》遭到启蒙知识人的攻击所致,由此引起的"焦躁"又意味着什么呢?既然卢梭知道自由主义对异议从不"宽容",标榜"宽容"是自欺欺人,对于自由主义知识人的攻击,卢梭凭着自己的眼界大可不必在意——毕竟,那些挖苦和嘲讽让"公众"看到的不过是时代的 fanatique [狂热分子]的智性品质。何况,《论科学和文艺》率先发难,攻击、挖苦、嘲讽时代的 fanatique,尖锐的思想和泼辣的文风甚至使之面临生死存亡之地,卢梭没有理由不让他们被自己命中要穴之后动弹几下……无论如何,因各类攻击和谩骂而引起的"恐惧以及焦躁"都属于卢梭个人的道德德性缺陷,它们仅仅是"首先得为此事实负责"(primarily responsible for the fact,重点为引者所加)而已,需要为此负责的更多是卢梭的理智德性。

六　睿哲卢梭与古典智慧

最后一节比较短,共四个自然段。施特劳斯让我们首先回顾卢梭思想的基本矛盾。在重述这个矛盾时,施特劳斯的表述与先前有些微差异——承接上一节的论析,施特劳斯让我们关注的是卢梭的古典政治哲学素养与他的民主共和论之间的矛盾。在处女作《论科学和文艺》中,卢梭对启蒙运动的抨击坚定、深刻而又泼辣,直到今天仍然令人难忘:普及哲学对社会的健康和安宁有害无益——这是典型的古典政治哲学的观点。但是,与第一节开头不同,施特劳斯没有把卢梭的这种观点与古希腊或古罗马哲人联系起来,而是与现代哲人笛卡尔联系起来,因为,笛卡尔也强调,改进少数读书人的个人思想与改进社会要依据不同的"规则"(the rules)……然而,施特劳斯随即就否认了这种联系,因为,笛卡尔与启蒙运动有着颇为暧昧的关系。① 这就引出一个发人深省的问题:何以懂得古典政治哲学智慧的笛卡尔也与启蒙运动有暧昧关系?显然,这个问题用于卢梭同样有效。毕竟,《论科学和文艺》是以古典政治哲学的名义而非笛卡尔的名义抨击启蒙运动的命题,卢梭与古典政治哲学的关系明显比与笛卡尔的关系更为紧密。何况,在临终之作《孤独漫步者的梦》中,卢梭再次表达了他在处女作《论科学和文艺》中所表达过的对古典政治哲学的忠诚。但是,通过前面的论析施特劳斯已经让我们看到,卢梭与启蒙运动的关系同样十分暧昧:笛卡尔虽然懂得针对少数个人的启蒙与普遍启蒙是两回事,仍然不妨碍他成为启蒙运动的先驱——卢梭同样如此。因此,施特劳斯提到卢梭与笛卡尔的关系绝非信笔所至,毋宁说,这一表述突显了现代学人面临的一个基本问题:时代不同了,古典政治智慧对于"事情的当前状态"还有用吗?这个问题在卢梭那里具体地体现为:"他的政治哲学与古典政治哲学的关系"究竟是怎样的。

---

① 施特劳斯在注释中提到笛卡尔(1596—1650)的《方法谈》,在我们看来,这本小书是纯粹的哲学书(否则我国学界的西哲前辈也不会去翻译这本书),实际上,它至少同时是政治之书。因为,作者在书中"同样设想过(Ainsi je m'imaginair),有些民族(les peuples)原来出于半野蛮状态(demi‑sauvages),只是逐步开化(civilisés),感到犯罪和争吵造成麻烦,迫不得已才制定了自己的法律,它们的政体(policés)就比不上那些一开始聚合在一起时就遵奉某个贤明立法者的宪制(les constitutions)的民族"(笛卡尔,《谈谈方法》,前揭,页12)——这话听起来何等富有霍布斯的口吻。关于笛卡尔的这部作品,参见朗佩特,《尼采与现时代》,彭磊、李致远等译,华东师范大学出版社2009,页179-183;肯宁顿,"《方法谈》的笔法"(彭磊译),见刘小枫编,《古典诗文绎读·西学卷[现代编]》,前揭,上册,页285。

[36]为了正确地理解这种关系,必须忽视那种偶然性的差异:哲学的社会地位在古典时代与卢梭时代有所不同。

要看清卢梭与古典政治哲学若即若离的关系,首先得澄清哲学与"事情的当前状态"的关系。《论科学和文艺》激烈抨击哲学知识的传播可能有这样一个现实的理由:哲学在古代社会与在现代社会非常不同。在古希腊的时候,人们对哲学带有"普通成见"(common prejudice),阿里斯托芬的剧作《云》富有代表性地表明了这一状况,柏拉图笔下的苏格拉底有关哲学与社会关系的说法针对的是当时的状况。① 在现代启蒙之后的社会,关于哲学产生了另一种截然不同的成见:哲学不仅受到普遍尊崇,而且成了一种"时尚"(fashion)——这种"成见"看起来对哲学有利,实际上对哲学本身来说"更为危险"。我们不难设想,哲学在古代社会所面临的"普通成见"仅仅意味着哲学的外部危险,哲学成为"时尚"则意味着哲学自身内部的危险——智识人的变质和堕落。说到底,《论科学和文艺》是为了哲学自身的利益,而非为了社会的利益抨击启蒙。尽管如此,施特劳斯指出,对于理解卢梭甚至所有与启蒙有暧昧关系的现代哲人来说,这个差异都是"偶然性的"(accidental),无关哲学与社会之关系的根本性质。现代哲人如果与启蒙有暧昧关系,绝不可以用"时代不同啦"之类我们耳熟能详的托辞来解释。问题的关键在于:哲人对于民主政治究竟应该持有怎样的态度——这是检

---

① 就我们中国的古代政体而言,可以说"普通成见"都谈不上,因为我们的臣民并未听闻"哲学",除非佛法入华之后……

验是否还信服古典政治哲学的试金石。随后，施特劳斯用一段话精炼地表述了古典政治哲学的"基本前提"：

> [36]……古典政治哲学的基本前提是这样一种观点：理智能力的自然不平等具有或应当具有决定性的政治重要性。因此，上智者不受限制的统治，绝不迎合臣民，看来是解决政治问题的绝佳方案。这种要求明显与一切带有政治共同体性质的实践目的没法调和。科学要求与社会要求之间的不合度导致的结果是：真正的或自然的秩序（上智对下愚的绝对统治）必须被其政治复制品或模仿品取代，这就是，在法律之下，贤良方正统治那些并非贤良方正之人。

这段话值得一句一句体味……首先，古典政治哲学的基本前提是："intellectual powers 的自然不平等具有或应当具有决定性的政治重要性"——第一个关键词 powers 显然有双重含义，既可以指（智性）"能力"，也可以指"权力"，或者说，可以从理智"能力"推导出某种"权力"。换言之，谁有更高的理智能力，谁就应该拥有治理人世的权力。人世中上智与下愚之分的不平等是自然使然，这种"自然不平等"（the natural inequality）引出的治理权力对于政治的重要性不仅是实然，而且是应然（ought to be）。由此前提推出的结论是："上智者不受限制的统治，绝不迎合臣民，看来是解决政治问题的绝佳方案。"这个结论的表述用了十分鲜明的不妥协修辞：上智者的统治应该"不受限制"（unlimited），"绝不迎合"（in no way answerable to）。从而，绝对无法设想古典政治哲人会认可现代民主共和派的主张。但是，尽管这种统治"是解决政治问题的绝佳方案"(the absolutely best solution),却明显与"所有实践目的"(all practical purposes)没法调和,而任何政治共同体都无不带有"实践目的"。这样一来,古典政治哲学的基本前提便与政治共同体的"实践目的"产生了不可调和、也不可解决的冲突,这就是哲学要求与社会要求之间不合的根本原因。面对这一根本而非偶然的政治难题,或者说即便时代的经济—技术进步也无法解决的难题,古典政治哲学转而采用如下妥协方案:用"解决政治问题的绝佳方案"的"政治复制品或模仿品"取代"绝佳方案"——也就是以"贤良方正统治那些并非贤良方正之人"的方案代替上智绝对统治下愚的方案。这一替代方案绝不可理解为次佳方案,或者说退而求其次的方案,而是应该理解为用一种"绝佳方案"替代另一种"绝佳方案",亦即用政治的"绝佳方案"替代自然的"绝佳方案"。施特劳斯的表述清楚表明,上智对下愚的绝对统治是"真正的或自然的秩序",贤良方正对并非贤良方正之人的统治是自然的"绝佳方案"的"政治复制品或模仿品"(political counterpart or imitation),换言之,上智对下愚的绝对统治是"自然的秩序",但并非政治的秩序。所谓"政治的"含义,由介词短语"在法律之下"(under law)充分而又准确地表达出来。这里的 law 既非复数,也没有冠词,我们可以理解为传统政治共同体都会有的"礼法"秩序。因为,这种"法律秩序"既然是"自然的秩序"的"政治复制品或模仿品",两者就一定有相似之处。倘若如此,我们就值得问,两者在何处相似? 可以说在人性自然的不平等上相似:贤良方正统治非贤良方正之人的正当性基于人的道德德性上的不平等,这种不平等与人在理智德性上的不平等一样,是自然的不平等。既然"法律秩序"是"自然的秩序"的"政治复制品或模仿品",我们就可以说,古典政治哲人的方案是:用道德德性上的自然不平等取代理智德性上的自然不平等。从而,"在法律之下"必定只能意味着在"礼法秩序"之下,而非由"一人一票"批准的"法律秩序"之下。① 在这一妥协方案中,我们仍然无法设想古典政治哲人会赞同现代的民主共和设计。

[37]这种学说整体上所面对的种种困难,诱使政治思想家在很久以前就把所有人的自然平等作为他们思考的起点。

---

① 施特劳斯更为详细的论述参见《城邦与人》,前揭,页107 – 128。美国"著名"教授罗德之(James Rhodes)在北京大学的八次演讲结集为《柏拉图的政治理论:以及施特劳斯与沃格林的阐释》(张新刚译,刘擎校,上海三联书店,2012)。据《季风书讯》推介,该书对柏拉图的解释和对施特劳斯的批评都很精彩。罗德之认为,

> 施特劳斯对柏拉图最重要的解释就是"隐微写作",即由于思想和社会之间存在着无法和谐的"严峻危险",真理应该处于隐秘状态。只有少数人才有资格获知真理,泄露真理将会使大众去迫害他们,即使在言论自由的今天依然如此。因而,哲学家必须掌握"独特的技艺",将真理透露给少数精英,并由这些精英来建立一种法治,赢来多数愚民的同意。这就相当于"哲学家的秘密王权"。在详细分析了这些以后,罗德之说,现在"我告诉你们我自己对于施特劳斯核心真理的最佳猜想",那就是施特劳斯"对贵族制的偏爱"。正是这种偏爱,使得施特劳斯认为:"统治者应该像牧羊者对待羊群一样对待他们的臣民",但必须是隐秘的,因为,"如果公开宣称这个原则的话,会激发大众去大开杀戒"。施特劳斯是在纳粹时期从德国逃到美国的,因而对美国的民主制度有很高的赞美。但他却从魏玛的失败中认为,只有强者和智者的统治,才能使脆弱的民主制度可以抵御邪恶……(《季风书讯》No. 257,2012年3月)

对照施特劳斯在这里的论析,我们无法确定,罗德之是否以为自己与施特劳斯甚至柏拉图有理智能力上的平等。可以确定的是,罗德之甚至连施特劳斯的基本观点都不熟悉。正因为如此,罗德之"自己对于施特劳斯核心真理的最佳猜想"才会在我们的讲堂赢得"精彩"的评价。

按照施特劳斯的表述,这一妥协方案并非就没有困难——不仅是施行起来会面临困难,甚至从理智思考上讲也可以挑出种种毛病,从而在一开始就受到某些智者的质疑。施特劳斯说,早"在很久以前"(from very early times)就有"政治思想家"(political thinkers)不信任这一妥协方案,他们把"所有人的自然平等"(the natural equality of all men)作为思考政治问题的出发点。究竟早到什么时候,施特劳斯语焉不详,但这不是问题的要害——要害在于,不信任古典政治哲人的是"政治思想家"(施特劳斯没有说他们是"政治哲学家")。换言之,这些人对政治很感兴趣,未必同时对哲学也感兴趣,或者说未必对"绝对的一"或"整全"也感兴趣。然而,他们毕竟是智识人,因此,他们才会把"所有人的自然平等"作为思考政治问题的出发点。换言之,"自然平等"是后来的政治思想家刻意针对古典政治哲学的理智构造。倘若如此,我们就可以说,"在很久以前","政治思想家"本来是哲人,当他们思考政治问题时,其实更多是为了自己纯粹的理智活动本身,并没有考虑到"理智能力"对于人世生活的意义。毕竟,质疑理智能力的不平等具有"自然性质"(the natural character),本身就是一种纯然的理智活动。理智活动本身需要养成一种质疑习性,当智识人出于这种习性质疑理智能力的自然不平等,就会构造出"所有人的自然平等"这一理智构造,进而抛弃古典政治哲学的前提——如卢梭在《爱弥儿》一开始所说:

在自然秩序中(dans l'ordre naturel),所有人本来都是平等的(tous egaux)，他们共同的天职就是人品(l'état d'homme)；无论谁，只要在这方面受到很好的栽培(bien élevé)，就不至于欠缺与他相称的人品。(《爱弥儿》，上册，页13)

由此可以理解施特劳斯随后给出的解释：后来的"政治思想家"具有"一种拔高了的信念"(a heightened belief)，即相信有一种与自然天赋有别的"方法德性"(the virtue of method)，也就是相信凭靠一种理智的方法可以使自然地参差不齐的苗头长得一样高。从这种"信念"直接导致"普遍启蒙"来看，所谓"方法德性"很可能与本节开头提到的写过《方法谈》的笛卡尔有关。卢梭抨击"普遍启蒙"的根本理由之一，恰好因为他始终认为，人的理智的自然不平等具有极端的重要性——甚至在《论人类不平等的起源和基础》乃至《社会契约论》中，卢梭仍然坚持这一观点。可见，卢梭从未质疑、更没有抛弃古典政治哲学的第一个前提。可是，卢梭为何又要积极参与民主共和设计，而且在设计立法时以所有人的自然平等为思考的起点呢？施特劳斯给出的解释出人意料：卢梭承认古典政治哲学的第一个前提，但拒绝了由这个前提得出的政治推论，即拒绝"从自然不平等的事实得出政治不平等的要求具有有效性"——奇妙的是，卢梭拒绝这一推论的理由竟然同样来自古典政治哲学的原理：即哲学要求与社会要求不相容。换言之，卢梭以为，既然考虑的是政治问题，就不应该"从自然不平等的事实得出政治不平等的要求"，否则就是以哲学的要求来要求社会；既然是在替社会着想，就应该设想以"所有人的自然平等"为出发点。

> 在自然状态中,存在着一种实实在在的、不可毁灭的平等(une égalité de fait réelle et indestructible),因为,单单是人和人的差别不可能大到使一个人去依靠另一个人的程度。在公民社会中,权利平等(une égalité de droit)是虚假的,徒有其名,因为用来保持这种平等的手段本身注定在摧毁这种平等,同时,公众势力(la force publique)也有助于强者压迫弱者,从而打破了大自然在他们之间建立的平衡。(《爱弥儿》,上册,页328)

于是,我们就会看到如下矛盾:卢梭在致力建立一种"平等主义的政治学"的同时,他仍然会不忘强调人在理智能力上的不平等。智性极高的卢梭没有认真考虑的是,为何"理智能力的自然不平等具有或应当具有决定性的政治重要性",从而在政治问题上陷入一个根本性的困境:既然以"所有人的自然平等"为出发点,就不可能设想贤良方正统治非贤良方正之人的正当性。换言之,"平等主义的政治学"难免抹去人的道德德性上的自然不平等,进而使得贤良方正不可能在公民社会中具有统治法权,从而也就不可能设计出一个在道德上让卢梭感到满意的公民社会。

尽管如此,在施特劳斯看来,卢梭在民主学说史上赢得了独一无二的地位,因为,卢梭第一个能够在柏拉图和亚里士多德的反思水准上挑战柏拉图和亚里士多德对民主政治的挑战。换言之,柏拉图和亚里士多德的理智思考否定了民主政治的正当性,可以肯定,我们的理智能力与柏拉图和亚里士多德绝对没法相比，从而我们也就没可能指望挑战他们对民主政治所持的否定意见。我们甚至还可以设想，在卢梭之前已经有人挑战过柏拉图和亚里士多德对民主政治的挑战，但他们的理智能力其实都没有达到柏拉图和亚里士多德的理智水平，从而都是无谓的徒劳之举。与此不同，卢梭的理智能力达到了柏拉图和亚里士多德的水平——证据是他在诸多重要的方面深切理解而且跟从柏拉图和亚里士多德的"反思"（reflections）。然而，偏偏且恰恰在民主问题上，卢梭却挑战柏拉图和亚里士多德。由此我们可以说，卢梭认为自己尽管在诸多重要的问题上不如柏拉图和亚里士多德聪明，唯独在民主问题上比柏拉图和亚里士多德聪明。

结束本文时，施特劳斯再次把卢梭与马基雅维利联系起来：卢梭自以为在民主政治问题上更为聪明的理智心态是马基雅维利的理智德性的结果——十七世纪自然科学的进展则进一步鼓舞了这种理智德性，众所周知，这种自以为比古典哲人更聪明的理智心态在随后的世纪里有增无减。于是，在思考政治问题时，卢梭"彻底离弃"（makes a radical departure from）了古典政治哲学。按施特劳斯的归纳，其结果有四项要点。首先，卢梭用"人是自由施行者"（a free agent）的现代式人性定义取代了"人是理性动物"的古典式人性定义。在卢梭看来，从"形而上学和道德（Moral）方面来考虑"，自然人与其它动物的差异首先在于：

> 在动物的活动中，单单自然（la Nature）就把一切都做了，与此相反，人却能作为自由施行者（agent libre）参与自己的活动。……人同样感受到自然的影响，但人自认有跟从或反抗的自由（libre d'acquiescer, ou de resister），而且

尤其是在这种自由意识中,人的灵魂的灵性(la spiritualité de son ame)才透显出来。("二论",页 80-81)①

要理解这个结果,我们需要充分理解,为何古典政治哲学要把人定义为"理性动物",尤其需要理解这个定义的政治[城邦]含义。

第二,从"人是自由施行者"这个现代式的人性观念出发,卢梭进一步提出,人与其它动物的"一种非常特殊的"品质差异在于,人有"自我完善的能力(la faculté de se perfectionner),这种能力借助于环境渐渐开发人的其他一切能力"("二论",页 81)。从而,卢梭进一步用人的"可完善性"(perfectibility)这一现代式观念取代了人的"完善性"(perfection)的古典式观念。人的"完善性"观念意味着,"人"是什么及其生存目的已经由神(或宗法秩序)规定好了——人的"可完善性"观点则意味着,"人"是什么由"人"自己去自由地设计和实现。从而,何谓人的"完善"无异于人的自由设定。人的"完善性"是礼法所规定的"完善",因为"人是理性动物"的定义意味着,人并非"自由的施行者",而是受城邦规定的完善者。只有当民主理论家用人的"自然状态"的理智假定取消并进而取代"人是理性动物"这一城邦式的理智设定,才有可能把人重新规定为"自由施行者"——现代自由主义才可能诞生……可以设想,由于"自然状态"的理智假定必然推导出所有人的自然平等这一理智假定,

---

① "自由施行者"的说法来自洛克的《人类理解论》,卷二,第 21 章第 12 节(中译本,前揭,上册,页 210-211,"自由施行者"被译作"自由的主体"),卢梭读过该书的 Pierre Coste 法译本,此译本把 free agent 译作 agent libre,参见 Meier 笺注。

就必然会得出人是"自由施行者"的理智假定,由此也就必然会有人的"可完善性"的理智假定。随之产生的问题是,既然人不再是而且也不应该是受城邦约束的"自由施行者",人又何以能成为一个民主共和政体的好公民呢? 共和政体毕竟是一个"国家"的政体,但这个政体却无权规定人的"可完善性"的具体道德内涵,否则就有违这一政体的自由主义原则。为了摆脱这一理智设计上的困境,民主理论不得不提出共和政体特有的政治德性,否则就得回到霍布斯所力图解决的难题:一个自由民主的"国家"何以可能——反过来说,霍布斯的深刻之处在于,他看到,就自身的性质而言,"国家"机体不可能既自由又民主,尽管霍布斯是一个自由主义者。

由此可以理解,第三,卢梭把"政治德性"与"真正的德性"(genuine virtue)的差别夸大为德性与"好"的对立。回想施特劳斯在第四节的论析,我们知道,所谓"好"指的是"自然的自由人"的天性品质。古典政治哲学采用政治的"绝佳方案"替代自然的"绝佳方案"之后,政治德性不过是"真正的德性"的复制品或模仿品——然而基于"真正的德性"与政治德性不相容的观点,卢梭就不得不夸大政治德性与"真正的德性"的对立。

这样一来,第四,卢梭必然面临的问题是,如何让政治德性不至于是低俗的品质——聪明的卢梭想到的解决方案是,理智地构造出一种名之为"真诚"(sincerity)的德性,然后把它浪漫地抬高为人的"道德情感"(the moral pathos)。由于人已经被定义为"自由的施行者",这种"真诚"德性难免渺睨习传的礼法道德规范。从而,把"真诚"说成一种"道德情感"无异于降低了人的"道德标准"(the moral standards)。可以设想,如果我们不熟悉亚里士多德在《尼各马可伦理学》中的讨论,就无法理解这个结果,因为,卢梭毕竟"试图在现代科学的基础上保留哲学的古典理念"(the classical idea of philosophy)。反过来说,卢梭的理智思考表明,要想在现代思想的前提下保留古典的智慧,根本没可能,即便今天的我们对此仍然于心不甘。

在《论科学和文艺》中,卢梭引用了苏格拉底在法庭面前的一大段申辩辞,却偏偏漏掉了苏格拉底对热衷民主的政治家的质疑——现在我们可以再次肯定地说,卢梭是刻意漏掉的。既然如此,我们如今面临的选择是:要么跟随卢梭删除古典政治哲人对民主政治的质疑,要么从卢梭删除的地方找回这一质疑……然而,这一选择又取决于我们是否把自己的理智能力设想得与柏拉图和亚里士多德有自然的平等。自从卢梭的崇拜者说,自己能够"比柏拉图更好地理解柏拉图"之后,除了跟随卢梭的"下一代"的选择,我们似乎已经别无选择……

论卢梭的意图

[美]施特劳斯 著

冯克利 译

一

[1]有关卢梭意图的古旧论争,隐藏着有关民主性质的政治论争。"民主的方法"等于"理智的方法"的主张,似乎既能支持也能击倒现代民主。为了理解这种主张的含义,自然就要回到卢梭,因为,卢梭把自己视为民主的第一理论家,[①]他认为,民主或一般的自由政体与科学的相容性,并非人尽皆知的事实,而是一个重大问题。

[2]为充分理解卢梭的论点,要预先细致地解读卢梭的《社会契约论》和《爱弥儿》。姑不论其他理由,限于篇幅,本文只讲卢梭的"第一篇论文",感谢哈文斯先生(Mr. George Havens)那

[①] "迄今为止,有关民主政体的研究极不充分。所有谈及民主政体的人,要么对它不理解,要么对它兴趣索然,要么有意错误地展示它。……民主政体肯定是政治技艺的杰作,但是,这项人为技艺越令人赞赏,越难以纳入(appartient)所有洞穿它的眼睛。"《山中书简》(*Lettres écrites de la Montagne*), VIII,页252,Carnier编;重点是我加的。

个注疏详尽的精良版本,②我们现在可以很方便地读到这篇论文。卢梭本人说过,他的全部著述表达的是同样的诸原理。而且,卢梭式的诸原理恰恰就在这篇讨论科学和文艺的短文底下,尽管在这本最早的重要著作中,他对这些原理的表达或许还不够完善。③

[3]为之而写下《论科学和文艺》的直接写作目的,多少有些使论文的特别题旨变得晦暗不明。卢梭撰写此文是为应征第戎科学院的问题:"科学和艺术的复兴是否有益于敦化风俗?"。因此,读者的第一印象是:卢梭敢于在启蒙运动的巅峰时期,为了道德而"谴责科学,颂扬无知"。然而,否认文明与道德之间的和谐,并非卢梭的特别题旨,第戎科学院征文题目已经预设了这个观点。有一种传统也早就预设了这一点,它最著名的代表似乎是蒙田和塞涅卡(Seneca),出于一定程度的公平,尚可追溯

---

② 卢梭,《论科学和文艺》,考订版,哈文斯编,附导言和笺注(*Discours sur les sciences et les arts*. Édition critique avec une introduction et un commentaire par George R. Havens)New York:Modern Language Association of America,1946,页 xiii 及页 278。下面提到该书时略为 *Havens*;提到卢梭的《论科学和文艺》时略为 Discours,页码和行数指哈文斯版标注的第一版。

③ "我写过各种主题,但始终遵循着相同的原理。"(《致博蒙书》[*Lettre à Beaumont*],页 437,Garnier 编。另参见同书,页 457。)另见 1762 年 1 月 12 日卢梭致马勒塞尔伯(Malesherbes)的信(Havens,页 5)。哈文斯正确地说:"卢梭的第一篇论文是他的全部著作的基石。"卢梭本人对《论科学和文艺》的评价见 *Discours*,"致读者"以及 *Havens*,页 169 注 24。

至苏格拉底。④ 事实上,《论科学和文艺》一字不差地(in extenso)援引柏拉图的《苏格拉底的申辩》的相关段落,在《论科学和文艺》中,卢梭对苏格拉底称赞无知的回想占据重要位置。不过,仅仅把这段引语还原到它原来的文脉中就能认识到:《论科学和文艺》与这一相关传统之间有着最为显著的差别。卢梭引用苏格拉底对诗人和"艺人"的谴责,可是,他未能引用苏格拉底对政治家的谴责。⑤ 与苏格拉底"赞扬无知"时不同,卢梭"赞扬无知"并没有把矛头指向民主派或共和派政治家或治邦者,他甚至是受到一种共和冲动或民主冲动的激发:他抨击启蒙运动,把它视为专制主义或绝对君主制的基石。⑥

[4]卢梭的观点并非理智上不可理解。马基雅维利和霍布斯这两个人一向被流俗地视为近代专制主义最伟大的卫士,他们都同意启蒙是绝对君主制的柱石。只要想一想卢梭对其在《论科学和文艺》中予以痛击的启蒙运动的看法,即可明白这一

---

④ *Discours*, 1-2; 13, 8-14, 5; 30, 10-12; Havens, 页 25, 64-71,以及167。另比较 *Discours*, 47, 9-15 与 色诺芬的《齐家》(*Oeconomicus*), 4.2-3 和6.5以下, 以及比较 *Discours*, 57, 16-19(农业和哲学的比较观)与《齐家》的主题。关于《论科学和文艺》的一般观点,可比较色诺芬的《居鲁士的教育》(*Cyropaedia*), I 2.6《斯巴达政制》(*Resp. Lac.*)和《回忆苏格拉底》(*Memorablilia*), IV 7。

⑤ 比较 *Discours*, 22, 12-24, 9 与《苏格拉底的申辩》(*Apology of Socrates*), 21b 及以下。苏格拉底说的不是艺术家而是手艺人。"手艺人"(artisans)被改成了"艺术家"(artists)也许是因为卢梭的民主意图;它与这一意图总归是一致的。

⑥ *Discours*, 6, 6-27; 16, 21 以下;21, 1; 28; 54, 18-21 (比较《社会契约论》1, 6). 另参见卢梭后来有关《论科学和文艺》的主旨的一些言论(Havens, 页 5, 53 和172)以及狄德罗和达让松(d'Argenson)的评论(Havens, 页 31,33)。卢梭在《论科学和文艺》中对路易十四的赞美,只要看一眼前面一段话(同书, 页 28, 11-22),其真诚便显然值得怀疑。

点。他认为这场运动本质上敌视宗教,⑦由此可知,他把启蒙运动视为专制主义柱石的含义是:专制主义与自由政府的区别在于,前者能消除宗教信仰。马基雅维利不就说过吗,自由的国家(free commonwealth)反而绝对需要宗教,甚至把宗教视为最强大的纽带,对君主的恐惧倒可以取代对上帝的恐惧。马基雅维利在同一语境下还说,贤明的罗马皇帝时代,而非罗马的共和时代,才是黄金时代,那时人人都能坚持和捍卫自己喜欢的任何意见。⑧ 至于霍布斯,他的政治诉求只有在绝对的世袭君主制中才能得到完全落实,他教导说,公民秩序基于对暴死而非对"看不见的力量"即宗教的恐惧。恐惧看不见的力量当然会削弱恐惧暴死的效用,所以,霍布斯提出的整个方案即便不是为了消除前一种恐惧,也是要弱化它的作用;霍布斯的方案所要求的这种人生观的彻底转变,只有通过传播科学知识才能实现。被霍布斯尊奉为高于其他一切政体的绝对君主政体,严格说来只能是经过启蒙且仍在启蒙的君主政体。⑨

[5]孟德斯鸠《论法的精神》已经为卢梭抨击专制政体设置

---

⑦ *Discours*, 36, 8-37, 4; 59, 6-60, 3; 11, 3-16.

⑧ 马基雅维利,《李维史论》(*Discorsi*), 1, 10-11(比较 1, 55)。另参见斯宾诺莎《政治论》(*Tractatus politicus*), VI 40(君主政体中宗教与国家的分离)和 VIII 46(贵族政体——并且暗示着民主政体——对公共宗教[public religion]的需要)。

⑨ 《论公民》(*De cive*),第十章,18-19;《利维坦》(*Leviathan*),12 章(页 54-57,Everyman's Library 版),14 章(页 73),29 章(页 175),30 章(页 180, 183),及 31 章(结尾)。另比较 Ferdinand Tönnies,《霍布斯》(*Thomas Hobbes*),第三版,Stuttgart 1925,页 53-54, 195,和页 273-276。最近的讨论见 Louis Marlo,"反抗的权利"(*Le droit d'insurrection*),载《近代政治学说》(*Les doctrines politiques modernes*), Boris Mirkine-Guetzévitc 编(New York, 1947),页 111-134. Marlo 说,"科学的进步助长剧变,从物质上和道德上摧毁反抗势力"(页 124)。

了依据,该书约在卢梭构思《论科学和文艺》的前一年问世。孟德斯鸠拿作为民主原则的德性来对照作为专制主义原则的恐惧。他把这种德性描述为政治德性——即爱国主义或热爱平等,并且明确把它跟道德德性(moral virtue)区分开;但他又被迫暗中把政治德性等同于道德德性。⑩ 可以说,孟德斯鸠从古典的古代找到了德性的自然家园,他用古典国家的公民的人性伟大来对比现代君主制的臣民的"渺小灵魂"。⑪ 他强调古典政治科学和现代政治科学的对立,前者以德性为取向,后者则要从经济中寻找德性的替代品。⑫ 他大谈民主原则与禁止奢华、禁止过度自由及妇女权力有密不可分的关系。⑬ 孟德斯鸠指出,培养卓越的才华并非民主制度的第一需要,甚至根本不是它的需要。⑭ 他着眼于一个健康和蓬勃的共和政体的要求,质疑"纯理论科学"和"思辨生活"。⑮

---

⑩ 比较孟德斯鸠,《论法的精神》(*Esprit*)的"作者致读者"(Avertissement de l'auteur)和 V 2 与 III 3, III 5 and IV, 5. *Discours* 也有着同样的暧昧性(例如参见 20, 3 以下和 44, 7 以下)。另见 *Havens*,页 183 注 72,以及页 200 注 137。

⑪ 《论法的精神》, III 3, III 5, IV 4, XI 13 与 *Discours*, 6, 17 - 18; 20, 3 以下; 26, 5 以下; 29, 1 以下; 47, 9 - 49, 3; 51 注。

⑫ "生活在平民政治中的希腊政治家知道,支持他们的惟一力量来自德性。今天的政治家只向我们谈工艺、贸易、财政、财富,乃至奢华。"(《论法的精神》, III, 3)"古代政治家不停地谈论风俗和美德,而我们的政治家只谈生意和金钱。"(*Discours*, 38, 12 - 15)

⑬ 《论法的精神》, VII. 比较 *Discours*, 6 注,论奢华与君主政体的关系(关于亚历山大和食鱼者[Ichthophagi]的例子,比较《论法的精神》, XXI 8)和 37, 12 - 45, 12。

⑭ 比较《论法的精神》, V 3(才能的平庸)和 *Discours*, 53, 6 及以下,及《社会契约论》, IV 3(才能的平等)。

⑮ 《论法的精神》, IV 8, XIV 5 和 7. 另比较 *Discours*(16, 13 - 17, 18)对中国的指责。

[6]卢梭必须从孟德斯鸠对民主或一般共和政体的分析中抽离,必须把孟德斯鸠某些未明示的要点讲清楚,才能抵达《论科学和文艺》的论点。确实,他如果不偏离作为一个整体的孟德斯鸠的教诲,或不去批判孟德斯鸠,就做不到这一点,⑯因为,孟德斯鸠虽然赞赏古典的古代精神,但至少从表面上看,他摇摆于古典共和政体与现代(受到限制的)君主政体之间,或更确切地说,他摇摆于古罗马所代表的共和政体与18世纪英国所代表的共和政体之间。⑰ 这种表面上的摇摆,乃因孟德斯鸠意识到,作为政治原则的"德性(virtue)"有着内在的问题。德性的要求与那些政治自由的要求并不一致,事实上它们有可能相互对立。对于德性统治的诉求,可能无异于要求大面积干涉公民的私生活;这种要求很容易与人类放任自流的种种任性和弱点发生冲突,而孟德斯鸠似乎已把这些视为人性不可或缺的部分。这种观察使他断定,德性的要求必须受制于"审慎"的考虑,因而,他把立法者的德性等同于节制(moderation),尽管在他看来,这种德性次序较低。从有别于德性的自由而言,孟德斯鸠更喜欢英国的制度而非古典时代的共和政体;从不同于德性的人性来看,他则更喜欢商业共和国而非军事共和国。因此,孟德斯鸠转向或者说返回现代立场,即试图从商业或封建荣誉观所培养的精

---

⑯ "佩蒂骑士根据自己的计算推论,一个人在英国的价值等同于他在阿尔及尔被出售的价值。这只能对英国有利。在有些国家,人的价值一文不值,也有的国家,人的价值尚不及一文不值。"(《论法的精神》,XXIII[译按:应为第17章])"有人会告诉你,一个人的全部价值也就是他能在阿尔及尔被出售的价值;有人按这种计算会看到,在一些国家,一个人一文不值,还有些国家,一个人连一文不值也不如。"(*Discours*, 38, 15 – 26)

⑰ 《论法的精神》,II 4,V 19,XX 4 和 7;比较 VI 3 和 XI 6。

神中寻找德性的替代物。⑱ 在返回或修订现代原则方面,至少卢梭从一开始就拒绝追随孟德斯鸠。因此,卢梭虽然对德性仍保持信心,但并未显示出断然拒绝促使孟德斯鸠转向现代性的德性批判。

[7]无论如何,这种说法不会有错:在《论科学和文艺》中,卢梭首先得出了最为极端的结论,这是一个共和党人能够从孟德斯鸠对共和政体的分析中所得出的结论。卢梭的矛头毫不含糊地且挟着暴怒进攻,不仅指向奢靡和现代政治的经济取向,还指向"科学与艺术",他认为,科学与艺术既以奢靡之风为前提,又滋养了奢靡之风。卢梭尤其抨击科学或哲学,他认为,就其本源、践行和作为而言,科学或哲学与社会的健康、爱国主义、智慧或德性水火不容。他异常坚定地赞扬斯巴达人对他们中间的艺术和艺术家、学术和学者毫不宽容,他甚至称赞奥玛尔(Caliph Omar)把亚历山大图书馆的典藏付之一炬。⑲ 他认为科学同样是不道德的,现代科学甚至比异教的科学更危险。卢梭没有谈到现代科学的特殊品格是不是来自其根源性的特殊品格,他仅限于指出:科学之前通常是无知状态,而现代科学之前是一种比无知更恶劣的东西,即中世纪的经院主义。他把从经院主义下解放出来并不归因于宗教改革,而是追溯到"愚蠢的穆斯林"

---

⑱ 《论法的精神》,III 5, XI 4, XIX 5, 9 – 11, 16, XX 8, XXIX 1(比较 III 4)。对这个问题的讨论参见柏克 1791 年 6 月 1 日致 Rivarol 的信, Letters of Edmund Burk, A Selection(《柏克书信选》),H. J. Laski 编 (Oxford World Classics),页 303 – 304。

⑲ Discours, 13, 8 – 14, 5; 17, 2 – 7; 21, 3 – 5; 29, 6 – 11; 32, 7 – 21; 34, 12 – 35, 2; 37, 13 以下; 49, 16 – 18; 51, 28; 54, 3 – 18; 60,15 以下。

(君士坦丁的征服)。[20] 他认识到严格意义上的德性与政治德性之间的区别,它们甚至可能是对立的,因此,他本着后来抨击公民社会时的精神,偶尔赞扬野蛮人的生活。[21]《论科学和文艺》的立论基础,无非是历史归纳和哲学推理,即完全可以由"自然之光"获得的思考。虽然卢梭对启蒙运动的抨击与圣经传统的观点部分一致,并且也偶尔提到这些观点,但他的论证肯定不是以特别的圣经信仰为基础。[22] 甚至不能说它是建立在自然神学的基础上。卢梭在介绍他的重要权威人物之一时,几乎言之凿凿地称其为多神论者,并且暗示,清白状态(the state of innocence)的特征就是多神教。[23] 当他以科学对宗教信仰有害为由抨击科学时,心里想到的是"公民宗教"(civil religion),即那种仅仅作为社会纽带的宗教。

---

[20]　*Discours*, 4, 7 – 21; 7, 6 – 14; 25, 1 – 5; 37, 18 – 38, 15; 59, 6 以下。参见 Havens, 页 219 注释 196。

[21]　*Discours*, 5, 14 – 16, 27; 19, 15 – 24; 44, 7 以下,比较 *Havens*, 页 9, 49, 54, 181 注释 62。

[22]　*Discours*, 3, 4 – 5; 31, 2 – 4; 32, 1 – 4; 44, 2 – 4; *Havens*, 页 85, 173 注释 88 和 177 注释 48。另参见本文注 7 提到的段落。比较《论人类不平等的起源和基础》结尾的注 i。卢梭在这方面显然从未改变自己的观点,不仅前面提到的一般表述(见本文注 3),而且他对这问题的最后表述都是如此。在《孤独漫步者的梦》中,他说:"在我如今还偶尔阅读的为数不多的书中,最吸引我、使我获益最大的是普鲁塔克(也就是说,不是《圣经》)"(IV,开头部分)。比较这段话与《孤独漫步者的梦》,III。

[23]　比较 44, 7 以下与 26, 11(假托法比基乌斯讲辞的开头部分,这是整个《论科学和文艺》的核心)。比较大主教博蒙(Beaumont)的《主教训谕》(*Mandement*),§7 的开篇语。

二

[8]批评卢梭"颂扬无知"的同代人有这样的印象大可以理解:卢梭否认科学或哲学有任何价值,他主张消灭一切学问。可是,卢梭在答辩中声称,他们并没有理解他,他认为那些被普遍地加诸他头上的观点相当荒谬。但是,既然卢梭在实践上否认自己说过的那些话,人们似乎只能断定他言不由衷。据《论科学和文艺》编者的看法,卢梭只是想说,千万别把科学看得重于道德,或使其摆脱道德。但是编者又补充说,卢梭忘情于对德性的狂热或其修辞的力量,这使他夸大其词,坚持一种"稍微幼稚的观点",且不自觉地自相矛盾。㉔ 这种解释似乎可以由《论科学和文艺》自身来证实。尤其是在该书的结尾处,卢梭明确地同意科学与德性能够相容。他盛赞学人社会成员一定能把学术与道德结合起来,他说,培根、笛卡尔和牛顿都是人类的导师;他主张一流学者应当庇荫于君主的宫廷,以便从那里开启人民,为

㉔ Havens, 页36, 38, 46, 52, 58, 59, 64, 80, 87, 88, 176注45, 179注54, 239注259, 248注298。

人民的幸福做出贡献。㉕

[9]哈文斯所采纳的关于卢梭意图的观点,曾直接导致且仍在导致康德关于实践理性优先的断言,这个观点暴露出一个我认为无法克服的困难。这个观点是《论科学和文艺》出版后旋即抨击它的人们中的某个人提出来的。㉖可是,大约十年后,卢梭说,抨击他的人没有一个能成功地理解其思想中的要害。

[10]不消说,卢梭自相矛盾。《论科学和文艺》的标题页就使我们面临这种矛盾。标题下面有一句引自奥维德(Ovid)的箴言,其下注明奥维德的名字,而《论科学和文艺》的正文又谴责他,说他是"光名字就足以使贞洁骇然的淫猥作家"之一。㉗为了解决这个难题,又不至于冤枉卢梭的才华或文字功夫,人们不禁会说,他给两个相互矛盾的论点——赞扬科学与反对科学——赋予了不同的品格,或者他在《论科学和文艺》中说着两种品格不同的话。这种建议并不像乍看上去那样稀奇古怪。在文章最后的段落,卢梭自称是"素朴的心灵"或"常人",这样的

㉕ *Discours*, 55, 4 – 56, 22; 62, 15 – 16; 64, 3 – 65, 6; 24, 10 – 25, 2. 尤其比较 66, 3 – 12 与"萨瓦本堂神父的信仰自白"中类似的言论。比较 *Havens* 对这一段的注解,以及 *Havens*,页32 – 33 和页173 注35 中哲学家们对《论科学和文艺》的欣然接纳。至少在最后几段(65.8 以下),卢梭似乎取消他对普通看法的让步。但正是这些段落,似乎足以解释卢梭为何在《论科学和文艺》中一以贯之地强调科学与德性的不相容,由于把自己的最后建议限定在"事情的当前状态",卢梭似乎是要指出,《论科学和文艺》的一般论点只有在社会没有发生激烈变革时才有效:只有在腐化的社会中,科学和德性才会水火不容。不过请参见下面的注40。

㉖ *Havens*,页239 注259. 另见 *Havens*,页40 – 41:哈文斯认为——但卢梭否认——《论科学和文艺》的某个批评者"抓住了问题所在"。

㉗ *Discours*, 15, 13 – 15。[译按]卢梭引用奥维德的那句话是:"在这里我是个野蛮人,因为人们并不理解我。"

他并不在意留文名于青史。可在前言中,他又让我们清楚地知道,作为一名作家,他意图超越自己的时代而活着。[28] 卢梭把自己与另一类人区分开,他本人一无所知,既非真正的学者,亦非才智超群(bel esprit),只是一个常人;另一类人则向人类传授种种有益的真理。但是他知道,作为《论科学和文艺》(它在传授关于科学危险的有益真理)的作者,他不可能不同时属于另一种人,即哲人或科学家。[29] 可以说,《论科学和文艺》有两类不同的作者,同样也可以说,它在向两类不同的读者说话。卢梭在最后一节清楚地表示,作为一个常人,他只能对常人说话。但在前言中他却宣布:他只为那些不屈从于他们的时代、国家或社会的意见的人们写作,也就是说,只为真正的学者写作。换言之,他宣布《论科学和文艺》不是为"人民"或"公众",而是只为"少数读者"而作。[30] 所以我认为,当卢梭拒绝科学,说它多余或有害时,他是以常人的身份向常人说话,以这种身份说话时,他对科学的彻底否定根本不是夸张之词。但他远不是常人,他只是个装扮成常人的哲人,作为对哲人说话的哲人,他当然要站在科学一边。

[11]可以说,这便是正确解读《论科学和文艺》及卢梭思想的基调。当卢梭针对那个批评者(可能也是卢梭意图说流行观点之始作俑者)为《论科学和文艺》辩护时,他对《论科学和文

---

[28] *Discours*, 11, 14 – 16 和 65, 8 以下。卢梭在构思其作品之后,很快便写下《论科学和文艺》中的这一节,这很难说是偶然的。

[29] *Discours*, 1, 1 – 11; 1, 7 – 9; 56, 11 – 22; 64, 19; 65, 8 ff. 比较 *Havens*,页 201 注 142。

[30] 比较 *Discours*, 1, 4 – 11, 16 与 2, 1 – 5. 参见 Havens,页 56。

艺》的卷首版画 * 做了如下解释：

> 普罗米修斯的火把是科学的火把，它为激励那些伟大天才而设……第一次见到火就跑过去想拥抱火的萨图尔代表着受到文学光芒引诱的常人轻率投身于学问。向他们大呼危险的普罗米修斯则是那个日内瓦的公民。这是个既恰当又精彩的比喻，而且我斗胆认为，也是个崇高的比喻。人们会如何看待一个对此百思而不解的作家呢？[31]

向常人发出科学危险这一警告的卢梭，非但不认为自己是常人，反而大胆地把自己比作普罗米修斯——给少数人带来只为他们而存在的科学之光或对科学的热爱。

[12] 约十年后，卢梭在《致博蒙书》中宣布："启蒙和罪恶在当时的发展具有相同的道理，但不是发生在个人身上，而是发生在全体人民中间——我一向很谨慎地做出这种区分，攻击我的人从未理解这种区分。"[32] 科学与"全体人民"的德性不相容，但

---

* [中译编者按]《论科学和文艺》的卷首版画由卢梭亲自挑选，左上方是手持火把的普罗米修斯，正从云端下降；画面正中是一个站在石座上仰面望着普罗米修斯的人；右下方走来森林之神——萨图尔（Satyr，半人半羊的怪物，耽于淫欲，故其转义为好色之徒），画上写道："萨图尔，这个你不懂。"相关解释可参见迈尔《卢梭〈论不平等〉的修辞和意图》，朱雁冰译，载于《经典与解释 2：柏拉图的哲学戏剧》，上海三联书店，2003 年，页 189 – 236。

[31] 比较 Havens，页 227 注 224 和 247 注 297。

[32] "……这一反省使我对公民状态下人的才智进行新的研究；我发现，启蒙和罪恶在当时的发展具有相同的道理，这并非发生在某些个体身上，而是发生在全体人民（les peuples）中间——我一向很谨慎地做出这种区分，而攻击我的人却从未理解这一点。"（《致博蒙书》，页 471，Garnier 编）

它与某些个体,即"伟大天才们"的德性是相容的。科学是坏的,但不是绝对地坏,它只对人民或社会而言是坏的。它是好的,甚至是不可或缺的,但这只是对少数人而言,卢梭把自己也算作他们中的一员。如他在《论科学和文艺》中所说:精神像肉体一样也有自己的需求,肉体的需求是社会的基础,而精神需求只带来社会的装饰物;精神需求的满足对于社会不是必要的,因此而对社会有害;㉝但是,对于社会并非必需品因而危险重重的东西,对某些个人而言却是必需品。肉体的需求是首要"需求",所以卢梭能够说,社会是建立在"需求"之上,㉞科学则不是这样,所以卢梭会暗示:含有极端"自由"的科学有着比社会更高的尊严。他在反驳《论科学和文艺》的批评者时说,"科学不适合常人""不适合我们""不适合一般人";科学只对某些个人、为数甚少的真正学者和"天纵奇才"有益。这不禁让人回想起亚里士多德对哲人生活的赞美:唯一自由的生活,本质上超社会,常人难以过这种生活,除非有神的参与。㉟卢梭真诚地希望,只向能够投身于科学生活的少数人说话,不仅《论科学和文艺》如此,他的所有著述皆如是,或许只有为数不多的申辩不在

㉝ *Discours*, 5, 14-16, 6; 33, 3-9; 34, 15-35, 6. 比较《致达朗贝尔的信》(*Lettre à d'Alembert*),页121, Fontaine 编。

㉞ *Discours*, 6, 6-8。

㉟ *Discours*, 62, 12-14 和 63, 3-10. 参见 *Havens* 页36, 37, 45, 52, 53 和60。比较亚里士多德,《尼各马可伦理学》,1177a32 以下和 b26-31;《形而上学》,982b25-983 整段。

此列。㊱

[13]《论科学和文艺》证明了上一段提出的观点,尽管其中只有一些表面的随意评论,而非主导性论点。㊲ 其实,其中一些论点尚在反驳我们的解读,因为卢梭在《论科学和文艺》的最后一节似乎主张:科学与社会相容。但他实际上仅仅是说,极少数天性命定研究科学的人,从社会观点的角度来看,用自己的天赋来启蒙人民明白其义务,他们研究科学才会是允许的,甚至是健康的;他在《论科学和文艺》中明明白白所做的事不过恰恰就是这件事而已:在义务方面启蒙人民。他不赞成甚至拒绝哲人应

㊱ "所有这一切都是对的,尤其那些不是为人民(le peuple)而写的书,我的书一向如此。……[至于《爱弥儿》]它涉及新的教育制度——我以此为贤哲之士们的研究提供方案,而非父母亲们使用的方法——我从未想过这种事。如果说我有时候透过某种足够平庸的形象,显得似乎在对他们说话,那么,这要么是为了使我得到更好的理解,要么是为了用更少的话来表达想法。"(《山中书简》,第五卷。页202,Garnier 编)另见同书第九卷,页283:"如果我只是对你,我是可以用这种方式的;可是《山中书简》的话题涉及全体人民……"《山中书简》恰好也是一本辩护的著作。另见同书,第三书,页152-153做出的区分,一方是"受过教诲、懂得运用理性"、独自就可以具有"坚定可靠的信念"的智慧之人,另一方是"那些善良正派的人,对他们来说,哪里有正义,哪里就有真理",他们易于因自己的炽热情感而受骗,以及"在任何事情上都受自己的感觉奴役"的"人民(le peuple)"。

在《致达朗贝尔书》的前言中卢梭有以下言论,它对于理解《论科学和文艺》尤其重要:"此处不再是一些无意义的哲学废话,而是对所有人民都重要的关于实践的真理。不再是对少数人说话,而是对公众说话;不再是促使另一些人思考,而是浅白地表达我的思想。因此,必须改变风格:为了让所有人听懂,我用更多的话语来说更少的事情……"[黄群译文](重点是我加的)。

㊲ 这显然是在向"全体人民(the peoples)"说话(29,18);卢梭表达了他对真正的学者(2.5)或极少数人的崇敬,他们足以在人类心智的荣耀方面树立丰碑(63,8-10);他表示无知是可鄙的(4,12-13);他说民众不配进入科学的圣殿(62,1-4)。尤其是他引用了蒙田的话:"我喜欢争辩和论说,但这只能和少数人一起,并且只为了我自己。"(12注)

当向民众开放哲学或科学知识本身的主张,卢梭认为,科学就其本身而言,只有当它不是一个(这样一个)社会要素时,才被允许或者才会有益。科学的社会后果必然是灾难性的——启蒙为专制主义铺平道路。因此,卢梭持续地、竭尽全力地攻击普及科学或传播科学知识。㊳毫无疑问,当卢梭反对普及科学时,他不是在夸大其词,而是直截了当地、充分地表达自己慎重考虑过的观点。

[14]我们必须补充一条重要的附加条件。当卢梭断言社会与科学之间有着自然的不相容性时,他是在亚里士多德的意义上理解"自然"一词,㊴他的意思是,真正的(genuine)科学与健康的社会不相容。在答复《论科学和文艺》的一名批评者时,他警告读者不要得出以下结论:"应当烧掉今天所有的图书馆,毁掉一切大学和学院。"(着重是我加的)在腐败的社会,在被专制地统治的社会,科学是唯一可取的东西;在这种社会里,科学和社会是相容的;在这种社会里,科学知识的传播,或者,换言之,公开抨击所有的成见是正当的,因为社会风气之恶劣已经变得无以复加。但是,希望超越自己的时代而生活并且预见到一

㊳ *Discours*, 11, 6 – 14; 24, 19 – 21; 36, 10 – 37, 11; 59 注;61, 12 – 63, 7。"难道人们再也看不到那幸福时代重新出现了吗?在那样的时代,人民并不参与穷究哲理,但是像柏拉图、泰勒斯和毕达哥拉斯这样的人则抱着热烈的求知欲,只为研究学问而长途跋涉……"(《论人类不平等的起源和基础》*Discours sur l'origine de l'inegalité*,附释十;重点是我加的)。比较《孤独漫步者的梦》,III,页18,以及 VII,页72,Garnier 编。

㊴ 见《论人类不平等的起源和基础》的卷首题辞。[译按]卢梭引用亚里士多德《政治学》(卷一第五章)的一句话作为卷首题辞:"不应根据变了质的事物,而应根据合乎自然的良好状态的事物去考虑,什么是自然。"

场革命的卢梭,他为一个健康社会的需要而写作,他认为有望在革命之后建立起的健康社会必须以斯巴达而不是雅典作为楷模。这一前景注定波及他本人的文学生涯。⑩

[15]大家都会同意,卢梭在《论科学和文艺》中为社会着想而抨击启蒙运动。然而,被普遍忽略的是,他也是为了哲学或科学而抨击启蒙运动。实际上,卢梭认为,科学的尊严高于社会,因此人们只能说,他首先是为哲学着想而抨击启蒙运动。当卢梭抨击传播科学知识有益于社会这种信念时,他首先关心的是这种信念对科学的影响。哲学已然堕落为一种时尚,或者说消除成见的战斗本身已成为一种成见,这种荒谬局面使他大为震惊。假如哲学就是让人们的精神摆脱一切成见,那么站在人的立场来说,如果哲学堕落为成见,就会永远毁灭智识(intellectual)自由的可能性。⑪

---

⑩ "有些成见必须尊重……然而,然而,当事情的状态已经不可能变得更糟时,成见还能如此值得尊重,以至于可以为之牺牲真理、理性、德性、正义,以及真理为人们带来的善吗?"见《致博蒙书》,页471–472,Garnier编,同一原则的另一次应用见《致达朗贝尔的信》,页188–190,Fontaine编。比较 Havens,页45,46,54,以及页229注232。关于卢梭对革命的预言,见 Havens,页38,46,50。

卢梭在《论科学和文艺》的结尾处指出"在事情的当前状况下"他不会追求文名,也不想教导人民明白自己的义务,他这里的意思不是科学与社会的不相容要归因于"当前状况",而是认为"当前状况"毫无希望,所以他在履行自己的哲人的社会义务时,不会超出他在《论科学和文艺》中的所为。这里的表述也许反映着他的信心危机(参见 Havens,页226注222)。《论科学和文艺》取得的成功诱使他继续履行他的社会义务,写下了第二篇论文(《论人类不平等的起源和基础》)、《社会契约论》以及《爱弥儿》。

⑪ 比较本文注38指出的段落,尤其前言中一段精彩的话:"在今天,一个自由思想和哲人的所为,出于同样的原因,兴许不过是在成为同盟时代的狂热分子而已。"

三

[16]卢梭自己承认,他在《论科学和文艺》中没有明示隐藏在这部作品下面的原理。[42] 该书的主旨是警告人民切莫碰触科学,因此当然不可能强调科学有着更高的尊严,如此行事无异于鼓励读者研习科学。换言之,既然能够从市场上获知的哲学只能是庸俗化的哲学,因此,对庸俗化哲学的公然抨击不可避免地会变成抨击哲学,仅此而已(tout court)。于是,卢梭在《论科学和文艺》中抨击科学时,他才会夸张地说,科学是个彻头彻尾的坏东西。但他这样做并不是出于不负责任的热情或修辞,而是因为卢梭十分清楚他的原则赋予他的责任。在他已公开发表的关于科学与社会不相容的言论中,本着自己的原则,卢梭坚决地站在社会一边反对科学。这与另一件事并不矛盾,即《论科学和文艺》终究只是对"少数人"发言,因为不管什么书,并不是只有那些它只想对其发言的人才能读到,而是面向所有能阅读的人。我们的论点并非不符合如下情形:卢梭在随后的著述中透露了某些《论科学和文艺》没有明示的观点;因为,由于在后来的著作中并没有透露某些《论科学和文艺》已经明示的观点,卢梭成功地做到了始终如一绝不透露自己的原则,因此,他的出版物仅是对自己想要传达的人说话。只有把《论科学和文艺》与其后来著述所提供的信息结合来看,人们才能理解他的每部著

---

[42] 比较 *Havens*,页51和56. 另见本文36。

述及全部著述的潜在原则。《论科学和文艺》虽没有明确宣布抨击科学的精确限定条件,却比后来的著述更为明晰地阐述了科学与社会不相容的关键性原因。

[17] 上述评论并不赞同一种相当普遍的意见,即卢梭极为坦诚。这种意见显然从卢梭说自己无比真诚的声明中获得了看似有力的证据。[43] 因此,我们必须尽可能言简意赅地解释一下卢梭对诚实义务的看法。

[18] 卢梭在《孤独漫步者的梦》的第四篇"漫步"中讨论过这个问题。马虎的读者很容易忽略这一讨论的重要性。首先,整部书雕琢的品格将会证实卢梭的习惯,他宣称,自己在一种审慎的考虑已不起任何作用的处境和心态中写作此书;它甚至要比《忏悔录》更加直言不讳,因为据说该书仅为作者本人而写,完全没有想过或打算与他的读者见面。此外,卢梭运用自己的良心原则所阐述的事情极其琐屑;他以不同寻常的严谨精神,用大量笔墨讨论这样的问题:一个作者是否可以谎称自己的著作是某个希腊手稿的译本,[44] 以及他曾不幸说出的一些无关紧要的错误。至于那条原则本身,即他自称成年后一贯遵循的原则,可以概括为这样一个命题:说出真理的义务仅基于真理的效用。由此推断,人不但可以掩盖或伪装没有任何可能效用的真理,甚至可以主动欺骗,说反话,并不会因此而犯下说谎罪。卢梭不厌

---

[43] 如在《孤独漫步者的梦》一开始,他便对自己有这样的描述:"[我这个人]既无智谋,又乏心计,既无城府,又乏审慎,坦诚、敞开、没耐心、脾气暴躁……"

[44] 这个问题是对另一个更切题的问题的取代:卢梭是否有资格把这种信仰表白归到一个天主教神父名下。这种表白恰好是前一篇"散步"的中心论题。

其烦地补充道,他成年后说过的不多的谎话是出于胆怯或懦弱。㊺ 大概更为重要的是,他把自己限于只讨论没有任何效用的真理即完全无用的真理之一种。对于兴许必须被称为危险的真理的另一种,他没有说过任何话。但是,我们有权从他的一般原则中推论:他也许认为自己有义务掩藏危险的真理,甚至说相反的真理——假如有这种真理的话。

[19]根据这一结论,我们便可以理解《论科学和文艺》对阐明卢梭的原理的特殊贡献了。卢梭在前言中宣布,自己站在真理一边。通过教导科学与社会不相容这一真理,他做到了这一点。但这是一个有用的真理。《论科学和文艺》远没有如他所言那样站在真理一边,抨击科学,恰恰是因为科学只关心真理,不在乎它的效用,因此,就其意图而言,科学不能防止产生无用甚至有害真理的危险。卢梭认为,大自然向人们隐瞒的全部秘密是使人们免于如此多的恶,易让人接触的科学犹如孩童手里的一件危险武器。㊻ 这一主张导致的实践性后果,不能引用卢

㊺ "任何时代都有人们和哲人沉思这个主题,他们一致否认创造[亦即创造物质]的可能,大概只有极少数除外,这些少数人貌似真诚地让自己的理性服从于权威;由于动机是自己的利益、自己的安全和自己的宁静,这种真诚显得可疑,而且,既然说真话要冒损失点儿什么的风险,想确保真诚便将会永远也不可能。"(《致博蒙书》,页461,Garnier编)在该书中,卢梭还把他在《孤独漫步者的梦》的原则表述如下:"至于我,我曾答应在一切有用的事情上说出[真理],就按我心里的所思所想。"(页495,重点是我加的),以及"坦率、坚定地向公众讲话,是所有人的权利,甚至就一切有用的事情而言是所有人的义务"(页495注;重点是我加的)。另比较有关改变公众意见的艺术的言论,见《致达朗贝尔的信》,页192以下,Fontaine编。关于卢梭的"审慎"问题的一般说明,见 Havens,页165注8和177注48。

㊻ Discours, 1, 9–11; 3, 2–5; 29, 11–30, 4; 33, 18–19; 34, 12–13; 36, 5–10; 55, 6–20; 56, 18–22. 比较《致达朗贝尔的信》,页115注,Fontaine编。

梭的如下观点来回避:在极为败坏的时代,任何真理都不再危险,因为他是为后世而非为自己的时代写作。何况,在卢梭的时代,迫害并未完全消失。[47]

[20]与《论科学和文艺》的基调一致,卢梭坚持认为,科学或哲学的真理(关于整全的真理)并非只对人民而言不可接触,而是根本就不能接触,所以他阐明探求知识的危险性而非已然获得知识的危险性:[48]求知之所以危险,是因为不可接触真理,追求真理导致危险的谬论或危险的怀疑主义。[49]科学以怀疑为前提且助长怀疑;它禁止在真理不明确的任何情况下表示赞成,至少在涉及最重大问题方面,有可能无法确定真理。可是,社会需要其成员确信某些基本教条(fandamentals)。这些确定性的东西,"我们的信条(dogmas)",不但不是科学的产物,而且从根本上受到科学的威胁——它们会受到怀疑,因为一旦科学研究插手,这些缺乏证据的东西就会遭到揭发。它们不是知识的对象,而是信仰的对象。它们或者说它们所侍奉的目标是神圣的。[50]卢梭在称赞无知时,萦绕于心的正是对社会的神圣基础的信仰,或者说对那种使社会基础神圣化的信仰:他称赞伴随虔

---

[47] 参见本文前一页和该页注45。

[48] 《论科学和文艺》的核心论点并不受这种不一致的影响,因为,两种看法都导致同样的结论:追求知识对社会是危险的。

[49] *Discours*, 11, 14–16; 29, 6–15; 33, 8–34; 60, 1–2。

[50] 假如社会的基础就是公民宗教,假如公民宗教就是福音书的信仰,那么,压制福音书以外的所有书籍或所有科学书籍就是正当的。卢梭在赞扬奥玛尔下令焚烧亚历山大图书馆的藏书时,正是指出了上面这句话的第二个条件句中所暗含的问题:"假设教皇大格雷高里处于奥玛尔的位置,代替古兰经的是福音书,图书馆恐怕还是要被烧掉,而且或许还会是这位负有盛名的大主教一生中最漂亮的举动哩。"(*Discours*, 60, 23–27)比较《新约·使徒行传》19:17–20,以及 *Havens*, 页46。

敬赞同(reverent assent)的无知。这从根本上有别于他同样赞颂的另一种无知——伴随着悬置赞同的无知,这种无知大概是科学努力的最终结果。在卢梭引领下,我们可以区分出两种无知——大众的无知和苏格拉底式的无知;他把这两种无知都与伪科学或大众化科学的教条主义对立起来。(51)

[21]既然卢梭相信,真正的信仰只能是可靠推理的产物,从而是这位智者的一项特权,因此毋宁说,按他的观点,社会的基础与其说是信仰不如说是意见。与这种立场相一致,他在《论科学和文艺》中指出,只有真正的学者才不会屈从于自己的时代、自己的国家或自己的社会的意见,而大多数人必然如此。(52) 据此,可以把《论科学和文艺》的论点表述如下:既然社会的要素是意见,那么试图用知识取代意见的科学本质上威胁社会,因为它瓦解意见。从根本上说,似乎,正是为了这个理由,卢梭才认为科学与社会不相容。只有当探求知识成为人的一种可能性,尤其一旦成为人的最高可能性时,把意见看成社会要素的观点才会变得危险。所以,卢梭才会在《论科学和文艺》说,科学本身有害,这不仅仅针对社会而言。当他想变换一种夸张的方式说出这一有用的真理时,也就是用最为节制的方式在表达。

---

(51) *Discours*, 36, 20 - 37, 4; 1, 8 - 9; 23, 18 - 24, 14; 34, 6 - 8; 34, 18 - 24; 55, 18 - 20。应当指出,《论科学和文艺》意在阐述的真正学说——即科学与社会不相容——并不是以信仰,而是以推理为基础(参见本文第一节最后一段)。

(52) 《山中书简》,第三书(见本文注 36)。比较本文注 30。另参见 *Discours*, 37, 6 - 7 的评论,科学的普及者是"公众意见"之敌。公众意见是自由社会的要素,并且某种意义上是它的标准,但从超政治的观点看,公众意见却是成问题的。比较《致达朗贝尔的信》, 页 192, Fontaine 编:"公众意见"仅仅是"别人的意见"。比较 *Discours*, 65, 18 和《社会契约论》, II 12 和 IV 7。

[22]不妨根据少数几个更特别的考虑来说明《论科学和文艺》下面的推理，这些考虑至少在该书中有所暗示。按卢梭的看法，公民社会本质上是一种特殊的社会，或更确切地说，是一个封闭的社会。他认为，公民社会必须有自己的品格才会健康，这就要求民族性的和排他的制度来产生或培养公民社会的个性。这些制度必须由一种民族性的“哲学”、一种无法移植于其他社会的思维方式提供活力：“每个民族的哲学几乎不适用于其他民族。”另一方面，科学或哲学从本质上说具有普世性：它对所有智者都一样。哲学或科学的传播必然削弱民族“哲学”的力量，从而削弱公民对其共同体特殊生活方式的依附。换言之，科学或哲学本质上是世界主义的，而社会却必须靠爱国主义的精神提供活力，这种精神与民族仇恨绝非不可调和。就本质而言，政治社会是一个必须跟其他国家对抗以保卫自己的社会，它必须培养武德，这通常会形成尚武精神，而哲学对这种尚武精神具有破坏作用。(53)

[23]不仅如此，自由社会的前提是：其成员为了约定的自由而放弃他们原初的或自然的自由，也就是说，服从于共同体的法律或统一的行动规则，每个人都能为制定这种规则做出贡献。公民社会要求一致性，或是把人从自然存在改塑成公民；相对于

---

(53) 在《论科学和文艺》中，卢梭主要是从社会的角度说明这种情况(11,12－14; 15－17;45, 10－49,15)，因此他接受“罗马人的军事理念”(*Havens*, 页206)。但不能说他“不加批判地”(同上，页206)接受；在 *Discours*, 33, 2－3，他毫不含糊地谴责战争，就像他谴责僭政(tyranny)一样。比较《论人类不平等的起源和基础》，注j；《关于波兰政体的思考》(*Gouvernement de Pologne*)，第二和第三章；《山中书简》，I，页131－133，Garnier 编；《社会契约论》，II 8 (结尾处)；以及《爱弥儿》的前面几页。另见 *Havens*，页187 注85。

人的自然独立，一切社会都是一种奴役的形式。但哲学要求哲人极为真诚地遵从他"自己的天才"，不考虑任何普遍意志或共同的思维方式；人在哲学思维中宣示自己的自然的自由。因此，只要哲学变成一种社会因素，它必然跟社会发生对抗。[54]

[24]再者，契约平等取代自然不平等产生了自由社会。追求科学却要求培养才华，即自然的不平等；它对不平等的培养是如此醒目，甚至可以猜想，对卓越的关切，即对荣耀或高傲的欲望，难道不是科学的根基吗？对政治荣耀不管有何论说，它都不像致力于取得智识成就的荣耀那样卓绝——斯巴达就不如雅典辉煌。再说，以需求作为根基的社会不可能以高傲为本。[55]

四

[25]说科学与社会不相容是一回事，说科学与德性不相容则是另一回事。假如德性本质上是政治的或社会的，后一个论点可以从前一个论点推导出来。无疑，卢梭不时把德性等同于政治德性。但是仅从他有时以德性的名义抨击公民社会，赞美原始人的德性这一点，即可证明他将政治德性与另一种德性区

---

[54] *Discours*, 5, 17 - 6, 2; 63, 3 - 11. 比较《关于波兰政体的思考》，第二章；《社会契约论》，I 1, 6 和 8；以及《爱弥儿》的开头几页。

[55] *Discours*, 53, 6 - 12. 比较同书 11, 14 - 16; 19, 10 - 11; 21, 17 - 18; 29, 8; 30, 8 - 17; 32, 12 - 13; 41, 1 - 2; 41, 11 - 14; 65, 8 - 11; 66, 11 - 14; Havens, pp. 211 和 172, 223 注 215, 226 注 222;《社会契约论》，I 9(结尾处)和 II 1。

分开来。(56) 这并不是说他以德性的名义抨击科学仅仅是一种夸张,因为至少可能表明他对两种德性的区分只是权宜之计。在其后来的著述中,卢梭对“好”(goodness)和“德性”做了明确区分:好属于作为自然存在的人,而德性或道德属于作为公民的人,因为德性本质上以社会契约或约定为前提。好人不同于有德之人,好人只是对自己而言是好的,因为只有当他从做好人本身获得快乐时,他才是好的,或者说得更为通俗点:若不能从中获得快乐,他什么事也做不了。当一个人是自足的、“孤独”或不需要别人的,并因此获得绝对的幸福,就此而言他才是好的。所以,一个只有好而没有德性的人不适于社会或行动。最为重要的例子是:那个孤独的沉思者(contemplatif solitaire),他在由纯粹而超然的沉思——譬如像泰奥弗拉斯托(Theophrastus)* 那样全神贯注研究植物——带来的享受和狂喜中获得完美的幸福和神一般的自足。这种人就是哲人,就他只关注学习而非教导来说,哲人是无用的社会成员,因为他只关心自己的快乐,“凡

(56) 比较本文注 10 和本文注 21。*Discours*, 14, 1 – 15; 21, 17 – 21; 26, 5 – 28, 10. 比较 49, 18 与 50, 2 – 3 和 51, 3 ff.; 比较 8, 18 – 19(“德性是心灵的力量和生气”)与 47, 9 – 15 和《关于波兰政体的思考》第 4 章(“这灵魂的生气,这爱国的热情……”)。一定不要误解卢梭有关科学与政治德性不相容的言论,因为这与他关于福音书教诲,或福音书意义上的人性与爱国主义的言论确实属于完全不同的层面。福音书的教诲是关于义务的教诲,正像它是关于政治社会的教诲一样。基督教与政治社会的冲突是超道德的冲突,而科学与社会的冲突则否。

* [中译编者按] 泰奥弗拉斯托(Theophrastos,前 371—前 287),古希腊哲人,早先师从柏拉图,后来师从亚里士多德,最后成为漫步派掌门人。泰奥弗拉斯托著有《植物学研究》《植物学成因》《论儿童教育》《论教育》《论自然》等,参见第欧根尼·拉尔德《名哲言行录(上)》,马永翔等译,吉林人民出版社,2003 年,页 293 – 308。

是无用的公民，都可被视为有害的(pernicious)人”。(57)

[26]这里顺便指出一种稍有误导性的说法：在卢梭看来德性是积极的品质，而好仅仅是消极的品质。这种说法只适用于一种好，这就是前社会的人或原始人的好，他们是“愚蠢的动物”。这种好并不完全适用于好且兼具智慧的人。智慧的人活得不积极，甚或生活得很“闲适”，这意味着他已然从积极生活的催逼中抽身，转而投入孤独的沉思中。换言之，如果不记住下面这个事实，便误解了卢梭的自然之好的概念，这一概念是指两种不同类型的人，他们处于人性对立的两极(原始人和智者)，他们作为自然人，作为自足的存在，或“数字上的整数”(numerical units)，又共同有别于一种中间类型——公民或社会人，即受到各种义务或责任约束的人——他只是一个“分子”(fractionary unit)。(58) 卢梭自传式声明的作用在于：为读者提供一个自然人

(57) *Discours*, 35, 4－6；《孤独漫步者的梦》，V－VII；《社会契约论》，I 8 和 III 4；《爱弥儿》e, IV, vol. I, 页 286, 和 v, vol. 2, 页 274－275, Garnier 编，比较前注 38, 以及 *Havens*, pp. 183 注 74 和 172 注 32。“有谁不愿意追随那个受到无上崇敬的卢梭，他在孤独的漫游中与人类为敌，却倾心关注植物和花卉王国，凭自己真纯而执着的精神力量去结识那些悄然诱人的自然的孩子们。”(歌德：《作者自述其植物学研究史》[Der Verfasser teilt die Geschichte seiner botanischen Studien mit]，见《歌德的形态学著作》[*Goethes morphologishce Schriften*]，Troll 选编，Jena 1926，页 195)卢梭的《孤独漫步者的梦》对歌德的全部作品尤其《浮士德》的重要意义，似乎一直没有得到充分评价。

(58) 《孤独漫步者的梦》，VIII，页 80，Garnier 编，和 VII，页 64 和 71；《爱弥儿》，I vol. 1，页 13，Garnier 编，比较 *Havens*，页 184 注 74。把“自然人”与“智慧人”联系在一起的概念是“天才”(比较 *Discours*, 10, 1; 61, 20; 62, 13－14 以及 19; 63, 5－11; *Havens*, p. 227 注 224)。爱弥儿被称为自然人，他是“寻常的灵魂”或“常人”(见本文第二节第三自然段)，他是一个孩子，既可以变得接近于自然人，也可以变成未来的公民；也就是说，他只是自然人的近似物。比较《爱弥儿》，I, vol. 1，页 16,32。比较孟德斯鸠，《论法的精神》，IV8：“推理的科学……使人孤僻。”

或好人的典范(并且为其辩护)——自然人或好人是(或者正变得)智慧却缺德的人。

[27]回到我们的论证上来,在创作生涯之初,卢梭就以日内瓦公民的身份在《论科学和文艺》中抨击哲学或科学,视之为极端自私地追求愉悦。[59] 在《孤独漫步者的梦》的结尾,他坦承自己一直是个无用的社会成员,从未真正适应公民社会,只有在孤独沉思的快乐中,他才能找到完美的幸福。在《孤独漫步者的梦》中,他隐晦地提到自己在《论科学和文艺》中暗示的,有关社会与肉体需求之间联系的论述。卢梭说,任何与其肉体利益相关的东西都不曾真正地盘踞心头。但是,即使在那里,或者说正是在那里,卢梭觉得有义务在社会的审判面前为自己的生活辩解,他要解释,种种不幸如何迫使他接受真正属于自己的生活方式,并因之获得自己的幸福——人们的怨恨(malice)使他与世隔绝,想象力的衰退让他与美梦无缘,咀嚼个人遭际的恐惧令他停止思考,因此,他才沉浸在植物学研究带来的甘甜淳朴的快乐中。[60] 卢梭现在承认,他本人——日内瓦公民——现在是一个无用的公民,且向来如此。他不能再大度地允许社会把他视

---

[59] 献身于科学的人生与献身于义务的人生不可调和(33, 3-9);"令人惬意的"科学不同于"有用"或"有益"的因素(54, 11-12; 56, 21-22; 53, 15-16; 5, 14-22; 36, 7-10);一方面,科学与闲暇有必然联系,另一方面又与奢华相联系(37, 14-18; 34, 15-16; 36, 11-12)。比较《致达朗贝尔的信》,页120, 123, 137, Fontaine 编。

[60] 《孤独漫步者的梦》,V-VIII. 尤其比较"孤独的沉思者"卢梭(页46, 64以及页71, Garnier 编)与《爱弥儿》,III (vol. 1, 页248, Garnier 编)对闲暇的评论,我们在这儿读到,"无所事事的公民都是坏蛋"。比较《孤独漫步者的梦》,VII,页68 与 Discours, 5, 14 以下。

为一个有害之人:他在《论科学和文艺》中说,"无用的公民都可以被视为有害的人",而他在《孤独漫步者的梦》中却说,他的同代人做错了,不是错在把他当作无用之人赶出社会,而在于把他当作有害的成员逐出社会。因此,对于他的中心论题,卢梭最后要说的话似乎是,科学与公民身份固然不可调和,但社会可以容忍少数几个毫无好处之人生活在它的边缘,只要他们确实无所事事,不用颠覆性的教诲去搅乱社会——换言之,只要社会别去管他们,或别拿他们太当真即可。㊹

五

[28]行文至此,要完整地理解卢梭的意图,我们的努力仍然面临着最大难题。我们已经得出的结论如何与卢梭的自白一致呢——他认为,对卓越的头脑而言,科学与德性是协调的,或者只有在"全体人民"中间才会不协调? 卢梭承认自己一向是无用的社会成员,事实上不适应社会或具有德性和义务的生活,这又如何与他的公共精神和责任感相一致呢? 他这种公共精神和责任感可以由他的政治著作和他的信念来证实:"萨瓦本堂神父的信仰自白"中那善解人意的读者,会"无数次祝福这个有德性且坚定的人,他敢于用这种方式教导人类"。㊺ 人们可以回答,其实也只能这样回答,科学与社会(或科学与德性)之间的

㊹ Discours(36,11–16)中指出过这种观点,比较同书35,2–6与《孤独漫步者的梦》,Ⅵ(结尾处)。

㊺ 《山中书简》,第一书,页124,Garnier 编。比较本文注40。

自然敌对性,并没有排除这样的可能:可以靠强力使科学与社会达到某种协调,就是说,哲人可以在社会或作为公民的自己迫使下,用自己的天资服务社会,[63]教导全体人民明白自己的义务,同时要节制,避免向他们传授哲学或科学。但这种回答显然不充分。卢梭并没有把自己局限于教导全体人民明白自己的义务;他还教导全体人民要明白自己的权利。他的政治教诲并非通俗的或全民的教诲,毋庸置疑,这是一种哲学的或科学的教诲。他的政治教诲是整个哲学或科学大厦的一部分,它以自然科学为前提,并将其看得至高无上。[64]既然社会和科学不相容,既然科学在任何情况下都不可以变成社会因素,那么打算成为一种实践性教导的社会科学似乎也不可能。如此说来,根据卢梭关于科学与社会关系的观点,他自己的政治哲学如何可能呢?

[29]卢梭承认,在腐败的社会(譬如他生活于其中的社会),惟有科学,甚至是普遍启蒙,才能给人提供解救的尺度。在没有必要、也不应当继续尊重成见的社会里,一个人可以自由地讨论社会的神圣基础,不但可以自由地寻找治病良方,还可以自由地寻找解决政治问题的最佳方案。[65]在这种情况下,以直接的科学的方式提出解决方案,再怎么糟糕,也只能算是一种清

---

[63] 比较柏拉图在《王制》(519c4 – 520b4)中对这个问题的阐述与 *Discours*,56,1 – 11 和 57,1 – 6。

[64] 卢梭对政治哲学的地位和性质的观点见 *Discours*,3,10 – 4,3(参见 Havens 的注释),以及《论人类不平等的起源和基础》的前言。

[65] 比较本文第二节倒数第二个自然段。卢梭的论点是对更为普通的观点的修正,按这种观点,不允许私人就他们所属社会的最佳政治制度进行辩论。比较加尔文《基督教要义》(*Institutio*),IV.20.8(vol. 2,页521,Tholuck 编)以及霍布斯《利维坦》,第42章(页299,Everyman's Library 版)。

白的消遣;但是,假定存在着革命的前景,新政治科学就可以做公共舆论准备,不仅为了恢复健康的社会,还为了建设一个比过去更完美的社会。

[30]从卢梭的观点看,除非以彻底的社会批判或对我们前面一直在关注的社会与科学的关系的根本性反思为基础,否则就不可能看清楚社会问题,当然也不可能使其得到真正解决。这种基础性的反思显示,社会本质上是一种束缚;科学与社会的敌对是自然的自由与人为束缚对峙最重要的例证。人的自然独立性与社会的对抗,决定着政治问题最佳解决方案的一般性质:最佳方案是一个使人尽可能自由的社会。

[31]为发现严谨的解决方案,卢梭推进的方式如下。像霍布斯和洛克一样,他从每个人自我保存的自然欲望中找到了社会的充分自然基础。只要人的能力发展超出一定范围,不靠别人的帮助便没有能力保存自己。可见,社会的基础其实不过是身体需求,是每一个体利己的、最为紧要的需求。正是这些需求直接促动了对自由的关切:不能设想任何更高的东西对个体的自我保存有着与个体同样的关切。为了享有社会的好处,人人必须接受社会的负担;每个人必须让其以自己的好为取向的属己意志服从于以共同的好为取向的公意。只有在这些限制下,社会中的自由才可能。如果人只服从非人格的社会意志,不服从其他任何个人的,或由个人组成之团体的人格意志或私己意志,那么就政治意义而言他便是自由的。为避免任何类型的人身依附或"私有政府"(private government),一切人与事都必须服从社会意志,而社会意志只能以普适性法律的形式体现自身,对于这种法律的创立,每个人本应能够用自己的一票为其做出

贡献。卢梭相当清楚,"每个人将其所有权利全部让渡于整个共同体",或让私己意志完全服从于公意,以使其合理或具有正当性,这需要满足一些难以满足的条件。他的公意说遭遇的真正难题——在它打算解答的问题层面上所面临的难题——体现在这样两个问题上:公意总是以社会的好为取向,从而总是有着良好意图,何以才能假定,公意总是被启蒙为社会的好?完全受私己意志左右的自然人,如以才能实现向总是把公意置于私己意志之上的公民的转变?⑯

[32]以卢梭之见,这个难题如今只能用政治哲学来表述;它不能用政治哲学来解决;或者更确切地说,它的解决恰恰受到导致这一难题的这种政治哲学的威胁。因为,难题的解决是这个立法者或一个民族之"父"的行动,那是一个智力超群者的行动,他为自己设计出的一部法典注入神圣起源,或者以自己的智慧来敬奉诸神,以便劝诱公民体自由地服从他的法典。这种立法者的行动必然受到哲学的威胁,因为,立法者为使公民坚信他的神圣使命或他的法律得到了神的批准而采用的说法,其可靠性肯定可疑。⑰ 有人可能会想:一旦这部法典得到认可,"社会精神"得以形成,这部智慧的立法凭据其业已得到证实的智慧而非凭据其捏造的起源被接受下来,也就不再需要对这部法典的神圣起源的信仰。可是,这种设想忽略了一个事实:古老的法律亦即"古代的成见"对于社会的健康不可或缺,公开"揭穿"涉及这些法律的[神圣]起源的阐述,会使得对这些法律的既存敬

---

⑯ "个别人看到好,[公众]却不要它;公众意愿好,却看不到它……正因如此,才必须产生出一位立法者。"(《社会契约论》,卷二,6)

⑰ 比较卢梭在《山中书简》第二书和第三书对奇迹问题的讨论。

重难以为继。换言之,自然人向公民的转变是一个与社会本身同时并存的难题,因此,社会至少一直需要立法者神秘且令人敬畏的行动的种种等值品。立法者的行动,以及它后来的等值品(各种传统和情感)服务于这样一个目的:"以一个[全体之一]部分的、道德的存在取代我们从自然那里获得的人体的、独立的存在。"只有假设社会克服而且仿佛是在绝灭自然情感,以此造就出各种意见或情感,才能够有一个稳定且健康的社会。⑱ 这就是说,社会必须尽一切可能让公民忘掉那些事实,而政治哲学恰恰把那些事实作为社会的基础纳入自己关注的焦点。社会的成或败端赖于一种特别的蒙昧,哲学必然造反蒙昧。要想政治哲学提出的解决方案得以生效,就必须忘掉政治哲学提出的问题。

[33]这种立场在理智上说得通,虽然不太舒服,却可以满足卢梭,他有"善于谋划的头脑,对于这颗头脑来说,怀疑是个好靠垫(cushion)"。走出这种困境的捷径,亦即"下一代人"兴许不得不选择的道路便是:接受卢梭最后的实践性解决方案(他对"共同体的再发现",他的公意说,良知或情感和传统优先),抛弃或忘记卢梭的理论前提("自然状态"、绝对个体、理性思考优先)。卢梭问题最为简便的解决方案是"浪漫主义的"。这个方案可以说是真格的,因为卢梭本人要求接下来的纪元是

---

⑱ 《社会契约论》,卷二 6 和 7;卷三 2 和 11。在论立法者的一章(卷二 7),卢梭明确地只提到摩西和穆罕默德作为立法者的事例;但是他在一条脚注中引用了马基雅维利的一段话,在另一条脚注中又提到神学家加尔文(日内瓦的立法者)是一流的政治家,这些都充分表明了他的立场。比较柏拉图《法义》,634d7 – c4(757 d – e 和 875al – d5),以及亚里士多德《政治学》1269a15 ff.(另见《形而上学》995 a3 – 6 和 1074 b1 – 14)。

建立或恢复真正的社会——即忘掉"个人主义的"前提,让所有个人的思想和愿望保持在人的社会生活的圆规之中。必须直接或间接地付出的代价是:让哲学屈从于社会,或把哲学整合于"文化"之中。

[34]其实,卢梭的立法者学说是要昭示社会的基本问题,而不是为现代欧洲提供实践的解决之道,除非这一学说预示着卢梭属己的职责。他为何必须超越立法者的古典概念,其确切理由是,这一概念易于模糊人民主权,也就是说,实际上,它易于导致用法律至上取代充分的人民主权。立法者的古典概念与卢梭如此强烈要求的东西不相容——他要求整个法律和宪政秩序定期诉诸人民的主权意志,或上一代人的意志定期诉诸当下一代人的意志。⑲ 因此,卢梭必须为立法者的行动找一个替代物,一个与人民最大可能的自由度相容的替代物。根据他最后的建议,最初委托给立法者的最基本的职能,⑳即把自然人转变为公民,必须托付给一种公民宗教,《社会契约论》和《爱弥儿》从略微不同的角度对这种宗教做了描述。我们不必探问卢梭本人是

---

⑲ 《社会契约论》卷三 18。这种解释可参考潘恩[Paine],《论人权》(*Rights of Man*),页 12 以下,Everyman's Library 版。比较《联邦党人文集》(*The Federalist*),E. M. Earle 编(Washington: National Home Library Foundation) no. 49,页 328 – 339:多次诉诸人民阻止意见或共同体的成见获得必要的力量。

⑳ 关于立法者必须解决的另一个问题,即对公意进行启蒙,使其明白它的目标,卢梭似乎已然相信,在一个复杂的社会里,不是这个问题的解决方案而是其前提来自一种政治制度,这种制度有利于富人和乡村居民,与"无赖"(*la canaille*)针锋相对。这种政治要求把他的公意说中的平等主义含义转化为类似古典政治学中的"智辩"的东西(比较亚里士多德《政治学》,1297a14 以下,以及色诺芬《居鲁士的教育》卷一 2.15)。卢梭也意识到了这一点,这从他赞成塞尔维乌斯·图利乌斯(Servius Tullius)实施的政体改良即可看出(《社会契约论》卷四 4;比较同书卷三 15)。

否相信他在萨瓦本堂神父的信仰表白中提到的宗教,引用他因信仰自白而受到迫害时说的话,无法回答这个问题。关键在于这样一个事实:按照卢梭对知识、信仰与"人民"的关系的明确看法,公民体(the citizen body)对这种宗教或任何宗教的真理,都只能持有意见而已。根据卢梭对这一问题最后的发言,甚至可以怀疑任何人在这方面能否获得真正的知识,因为萨瓦本堂神父宣讲的宗教有着"各种无法解决的异议"。⑦ 因此,说到底,任何公民宗教似乎都与立法者对其法典的[神圣]来源的阐述具有相同的性质,就此而言,两者从本质上讲都受到"危险的质疑作派"的威胁,而这种怀疑主义恰恰是哲学或科学的严格要求培养出来的;"各种无法解决的异议"乃是危险的真理,甚至连所有宗教中最好的也无法回避。卢梭对不宽容的切身恐惧以及焦躁首先得为此事实负责:《论科学和文艺》之后,他在自己的著述中不再讨论这种观点所导致的后果。

六

[35]总之,卢梭在写作生涯之初提出的观点最令人难忘,他坚持着自己的观点,直到最后。再说一遍,这个观点大意是:社会的要求与哲学或科学的要求之间有着根本的不合比例。它

---

⑦ 《孤独漫步者的梦》,III,页23,27,Garnier编;《致博蒙书》,页479,Garnier编;《山中书简》第一书,页121-136,Garnier编,以及第四书页180。比较本文注36和45。关于"各种无法解决的异议",参见莱布尼兹,《神义论》(*Théodicée*),导论,§§24-27。

与启蒙运动的观点针锋相对,依照启蒙运动的观点,哲学或科学知识的传播无条件地于社会有益,或更通俗地说,在社会要求和科学要求之间有着天然的和谐关系。可以把卢梭的观点直接追溯到笛卡尔对改进个人思想的规则与改进社会的规则所做的区分。[72] 但是,考虑到笛卡尔与启蒙运动的暧昧关系,以及卢梭是以古典政治学的名义抨击现代政治学,因此,卢梭重申古典政治哲学的基本论题,以及他对启蒙运动论题的抨击,倒不如理解为他在古典政治学名义下抨击现代政治学的一部分,尽管这是最为重要的部分。[73] 下面不妨大略谈谈他的政治哲学与古典政治哲学的关系,作为这篇讨论卢梭意图的文章的结语。

[36] 为了正确地理解这种关系,必须忽视那种偶然性的差异:哲学的社会地位在古典时代与卢梭时代有所不同。有关科学与社会的古典表述,尤其柏拉图的表述,是为了对抗针对哲学的普通成见,而卢梭所必须对付的是一种有利于哲学的,有可能更为危险的成见——到了他那个时代,哲学不但已经形成受到普遍尊崇的传统,而且成为一种时尚。为了领会这种基本的差别,不妨做以下说明。古典政治哲学的基本前提是这样一种观点:理智能力的自然不平等具有或应当具有决定性的政治重要性。因此,上智者不受限制的统治,绝不迎合臣民,看来是解决政治问题的绝佳方案。这种要求明显与一切带有政治共同体性

---

[72] 笛卡尔,《方法谈》(Discours de la méthode),II – III。《论科学和文艺》中两次提到笛卡尔(34, 19 and 62, 15)。另比较同书63, 6 ("孤独前行")与《方法论》II (Adam – Tannéry 16, 30)。

[73] 关于卢梭与古典政治学的关系,比较本文注5、11、12、20、22、35、39、63 和 68。比较 Discours, 41 注释明确提到柏拉图的《王制》和《法义》,同书19 注释。

质的实践目的没法调和。科学要求与社会要求之间的不合度导致的结果是:真正的或自然的秩序(上智对下愚的绝对统治)必须被其政治复制品或模仿取代,这就是,在法律之下,贤良方正统治那些并非贤良方正之人。

[37]这种学说整体上所面对的种种困难,诱使政治思想家在很久以前就把所有人的自然平等作为他们思考的起点。当智性能力不平等的自然性质受到明确质疑时,这些努力获得了相当可观的意义,从而古典立场的大本营受到攻击,这是一种拔高了的信念出现的结果,即相信有别于自然天赋的方法德性。正是这一剧烈的变动,导致了受到卢梭抨击的启蒙运动。他与启蒙运动唱反调,重申人类智力的自然不平等具有极端重要性。[74]可是,他回避了古典政治从这一原则得出的结论,转而求助于另一条古典原则,即科学要求与社会要求的不一致。他否认从自然不平等的事实得出政治不平等的要求具有有效性。科学要求与社会要求的不一致,使卢梭基本上建立起一种平等主义的政治学,它承认甚至肯定在最重要的方面人们天生不平等。人们不禁要说,在柏拉图和亚里士多德的反省层面上,卢梭是直面柏拉图和亚里士多德对民主挑战的第一人,正是这一点为他在民主学说史上赢得了独一无二的地位。

[38]不消说,卢梭在古典政治哲学层次上进行的讨论,并没有穷尽他与那些古代经典之间的关系。卢梭接受了马基雅维利对古典政治哲学的批判,在现代自然科学基础上创建了自己

---

[74] 比较 Discours, 61, 20; 62, 13–14 和 19; 63, 5–11;另比较《论人类不平等的起源和基础》的结尾,以及《社会契约论》卷一9和卷二1。

的学说,从而彻底离弃古典政治哲学。这引导他以人是自由施行者的定义取代了人是理性动物的古典定义,或用人的可完善性取代了人的完美性的观念,从而把政治德性与真正的德性之间的差别夸大为德性与好的对立,最后,但并非最不重要,他率先把道德标准的下降与"真诚"的道德情感要命地结合起来。即使接受本文提出的原则,在理解卢梭的教诲时,难题仍然不胜其扰,所有重要的难题都可以追溯到这样一个事实:卢梭试图在现代科学的基础上保留哲学的古典理念。只在极少数情况下,有必要借助他的个人性情去澄清其教导中那些表面的或真正的矛盾。具体而言,我不打算否认,在不多的场合,卢梭过于敏感的自爱也许使他那令人称奇的锐利眼光蒙尘。[75]

---

[75] 参见 *Discours*, 29, 1–5。

图书在版编目（CIP）数据

设计共和：施特劳斯《论卢梭的意图》绎读/刘小枫著. --2版. -- 北京：华夏出版社有限公司，2020.1
（刘小枫集）
ISBN 978-7-5080-9869-2

Ⅰ.①设… Ⅱ.①刘… Ⅲ.①卢梭（Rousseau, Jean Jacques 1712-1778）－哲学思想－思想评论 Ⅳ.①B565.26

中国版本图书馆CIP数据核字(2019)第231393号

设计共和——施特劳斯《论卢梭的意图》绎读

作　　者	刘小枫
责任编辑	王霄翎
责任印制	刘　洋
出版发行	华夏出版社有限公司
经　　销	新华书店
印　　刷	北京汇林印务有限公司
装　　订	北京汇林印务有限公司
版　　次	2020年1月北京第2版 2020年1月北京第1次印刷
开　　本	880×1230　1/32开
印　　张	10.375
字　　数	220千字
定　　价	75.00元

华夏出版社有限公司　　地址：北京市东直门外香河园北里4号
邮编：100028　　电话：（010）64663331（转）　网址：www.hxph.com.cn
若发现本版图书有印装质量问题，请与我社营销中心联系调换。

刘小枫集

设计共和

以美为鉴：注意美国立国原则的是非未定之争

古典学与古今之争 [增订本]

这一代人的怕和爱 [第三版]

沉重的肉身 [珍藏版]

圣灵降临的叙事 [增订本]

罪与欠

儒教与民族国家

拣尽寒枝

施特劳斯的路标

重启古典诗学

共和与经纶

现代性与现代中国：现代性社会理论绪论

诗化哲学 [重订本]

拯救与逍遥 [修订本]

走向十字架上的真

卢梭与我们

西学断章

现代人及其敌人

好智之罪：普罗米修斯神话通释

民主与爱欲：柏拉图《会饮》绎读

民主与教化：柏拉图《普罗塔戈拉》绎读

巫阳招魂：《诗术》绎读

编修 [博雅读本]

凯若斯：古希腊语文读本 [全二册]

古希腊语文学述要

雅努斯：古典拉丁语文读本

古典拉丁语文学述要

危微精一：政治法学原理九讲

琴瑟友之：钢琴与古典乐色十讲